# 에드먼드 버크
# 보수의 품격

**개 정 판**

「신 휘그가 구 휘그에 올리는 호소」

Edmund Burke(1791), *An appeal from the new to the old Whigs,*
*in consequence of some late discussions in Parliament,*
*relative to the Reflections on the French revolution,* M.DCC.XCI.

「궁핍에 관한 소견과 세부 고찰」

Edmund Burke(1800), *Thoughts and details on scarcity,*
*originally presented to the Right Hon.*
*William Pitt,* in the month of November, 1795, London,
Printed for F. and C. Rivington [etc.]

「대의정치의 사명과 양심」

Edmund Burke(1774).
Speech at his arrival at the BRISTOL,
and at the Conclusion of the Poll.

EDMUND BURKE

# 에드먼드 버크
# 보수의 품격

## 개 정 판

에드먼드 버크 지음
정홍섭 옮김

도서출판

좁쌀한알

# 개정판 서문

초판을 출간한 지 3년이 채 못 되어 『에드먼드 버크: 보수의 품격』의 개정판을 내놓게 되었다. 200년이 훨씬 넘은 이 고전의 내용과 문체 모두가 결코 만만하지 않다는 사실을 감안한다면, 이 책이 독자에게 받은 관심이 얼마나 컸는지 역으로 짐작할 수 있다. 옮긴이로서는 뿌듯함보다 무거운 책임감을 새로이 훨씬 더 강하게 느끼게 된다. 또한 진심으로 독자들께 감사 말씀을 드린다.

무엇보다도 개정판에서는 초판 번역에서 다소 부자연스럽거나 문제가 있는 표현을 최대한 자연스럽고 명료하게 다듬고 고쳤다. 이렇게 다듬고 고치는 작업은 버크의 이 저작을 옮긴이 스스로 이전보다 더 잘 이해하려고 노력하는 과정이기도 했다. 이런 의미에서, 모든 글쓰기가 그렇지만, 번역 역시 끝없는 고쳐 쓰기의 과정일 수밖에 없다는 진리를 다시 한 번 깊이 생각했다. 어쨌든 초판 출간 이후에 옮긴이로서 가졌던 마음의 짐을 조금은 덜 수 있었다.

또한 개정판에는 에드먼드 버크의 연설문 두 편을 새로 실었다. 1774년 브리스틀에서 국회의원으로 출마할 때의 연설 두 편으로, 하나는 브리스틀에 도착해서 한 일종의 후보 추천 수락 연설이고, 다른 하나는 당선 연설이다. 『신 휘그가 구 휘그에 올리는 호소』가 1791년 저작이니, 이보다 이 두 편의 연설문이 훨씬 먼저 쓰인 것이다. 영국 정계에서 두각을 나타내고 있던 40대 중반의 중견 정치인 버크가 역시 영국 정치사에서 매우 중요한 시점에 자신의 정견을 밝힌 연설문이라는 점에서, 그 짧은 길이가 아니라 그 역사적 배경의 맥락과 그가 말하고자 하는 바의 핵심을 주목해야 한다.

1766년부터 웬도버라는 곳을 지역구로 삼아온 하원 의원 버크는 1774년 선거에서 브리스틀이라는 도시의 대표적 상업가들에 의해 이 도시에서 국회의원으로 출마해줄 것을 강력하게 요청받는다. 브리스틀은 당시 잉글랜드에서 두 번째로 큰 도시로서 특히 식민지 아메리카와의 교역을 통한 상업을 주도하는 도시였는데, 1773년 말 이른바 '보스턴 차 사건'으로 경색된 영국과 아메리카의 관계를 원만하게 풀어줄 적임자로 버크가 호출된 것이었다. 이처럼 브리스틀의 유력한 상인들로부터 상업과 식민지 문제의 최적의 전문가로 인정받아 그와 같은 중책을 맡아줄 것을 요청받은 버크는 처음에는 그들의 요청을 받아들이지 않았다. 자신의 버젓한 지역구가 이미 있을뿐더러 브리스틀에서의 당선도 불확실했기 때문이다. 그러나 선거 첫날인 10월 7일, 선두를 달리던 휘그당 후보 클레어가 이런저런 정치적 이유로 돌연 사퇴하고 브리스틀의 상인들이 버크를 재호출하자 이번에는 버크가 이 요청을 받아들인다.

지금 우리의 정치적 상식으로는 이해가 안 되지만, 이미 투표가 시작된 이후에 버크는 클레어의 대체 후보로 지명되었고, 당선 소감 연설에 나타나듯이 선거 전에 유세도 한 번 해보지 못한 상태에서 2위로 당선까지 된다. 그리고 이 때문에 버크에게 패배한 브릭데일 측은 버크가 투표 개시 이후에 후보로 등록했으므로 그의 당선이 무효라는 청원을 하원에 제출한다. 이러한 우여곡절 모두를 배경에 놓고 보면 버크가 두 번의 연설에서 말하고자 하는 바의 핵심이 무엇인지 이해할 수 있다(이와 관련하여 다음 논문을 참조했다. 김대륜, 「브리스톨 상인과 에드먼드 버크: 18세기 후반 지방 의회 정치의 일면」, 『영국 연구』 제18호, 영국사학회, 2007.12).

위에서 말한 바와 같이, 버크의 연설문 두 편은 몇 가지의 중요한 정치적 견해를 담고 있다. 첫째, 브리스틀에서의 자신의 국회의원 당선이 법적으로나 도덕적으로 정당한 것이고, 반대로 브릭데일 측의 이의 제기의 논리는 정당성이 없고 자기모순적임을 무엇보다도 역설한다. 둘째, 자신에게 중책을 맡기고자 한 브리스틀의 상인들과 마찬가지로, 당대 영국이 해가 지지 않는 제국을 이루는 데 상업이, 특히 브리스틀에서 이루어지는 미국과의 교역이 맡은 중대한 역할을 자신 역시 완전히 공감한다는 점을 분명히 한다. 셋째, 그런데 이렇게 상업이, 특히 미국과의 교역이 다시 원만하게 이루어지도록 자신이 국회의원으로서 역할을 할 때, 브리스틀의 유권자들, 특히 그 중심에 있는 브리스틀의 상인들은 자신을 브리스틀 상인들의 이해관계가 아닌 식민지 본국 영국, 나아가 대영제국 전체의 이해관계를 대변하는 진정한 의미의 공인으로 보아야 한다는 의미심장한 발언을 한다.

위의 마지막 메시지, 즉 자신은 브리스틀 지역 유권자들의 지지로 국회의원이 되었으나, 대의민주주의 체제의 국회의원으로서 올바른 사상과 양심에서 우러나오는 독자적인 정치적 판단과 실천 의지를 가진 독립된 헌법기관의 일원으로서 일해야 한다는 생각, 이것은 곧 오늘날 우리가 아는 '자유 위임'의 근대 정치사상의 원형이다. 대한민국 헌법 46조가 '① 국회의원은 청렴의 의무가 있다. ② 국회의원은 국가이익을 우선하여 양심에 따라 직무를 행한다. ③ 국회의원은 그 지위를 남용하여 국가·공공단체 또는 기업체와의 계약이나 그 처분에 의하여 재산상의 권리·이익 또는 직위를 취득하거나 타인을 위하여 그 취득을 알선할 수 없다'고 되어 있듯이, 버크가 최초로 분명히 보여준 이 '자유 위임'의 사상은 이후 모든 대의민주주의 국가의 핵심 정치사상이 되었다.

  어찌 보면 괜한 멋을 부리는 듯한 특유의 만연체 문장을 오랜만에 다시 대하며 '아, 그렇지, 버크였지?!'라는 생각을 새삼 하기도 했지만, 고백하건대 버크의 문장에는 묘한 매력이 있다. 지속적인 사상적 생명력을 지닌 사상가들의 문장에 공통된 것이지만, 버크 문장의 그 매력 또한 그의 깊이 있고 독자적인 비판적 사고와 성찰 능력이 그 원천이 아닐까 하는 생각을 했다. 그리고 이러한 능력 또는 태도는, 초판의 옮긴이 해제에서도 잠깐 언급했듯이, 그가 지닌 정치적 '보수'의 이념과 본질적으로 무관한 것이라고 생각한다. 어떤 사람의 사상이 담고 있는 가치와 매력은 '보수'나 '진보'의 이념에서 나오지 않는다. 보수건 진보건, 또는 다른 어떤 이념을 표방하건 간에 진정으로 자신의 깊은 내면의 양심과 사고에 흔들림 없는 토대를 두고, 현실 문제의 핵심을 타협 없이 합리적이고 비판적으로 보고 지적하면서, 동시에 그와 똑같은 정도 또는 그 이상으로 진정한 자기 성찰을 할 줄 아는 인물만이 그러한 가치와 매력을 참으로 보여주리라. 초판의 번역을 다시 다듬고 버크의 두 편의 연설문을 새로이 번역하면서 절실히 느낀 점이다.

2021년 8월
옮긴이 정홍섭

# 목차

# I.

신 휘그가
구 휘그에
올리는 호소

# 1.
## 『프랑스혁명에 관한 고찰』로
## 휘그당과 결별한 버크 씨

　버크 씨의 생애에서는, 그리고 버크 씨의 성품으로는 '명예 제대를 요구하는 것(petere honestam dimissionem)'이 그가 정계의 동료들과 맺은 관계의 모든 것이었습니다. 이 혜택을 버크 씨의 동료들이 그에게 주지 않기로 했습니다. 수많은 호의의 언사를 쓰지만, 사실상 그들은 버크 씨가 너무 오랫동안 정치 무대에 올라 있었다고 말합니다. 아무리 냉혹하고 불가피한 일이 될지라도 그들은 온 의회에서 현세대를 향해, 그리고 오늘날 이루어지고 있는 일들에 관심을 갖게 될 후대를 향해 한 권의 책[1]으로 버크 씨가 그의 온 인생행로에 먹칠을 했다고 선언할 생각을 품고 있습니다. 이렇게 그들은 전쟁의 오랜 협력자를 내치고 있습니

---

[1]　버크가 쓴 『프랑스혁명에 관한 고찰(Reflections on French Revolution)』(1790, 이하에서는 『고찰』로 약칭)을 말한다. - 역주

다. 버크 씨가 물러날 것을 권유받는 동안 그들은 더 교활한 원칙 위에서, 그리고 더 좋은 후원을 받으며 계속해서 대중에게 봉사하고 있습니다.

견유학파 사람 디오게네스가 실제로 존재한 철학자였는지 여부는 쉽사리 판단할 수 없습니다. 디오게네스는 아무 글도 쓰지 않았습니다. 그러나 다른 이들에 의해 전해지고 있는 그의 말은 지금도 생생히 들리고 있고, 분별력이 기억만큼은 완전하지는 못한 사람들에 의해 자주 쉽고도 적절하게 인용되기도 합니다. 이 디오게네스는 (모든 이가 기억할 터인데)흑해 연안에 위치하여 혹독한 바다의 풍파에 고스란히 노출되어 있는 작고 적막한 도시 시노페의 시민이었습니다. 디오게네스는 그 풍파에 시달리는 바닷가 동네로부터 아주 멀리 떨어진 곳에서 안락과 게으름을 누리며 학문을 즐기는 여유로움 가운데 살았는데, 사람들이 자신을 시노페에서 추방하기로 했다는 말을 전해 들었습니다. 그러자 그는 아무렇지도 않게 이렇게 답했습니다.

"그렇다면 나는 그놈들이 시노페에서 살 것을 선고하노라."

버크 씨가 줄곧 활동해온 정당의 신사들은 버크 씨에게 은퇴를 선고하면서[2] 버크 씨가 오래전에 자기 자신에게 내린 선고 이

---

2  신문 보도는 언제나 다소간 주의해서 받아들여야 합니다. 저는 아래 기사가 어떤 근거에서 나온 것인지 알지 못합니다만, 이 기사는 근거가 있는 것처럼 쓰여 있

상을 한 바가 없습니다. 버크 씨의 동료들이 그에게 처벌로 가하는 그 은퇴가 실행된다 할지라도 그가 그들의 선고를 못 견딜 만큼 가혹하게 생각하지 않을 것은 명백합니다. 버크 씨가 이제 곧 떠날 시노페에 계속 머물러 있을 그들이 자신들에게 남아 있는 오랜 세월 동안 저는 그러기를 바랍니다만, 버크 씨가 침묵과 은둔과 쇠락의 세월 속에 침잠하게 될 상황보다 더 만족스럽게 여생을 보내게 될 것인지는 그들이 살아갈 세월과 운수를 계산해주는 버크 씨가 가장 잘 알고 있습니다.

---

습니다. 이 신문은 오늘날 휘그당의 이익을 공공연히 옹호하고 있고 휘그당의 방침을 따르고 있습니다. 아래 기사도 휘그당 편에 서 있음을 부인할 수 없습니다. 아래 기사는 그 필자가 "영국 휘그당이라는 위대하고도 확고한 조직체"라 부르는 사람들의 결정임을 공언합니다. 그런 부류의 실제 존재 여부와 무관하게 본래 휘그와 다른 기질을 가진 휘그, 본래 휘그가 아닌 것을 전파하는 이들은 과연 누구입니까? '영국 휘그당이라는 위대하고도 확고한 조직체'의 결정 선고는 (이 신문이 보도하는 바에 따르자면) 다음과 같습니다.

영국 휘그당이라는 위대하고도 확고한 조직체는 당의 원칙에 충실히 입각하여 폭스* 씨와 버크 씨 사이의 논쟁에 대한 결론을 내렸다. 그리하여 폭스 씨는 두 사람 모두가 따라야 하며 행동하는 데 예외를 두지 않은바 당의 순수한 원칙을 지켜냈음이 입증되었다. 그 결과로 버크 씨는 의회에서 은퇴한다. 〈모닝 크로니클(Morning Chronicle)〉, 1791. 5. 12.

---

* 찰스 제임스 폭스(Charles James Fox, 1749-1806) : 영국의 정치가. 한때 휘그 내각의 외무장관이 되었다. 프랑스혁명을 지지하는 한편 대 프랑스 전쟁을 반대했고, 토리당 소속의 수상인 피트(William Pitt the Younger, 뒤에 나오는 역주 참조)의 정책을 공격했다. - 역주

하지만 선고의 질은 선고의 정의를 결정하지 않습니다. 분노하는 우정은 때로는 침착한 원한만큼 나쁩니다. 이런 이유로 추상적 정의의 냉정한 중립성은 선하고 분명한 대의에 비춰볼 때, 어떤 식으로건 방해를 받기 십상인 애착보다는 더 바람직한 것입니다. 친구들이 하는 그 판결이 당사자에게 유리하게 내려진다면, 그 무죄 선고의 명예는 감소됩니다. 그 반대의 경우라면, 그 선고는 너무도 큰 원통함을 남깁니다. 그 선고가 우정을 고백하면서도 슬프게 마지못해 판결을 내리는 입술에서 나옴으로써 더 나쁜 것이 됩니다. 삶을 전체적으로 보자면, 너그럽지만 변덕스러운 열정의 제국 아래에서보다는 엄격하지만 일관된 이성의 지배권 아래에서 사는 것이 더 안전합니다. 세상에는 공정한 분들이 있다는 것이 버크 씨에게는 확실히 다행입니다. 버크 씨가 살아 있는 자로서 돌아가신 분들에게 오늘날의 휘그당원으로서 과거의 휘그당원들에게 보내는 그 호소는 일단 보류해둔 채로, 제가 세상의 그 공정한 분들에게 말씀드립니다.

당의 이름으로 버크 씨의 책에 선고를 내린 신사 분들은 문학 비평의 관점에서 볼 때에는 어떤 이의 제기도 초월한 재판관들입니다. 버크 씨는 자신이 판단하고 대중이 판단할 때 천재에 근접하는 재능을 가진 사람들이 만약 그들 본연의 능력을 기준으로 어떤 글의 가치를 평가하고자 한다면, 그런 사람들의 인정을 자신이 작가로서 요구할 수 있다고 실제로 자만하지도 않았습니다.

그들의 혹평을 들으면서 버크 씨는 한 작가로서, 한 인간으로서, 그리고 한 영국인으로서 초라함을 느낄 수 있음에도 위안뿐만 아니라 자부심도 느낄 요소를 발견합니다. 그는 한 외국의 국민(people)에게 그 자신의 생각이 아니라 지혜로 명성이 있고 자유에 대해 잘 이해되고 잘 조절된 사랑을 지니고 있는 것으로 예나 지금이나 유명한 한 국민(nation)의 일반적 견해와 정서를 전해주기를 제안했습니다. 이것이 바로 버크 씨의 그 저작의 대부분에서 공언된 목적이었습니다. 그 저작이 나쁘게 받아들여지지 않았으니, 그리고 그의 비평가들이 이러한 반응을 대중의 판단을 왜곡하는 데 그 문장이 탁월한 덕분이 아니었다고 인정할 뿐만 아니라 주장하고 있으니, 버크 씨가 그 정서를 설명하는 작업을 시도한 바로 그 국민에 의해 거부당하고 있는 것이 아님은 명백합니다. 그가 대변한 내용은 그의 조국의 평결에 의해 인증되고 있습니다. 만일 버크 씨의 저작이 그저 솜씨가 담긴 작품으로서 칭찬받을 만한 것으로 생각되었다면, 그의 성공 이유에 사람들이 일말의 의심을 품었을지도 모릅니다. 그러나 현재의 상황은 버크 씨가 소망하는 바와 정확히 일치합니다. 그는 불운하게도 자신이 초래한바 비판적 질책을 자신에게 퍼부은 이들과 능력 면에서 어깨를 나란히 하는 것보다(하물며 그는 그들보다 더 높은 능력을 지니고 있지 못합니다) 국민 대다수가 인정해주는 충실한 대변을 하는 데에 더 행복감을 느낍니다.

저자가 호소하고자 하는 바는 그들의 그 결정에 연유한 것이 아닙니다. 버크 씨를 더욱 감동케 하는 것들이 있습니다. 그것을 저버리는 것은 그의 능력에 대한 겸양이 아니라 그의 대의명분에 대한 배반이 될 것입니다. 버크 씨의 저작이 능란한 논증과 강력한 능변의 귀감으로 인정받았다 할지라도 이 왕국의 현명하고도 자유로운 헌정 체제(constitution)에 반하는 처세법을 만들어내거나 감정을 불러일으키는 경향이 있다면, 그는 그 책이 자신의 그 죄의 기억을 불멸케 할 특징을 지닌 것을 통탄할 이유만을 가지게 될 것입니다. 망각만이 버크 씨가 후대의 비난을 모면할 유일한 수단이 될 것입니다. 그러나 인간 모두가 본래 약하기 때문에 주는 공공 수당을 받는 이후일지라도 그는 그 망각 덕분에 세상의 관용을 얻고 싶어 하지는 않습니다. 버크 씨는 오늘날의 자기 당 사람들과 의견을 달리하고 있고, 그럴 수만 있다면 후대의 자기 당 사람들과도 의견을 달리할 것입니다.

저자는 자신의 책 출간 몇 달 전에 가장 탁월한 능력을 지니고 있고 당에서 아주 결정적 권위를 지니고 있는 두 신사 분이 프랑스혁명과 관련된 가장 중요한 점들 가운데 하나, 즉 프랑스 군인들의 행동과 장교들에 대한 반란에 관해 그와 견해가 다르다는 사실을 잘 알고 있었습니다. 이 문제에 관해 그들이 공개선언문을 발표할 때, 그는 이 두 신사의 견해가 도를 한참 벗어난 것이 될 거라고는 상상하지 못했습니다. 그러나 그는 그처럼 명망과

I. 신 휘그가 구 휘그에 올리는 호소

영향력이 있는 인물들은 결국 대다수 사람을 자신의 감정에 동의하도록 만들려 할 것이고, 당 전체 사람들이 당을 이끄는 사람들과 견해가 달라서 당 전체 사람들이 자연스럽고도 꼭 부적절하다고는 할 수 없는 혐오의 내색을 하지만 그들의 선언을 묵인하게끔 유도할지도 모른다는 것을 잘 알아차리고 있었습니다. 저는 일반적으로 당에서 이러한 행위가 옹호될 수 있다는 것을 부인하지 않겠습니다. 그러나 어느 한도 내로 이 관행이 제한되어야 하고 이러한 행위를 뒷받침하는 원칙이 어떤 예외를 두고 받아들여져야 하는지는 제가 지금 규정해야 할 논점은 아닙니다. 당면한 의문점은 그 두 분의 행위 동기와 관련되어 있지 않습니다. 문제는 그분들의 감정을 공표한 방식과 관계되어 있을 뿐입니다.

버크 씨는 당의 선고와 마찬가지로 그에 대한 하원의 선고를 아무리 내키지 않더라도 받아들일 수밖에 없습니다. 그것은 진짜 발성기관으로 간주되어야 하는 그의 입으로 진행되었습니다. 이틀 동안 계속된 토론[3]에서 반대 의견을 지닌 신사 가운데 아무도 버크 씨나 그의 견해를 지지하면서 거부 의견을 표하지도, 심지어 의구심을 표하지도 않았습니다. 만일 버크 씨의 책에 담긴 원칙에 공명하거나 그의 행동에 호의적인 어떤 생각이 그런 부

---

3  1791년 5월 6일과 11일의 토론 동안 찰스 제임스 폭스와 버크 사이에 있었던 의견 대립을 말한다. - 역주

류의 어떤 사람들의 마음속에 그저 숨어 있다면, 그것은 그들이 자기만의 사적 생각의 자유에 탐닉하는 기벽으로 간주될 뿐입니다. 버크 씨는 그것을 신뢰할 수 없습니다. 그것은 당원으로서의 그들의 행동과는 아무 상관이 없는 것입니다. 그들을 공인으로 볼 때에는 대중의 귀나 대중의 눈이 보는 모든 일에서는 당 전체의 의견이 만장일치로 보일 수밖에 없습니다.

앞서 말한 두 분은 이의 제기의 견해에 적대하는 대단한 열의로 활기차 있었음에 틀림없습니다. 왜냐하면 버크 씨의 오류가 자신들의 오류로 간주될 만한 온당한 우려의 이유가 조금이라도 있었다면 그분들은 그런 식으로 행동할 어떤 **필요성**도 없었기 때문입니다. 그분들은 부인할지도 모릅니다. 그분들이 책 전체에서, 그리고 책의 모든 부분에서 한 역할 때문에 버크 씨와의 **공동 책임을 부인할** 이유는 없었습니다. 책 전체에서나 어느 부분에서나 그분들은 직접적으로건 암묵적으로건 연관되어 있지 않기 때문입니다. 버크 씨는 휘그당에 대한 애착 때문에 가질 수 있는 온갖 야망의 유혹, 그리고 긍지의 상실이나 개인적 적의나 성마른 시기심으로부터 완전히 벗어나기 위해 열정적으로 굳세게, 그리고 자애로운 마음으로 살아왔다는 것을 참으로 사람들이 알고 있었습니다. 버크 씨는 당원 동지들 가운데 한 사람과 오랫동안 우정을 쌓아왔는데, 그는 그 우정을 우울한 즐거움으로 기억할 수밖에 없습니다. 이 신사 분이 지닌 위대하고 실재하며 온아한 덕성에 대해, 그리고 견줄 바 없는 능력에 대해 이분은 언제나 이분의 조국과 함께 마땅한 찬사의 갈채를 받게 될 것입니다. 저 당에는 이분 이외에도 이분이 일말의 슬픔도 없이 인간의 마음속으로 들어갈 수 있는 가장 높은 정도의 사랑과 인간에게 바칠 수 있는 가장 많은 존경심을 품고 있는 다른 사람들이 있습니다. 그들은 지성의 위대한 명료함과 온당한 판단력과 놀라운 침착성, 그리고 진정한 지혜와 연결되어 있는바 인간의 본성이 만들어낼 수 있는 가장 위대한 덕목들을 부여받은 이들이라고 이분은 확고히 믿기 때문입니다. 인류 최상의 귀감이어서 우리 모두가 공유하는 본성에 위엄을 부여하는 이들을 존경하며 우러러보아야 하고 일반적으로 그렇게 우러러보는 마음이 생기곤 하는 인간의 그 정당한 의분에 스스로 복종하는 일이 아닌 한 이분이 그들에게 느끼는 감정은 변함이 있을 수 없습니다. 이분은 당 전체에 높은 존경심을 품고 있습니다. 모든 당의 배치 구도를 실제로 보면서 이분은 큰 만족감을 느낍니다. 조국에 봉사하는 일을 그만두면서 이분은 자신이 처음 보았을 때보다 비할 바 없이 능력이 풍부해진 의회를 떠납니다. 아주 믿음직하고 매우 우수한 재능을 지닌 인사들이 정부 각료석을 빛내고 있습니다. 그 반대편은 일종의 천재 학교여서 이전에는 (적어도 우리 가운데에서는) 한꺼번에 나타난 바 없었던 이러저러한 위대한 재능을 지닌 사람들을 산출했습니다. 만일 그들의 주인들이 그들의 조국을 섬길 마음을 지니고 있다면(버크 씨는 그들이 그럴 것이라고 믿습니다), 그들은 조국에 가장 중대한 봉사를 할 수 있는 여건을 지니고 있습니다. 만일 실수나 열정으로 그들이 조국을 망하게 하는 데 기여하게 된다면, 우리는 우리와 이웃한 폐허의 나라에는 허용되지 않을 위안을 적어도 얻게 될 것입니다. 우리는 별로 대단치도 중요치도 않은 능력을 가진 인간들에 의해서는 파멸되지 않을 것이기 때문입니다.

당과 관련되어 있고, 개인적으로 관심을 갖고 있으며, 개인적으로 탄복하는 이 모든 고려 사항 때문에『고찰(Reflections)』의 저자가 그토록 신중했던 것입니다. 그것은 그 책의 서술에서 어느 한 사람의 감정이라도 표출한 것은 아닐까 하는 일말의 의구심도 일어나지 않도록 하기 위한 것입니다.『고찰』의 서두에서 버크 씨가 하는 말은 이렇습니다.

"영광스럽게도 당신 앞으로 써두었다가 한참 있다가 보낸 첫 번째 편지는 어떤 특정 부류의 사람들을 **위해서도**, 그들의 **입장에서도** 쓴 것이 아니었습니다. 이번 편지에서도 그럴 것입니다. 만일 오류가 있다면 그것은 **나 자신**의 오류입니다. 나 자신의 평판만이 내 오류를 책임질 것입니다."

또 다른 대목(126쪽)에서는 이렇게 말합니다.

I. 신 휘그가 구 휘그에 올리는 호소

"내겐 **어떤 대리인도 없습니다**. 내가 지금 하고 있는 바처럼 저 승리의 무대에 있는 배우들과의 또는 저 승리에 대한 찬미자들과의 모든 교감을, 할 수 있는 한 가장 진지하게 거부할 때, 나는 **오직 나 스스로** 말합니다. 영국 국민에 관해 그 밖의 또 무엇인가를 주장할 때 나는 **권위에 의해서가 아니라** 관찰에 의해 말합니다."

그 책에 그들의 당에 대한 감정이 담겨 있지 않다고 당시에 말한 것은 저자의 말과 모순되는 것도 아니고 그 감정을 이해시키는 것도 아닙니다. 만일 버크 씨가 주장하는 원칙이 국민 다수의 현재 여론이 아니라고 당에서 천명했다면, 그의 원칙은 당의 진정한 쟁점에 질문을 던졌을 것입니다. 거기서 제가 희망하고 믿기로는 버크 씨를 비난하는 사람들이 이 문제를 보면서 그 책의 저자가 영국 국민 가운데 그가 속한 당의 이념을 지닌 어떤 사람만큼이나 영국 국민의 일반 정서를 충실히 대변하는 사람임을 알게 될 것입니다.

프랑스혁명은 이 사건이 일어난 시기 이전에 형성된 영국의 어떤 당의 목적과도 연관성이 없습니다. 영국의 당들이 프랑스혁명에서 나타난 행동을 흉내 내거나 자기 당의 원칙을 가지고 저 혁명의 원칙을 공고히 해주기로 하지 않는 한 말입니다. 프랑스혁명은 영국 당들의 원계약(original contract)의 어떤 부분과도 부합하지 않습니다. 이 문제는 그 자체로서 우리 시대에 시도되었거나 완수된 (그리고 현재 진행 중인 것도 많은데) 다른 모든 혁명과 마찬가지로 정치 토론이 필요한 주제(subject)입니다. 그러나 만일 영국 신민(subjects)의 상당수가 프랑스에서 벌어지고 있는 일을 자기 당파의 이해관계를 통해 봄으로써 이 왕국의 헌정 체제 **전체**를 아예 전복하는 데에 공공연히 가담하고, 새로운 헌정 체제와 프랑스 국민의 오늘날의 관례를 선호하여 영국의 민법과 교회법 전체를 완전히 파괴하는 데 가담한다면, 저는 어떤 당의 원칙도『고찰』의 저자가 그러한 당파에 강력히 대항하는 그의 감정을 표현하지 못하게 할 수 없다고 생각합니다. 그와는 반대로 의도의 순수성에도 불구하고 당의 지도자들이 우리의 헌정 체제에 반하는 행동을 획책하는 사람들을 고무하는 경향이 있는 의회에서의 공개 선언을 날마다 무리하게 진행하고 있었을 때, 버크 씨는 자신의 반대 의사를 표할 의무가 있었는지도 모릅니다.

이 당파의 성원들은 자신들이 만들어내고자 하는 해악의 본질과 규모에 관해 어떤 의심의 여지도 남기지 않습니다. 그들은 그것을 공공연하고도 단호하게 선언합니다. 그들의 의도는 애매한 바가 없습니다. 그들은 우리 국민이 사랑하고 숭상하여 이제까지 소중히 해온 모든 것에 반하는 가장 극악무도한 대역의 비방이 횡행하도록 권장하고 조장하기 위해 그들이 공식적으로, 다시 말해 정식으로 내놓는 (프랑스혁명에 대한-옮긴이) 감사의 말로써 모든 논쟁에서 벗어나 있습니다. 그러한 일련의 행위를 나무라는 것이 선한 신민의 의무에 반하는 일입니까? 그러한 행위가 증가할 때, 그리고 그 공모자들이 처벌받지 않은 채 점점 더 대담해질 때 버크 씨에게 수호의 의무가 부여된 우리의 멋진 헌정 체제에 대한 저들의 사악한 의도를 그가 자기 자리에서 지적하는 것이 의회의 훌륭한 구성원의 직무에서 벗어나는 일입니까? 우리와 바로 이웃한 저들의 동맹자들이 몹시도 신의 없이 찬탈했고 몹시도 포악하게 남용한 그 권력을, 불운하게도 저다지도 사악한 당파가 이 나라에서 소유하게 된다면, 영국 국민이 얼마나 많이 고통을 겪을 수밖에 없는지를 그들이 알게 해주는 것이 어떤 의미에서든 잘못된 일입니까? 만일 가능하다면 **저들이** 피를 흘리는 것을 막는 것이 비인간적인 것이고 **우리 자신의** 유혈이 없도록 경계하는 것이 경솔한 일입니까? 버크 씨의 형제 의원들이 고의로 찬성할 리는 만무한 유형의 행위에 사려 깊지 못한 표현으로 동조하지 말라고 정중하고도 우호적으로 그들에게 주의를 주는 것이 당의 모든 공정한 원칙 또는 모든 상원 의원에 대한, 모두가 아는 우정의 의무 어떤 것에든 어긋나는 일입니까?

　버크 씨는 자신이 생각하기에 반박될 수 없는 주장에 의거하여, 또한 그가 확신하기에 부인될 수 없는 증거에 의거하여 영국의 정치체제와 프랑스의 왕위 찬탈 사이에는 어떤 비교도 할 수 없다는 것을 입증하는 일을 떠맡았습니다. 양자를 미친 듯이 기를 쓰고 비교하려 든 사람들은 지역적이고 상황적인 차이 면에서만 서로 다른 하나의 좋은 체제와 또 다른 좋은 체제를 비교하려 한 것이 아닙니다. 그렇기는커녕 그들은 우리의 오래된, 그리고 그들이 설명하는 바로는 낡아빠진 헌정 체제의 자리에 우리가 대신 가져다 놓을 수 있는 우월한 형태의 합법적 자유를 우리에게 내보이려 한 것이었습니다. 버크 씨는 프랑스에서 획책되고 있는 것은 상대적으로 좋은 것이 아니라 분명한 악이라는 사실을 입증하고자 했습니다. 이미 언명된 바 있듯이 문제는 군주제와 공화제 사이의 유사점에 전혀 달려 있지 않았습니다. 버크 씨는 프랑스에서 현재 획책되고 있는 모든 것이 어쨌든 공화제라는 훌륭한 이름을 부여받을 만하다는 주장을 인정하지 않았습니다. 따라서 그에게는 군주제와 공화제 사이에 비교할 만한 것이 아무것도 없습니다. 프랑스에서 이루어진 것은 무정부 상태를 조직화하고 무질서를 영구화하고 고착시키는 것을 제멋대로 시도한 것이었습니다. 따라서 그것은 덕성(moral nature)이 가야 할 길에서 완전히 벗어난 더럽고 불경하며 극악무도한 것이었습니다. 버크 씨는 그것이 반역과 사기와 거짓과 위선과 정당한 이유 없는 살해로 이루어졌다는 사실을 증명하는 일을 떠맡았습니다. 저 일에 앞장선 자들은 직무를 함께 수행하는 동료들을 극도로 배신하면서, 또한 자신들의 왕과 선거구민들에게, 즉 의회에서 충성 서약을 한 왕에게, 또한 아무런 폭력이나 제약이 없는 상태에서 그 지시에 완전히 복종하겠다고 맹세한 선거구민들에게 최악의 새빨간 거짓말을 하면서 행동했다는 사실을 제대로 보라고 버크 씨는 제안했습니다. 암살의 공포에 의해 그들은 대다수 의원을 내쫓음으로써 다수라는 기만적 외양을 만들어냈습니다. 이 허구적 다수가 국체를 날조한 것이어서, 그것은 지금 보는 바와 같이 우리 시대의 문명화된 유럽 세계에서 찾아볼 수 있는 어떤 사례보다도 훨씬 심한 독재국가입니다. 따라서 그것을 사랑하는 자들은 자유를 사랑하는 자들이 아니라, 그들이 실제로 그 본질을 이해한다면 모든 노예 상태 가운데 가장 저열하고 가장 천한 것을 사랑하는 자들입니다.

버크 씨는 프랑스의 현 상황이 일부에서 너무도 호의적으로 대변하듯이 영구적 선을 낳는 일시적 악이 아니며, 현재 벌어지고 있는 악은 미래를 낳는, 그리고 (그것이 가능하다고 한다면) 더 나쁜 악을 낳는 수단일 뿐이라는 사실을 증명하려고 했습니다. 즉, 그것은 질서 잡힌 사회적 자유로 점차 원숙해질 수 있는, 자유에 관한 아직 소화되지 않았고 불완전하며 거친 계획이 아니라 매우 근본적으로 잘못된 것이어서 많은 시간이 흘러서 스스로 바로잡거나, 일정한 정치 형태로 형성되어가거나, 하원 의원이 자신의 찬성 의사를 공개적으로 선언할 수 있을 만한 것이 전혀 아닙니다.

만일 버크 씨에게 기회가 주어졌더라면, 그는 스스로를 국민의(national) 의회라 부르는 프랑스 의회가 폭넓고 자유로운 관용으로 지속해온 것이 실제로는 이 나라 안에서 벌어졌던 어떤 경우보다도 훨씬 더 지독하게 잔인하고 음흉한 종교 박해라는 사실을 명료하고도 상세하게 보여주었을 것입니다. 그것은 과거의 박해보다도 나쁜 특징을 지니고 있습니다. 과거의 박해자들은 어떤 경건함과 덕성의 체계를 향한 열의에서 행동하거나 행동하는 것처럼 가장했습니다. 즉, 그들은 자기 본래의 것을 강하게 선호했고, 만일 그들이 국민을 한 가지 종교에서 몰아내면 또 다른 종교를 준비해주었고, 그러면 사람들은 그 종교에서 안식처를 찾고 위안을 기대할 수 있었습니다. 그들의 새로운 박해는 양심의 다양성을 대상으로 하는 것이 아니라 모든 양심을 대상으로 합니다. 그것은 그 대상을 향한 경멸을 공언합니다. 또한 그렇게 모든 종교를 조롱으로 대하면서도 그 박해는 중립적이지 않고 불관용과 냉담이라는 정반대의 악을 결합한 방식으로 이루어집니다.

버크 씨는 프랑스 의회가 잔인하고 계획적인 금전적 사기에서 나오는 괴이한 곤란함의 시험, 즉 법률로 제재하고 양심을 압박하는, 오랜 원칙에 반하는 시험을 부과했다는 것이 (뚜렷한 근거도 없이 주장되었던 바처럼) 시험을 거부한 것이 아주 전혀 아니라는 사실을 증명할 수 있었습니다. 이 시험은 어떤 새로운 훈장이나 새로운 수당에 대한 법적 소유권으로서 부과된 것이 아니라, 사람들이 부당하게 빼앗겼던 합법적 재산에 대한 보잘것없는 보상을 유지하게 해주려는 것이었습니다. 또한 이전에 그들이 부유했다가 곤궁해진 것과 마찬가지로, 자신들의 양심에 반하여 맹세하기를 거부하자마자 그들은 지금 곤궁에서 굶주림으로 내몰리고 있으며, 있을 수 있는 최악의 잔인무도함과 모욕과 비인도적 행위를 당하고 있습니다. 그것을 부과한 자들(imposers)은 치러지지 않을 것임을 잘 알고 있었던 이 시험은 의회의 압제적 협잡꾼들(impostors)이 미리 고의로 대중들로 하여금 내놓을 돈이 없게 만들었던 그 보상을 이 시험의 가엾은 희생자들로부터 사취할 목적으로 의도된 것이었습니다. 이처럼 그들의 궁극적 폭력성은 그들이 애초에 작정한 사기에서 나왔습니다.

버크 씨는 이 인류 공동의 적들이 그들의 일련의 행위의 모든 부분에서 한결같이 지니고 있으면서 바로 그 사기의 목적과 구실로 제시했던 세계 평화와 국민 간 화합은 조잡하고도 서툰 속임수였고, 견문이 넓고 현명한 영국의 상원 의원이라면 다른 어떤 나라에도 본보기로 제안할 가치가 없는 것임을 보여주고자 했습니다. 그들은 사람들에 대한 평화와 선의가 결코 아니라 다른 모든 정부에 대한 전쟁을 꾀했고, 그 정부가 모두 파괴되도록 하기 위해 그 내부에서 온갖 최악의 난동이 일어나도록 체계적으로 교사하고자 했습니다. 그들이 이제까지 (아비뇽에서, 그리고 콩타에서, 카바이옹에서, 그리고 카르팡트라에서처럼)[4]그러한 파괴를 발

---

4   프랑스 정부는 버크의 이 책이 발간된 지 한 달 뒤인 1791년 9월, 이 로마 가톨릭

견하는 힘을 지니고 있었던 몇몇 예에서, 그리고 그들이 자신들의 공화제만큼이나 난폭하고도 해악을 끼치는 공화제 연합에서 스스로 우두머리가 되기 위해 이웃 나라를 해치는 그 선동 교사와 전쟁을 행하고자 하는 야만적 방식 속에서 그들은 그 파괴의 경험을 한 것이었습니다. 버크 씨는 그들에 의해 직접적으로 소유되거나 소유권 부정이 선언되지 않은 채로 이들 장소에서 어떤 방식으로 그 사악한 획책이 이루어졌는지 보여줌으로써 그곳의 영락한 백성들이 야만적 모반의 적대 행위로부터 일종의 망명으로서 저들의 압제로부터 보호받기 위해 탈출하기를 바랐습니다. 버크 씨는 그 사례들을 통해 그러한 공공의 적이 직접적이거나 간접적으로 평화에 반하는 그런 행위를 계속하는 한 우리 사회든 다른 어느 사회든 안전할 수 없다는 것을 보여주고자 했습니다. 대영제국은 그들 책략의 주요 대상이었고, 그들은 이곳의 당파들과 서신을 교환하고 연락을 하고 일종의 연맹을 맺음으로써 그 책략을 실행하기 시작했습니다. 온갖 무질서와 온갖 악으로 이루어진 저 거대한 무리가 선전하고 있는 프랑스의 원칙이 지배하는 동안은 최상의 정부 하에서조차 인간의 행복이 틀림없이 처하게 될 모습을 보여주는 불완전하고 위태로운 것을 실제로 즐기지

─────────

교회의 위요지(圍繞地, enclave)들에서 의문이 제기될 만한 주민 투표를 시행하고 무력으로 합병했다. - 역주

Ⅰ. 신 휘그가 구 휘그에 올리는 호소

않는 것이 우리 이웃 정부들의 존립을 보장하는 것이 될 수 있습니다.

버크 씨는 인간의 가장된 권리에 관한 그들의 선언이 지닌 광기, 그들의 일부 금언의 유치함과 헛됨, 그 밖의 금언들의 중대하고도 멍청한 어처구니없음과 명백한 오류, 또한 모든 인간과 시민의 복지에 대한, 그리고 모든 온당한 공화국의 안전과 번영에 대한 그 모든 선언의 해로운 경향을 보여줄 준비가 되어 있었습니다. 그는 그 의회가 그들의 행위를 통해 정부의 모든 건전한 원칙뿐만 아니라 그들 자신의 거짓되거나 무모한 금언의 예외 없이 모든 것을, 그리고 그들이 그들 자신의 방침을 위해 정해놓았다고 가장한 실로 모든 규칙을 직접적으로 침해했다는 사실을 보여줄 준비가 되어 있었습니다.

한마디로 버크 씨는 그러한 충분하고도 공정한 폭로를 통해 프랑스의 미치광이 짓을 계속해서 지지하는 사람들은 사태를 잘못 판단하는 정치인이 아니라 나쁜 사람들이라는 사실을 보여줄 준비가 되어 있었습니다. 그러나 그는 다른 많은 경우와 마찬가지로 이 경우에도 무지가 감탄의 원인이었다고 생각했습니다.

이상의 내용은 강력한 주장입니다. 그것은 강력한 증거가 필요합니다. 이러한 주장을 내놓은 의원은 자신이 처한 자리에서 각각의 주장에 대해 각각의 주장에 상응하는 결정적 증거를 내놓을 준비가 되어 있었고 지금도 그렇습니다.

버크 씨가 퀘벡 법안[5] 위원회에서 연설할 때 발언을 중단당한 것의 적법성을 판단하기 위해서는[6] 첫째, 일반적 원칙에서 볼 때 그가 그의 주장의 올바름을 입증하도록 강요당해야만 했는지, 둘째, 그가 발언하고자 한 때가 아주 부적절해서 의원으로서의 그의 권리 행사가 그의 동료들이나 그의 조국에 나쁜 영향을 끼쳤는지, 셋째, 그의 저서에서 피력했고 그 발언 당일에 관해 그가 상술한 그 견해가 그의 이전 원칙과 모순되고 그의 공적 행위의 일반적 대의와 부합하지 않는지를 따져보아야 합니다.

프랑스혁명에 능변의 찬사를 보낸 사람들, 동시에 어떤 경우와 어떤 상황에서든 자유로운 토론이 매우 유익한 것이라고 생각하는 사람들은, 제 견해로는 그들의 그 찬사가 사실 검증에 이용되어서는 안 됩니다. 만일 그들의 찬사가 (능변의 면에서 차이가 별로 없는) 욕설로 응답받았다면, 그 찬사는 그 욕설과 마찬가지였을 것입니다. 다시 말해 그 둘 모두가 아무짝에도 쓸모없었을 것입니다. 찬사와 빈정거림은 재판에 회부되는 것을 감내해야만 합니다. 또한 재판을 회피하는 것은 기껏해야 단순한 선언으로

---

5  퀘벡 법안(Quebec bill) : 나중에 퀘벡법(Quebec Act)이 된다. 1774년에 영국 의회에서 통과되어 1775년 5월 1일부터 발효된 영국령 북아메리카 퀘벡 식민지 지배에 관한 법률. - 역주

6  퀘벡 법안에 관한 토론이 이루어지던 중 버크가 속한 휘그당 의원들이 프랑스 정치 형태에 관한 토론이 규칙 위반이라는 이유로 그의 발언을 여러 차례 중단시켰다. - 역주

남는 것에 기꺼이 만족해야만 합니다.

저는 버크 씨가 잘못된 길을 택했다고 생각하지 않습니다. 피트[7] 씨가 버크 씨에게 권한 것으로 보인 것은 프랑스의 헌정 체제를 공격하기보다는 영국의 헌정 체제를 찬양하는 것이었습니다. 저는 피트 씨가 자신이 놓인 상황에서 어떻게 하는 것이 최선일지 단정하지 않습니다. 피트 씨는 신중한 태도를 취할 만한 충분한 이유가 있을 수 있다는 것을 부정하지 않습니다. 만일 폭스 씨가 자신의 열의에 걸맞게 버크 씨와 피트 씨에게 묵묵히 귀를 기울였다면, 아마도 피트 씨와 버크 씨는 폭스 씨의 입장에 관해 그와 같은 신중한 태도를 보이는 것이 합당했을지도 모릅니다. 그러나 폭스 씨가 각료의 신중한 태도로서, 즉 각료로 임명되기 전날 밤에 취하는 신중한 태도로서『고찰』저자의 발언을 제지할 만한 합당한 이유는 전혀 없었습니다. 폭스 씨는 왕권이 임명한 직위에 있지도 않고 어느 당의 기관도 아닙니다.

영국 헌정 체제의 탁월함은 이제까지 전 세계에서 배출된 최상의 사상가와 최고로 능란한 작가와 웅변가의 재능으로도 충분

---

7　윌리엄 피트(William Pitt) : 아버지 피트(William Pitt the Older, 1708-1778)와 아들 피트(William Pitt the Younger, 1759-1806)를 모두 가리키는 이름인데, 여기서는 아들 피트를 가리킨다. 부자 모두 수상에 올랐는데, 아버지 피트가 휘그당 정치인이었던 반면, 아들 피트는 토리당 소속으로 24세에 수상을 맡아 정권을 공고히 했다. - 역주

히 설명되고 연구되지 못할 만큼 훌륭하다는 사실이 이미 입증되었습니다. 그러나 지금 말하는 이 경우에는 훨씬 더 좋은 것이라고 선언되고 있고 확실히 훨씬 더 새로운 (안절부절못하는 불안정한 사람들에게는 조금도 권할 만하지 않은) 체제가 영국의 선량한 국민들의 찬양 대상으로 제시된 것입니다. 그렇다면 프랑스의 헌정 체제에 관해 아주 다른 생각을 지니고 있었던 사람들은 국내외의 활동적이고 열성적인 당파들이 우리에게 모방할 것을 권한 그 계획을 면밀히 검토하는 것이 분명히 적절한 처사였습니다. 우리는 우리가 향유하고 있는 것에 물리고 있고, 새로운 것에 대한 기대에 자극되고 있으며, 이제는 습관적인 것이 된 바로 그 환경 때문에 오래도록 누려온 혜택을 제대로 인식하지 못하게 된 상황에 놓여 있습니다. 허울만 그럴듯하고 시도된 바 없으며 애매한, 새로운 이점에 대한 예상이 모든 이의 마음을 다소간 사로잡고 있는 모험 정신을 향해 스스로 정당성을 주장하고 있습니다. 이러한 풍조에 휩쓸리는 사람과 당파와 국민은 모두 마찬가지로 터무니없고 비합리적인 기대를 옹호하여 자신들이 확실히 소유해온 좋은 것들을 희생시키곤 했습니다. 만일 버크 씨가 이 사기 도박의 그릇된 타산에 돈을 걸어서 재산을 탕진하지 못해 안달하는 일반 대중 사이에서 이 풍조가 이 나라를 언젠가 지배할 것 같다고 생각하는 것이라면, 왜 버크 씨의 발언을 제지한다는 말입니까?

저는 제가 마땅히 그러해야 하듯이, 자유를 향한 **보편적** 열의에서 분출되는 의사 표현을 참작합니다. **당면 문제가 보편적인 것인** 한 이것은 마음껏 분출하도록 내버려둘 만한, 심지어는 고무할 만한 것입니다. 누구보다도 웅변가는 자유에 대한 찬사를 충분하고도 자유로이 구사하도록 허용되어야 합니다. 대중 집회에서 행해지는 연설로서 노예제도와 독재를 옹호하는 상투적 언사는 수사의 모든 원칙에 대해 실로 노골적 도전이 될 것입니다. 그러나 어떤 특정 헌정 체제가 합리적 자유의 방식인가 아닌가하는 문제에서는 보편적 자유를 옹호하는 이런 유의 수사적 미사여구는 분명히 약간 부적절한 것입니다. 그것은 사실상 그 당면 문제를 회피하는 것입니다. 그것은 전투를 하기도 전에 승전가를 부르는 것입니다.

"폭스 씨는 새로운 헌정 체제에 찬사를 보내는 것이 아니다. 그가 칭찬하는 것은 절대군주제의 파괴일 뿐이다."

프랑스에서 최근에 수립된 저 족보 없는 체제가 "모든 시대 또는 모든 나라의 인간의 고결함이라는 토대 위에 세워졌던 것 가운데 가장 굉장하고도 영광스러운 자유라는 대건축물"이라 묘사되었을 때, 그것은 처음에는 듣는 이로 하여금 낡은 체계의 파괴와 마찬가지로 새로운 체계의 건설도 찬탄의 대상이라는 견해를 갖게 만들었을지도 모릅니다. 하지만 폭스 씨는 자신의 입장을 밝혔습니다. 또한 만일 제가 달변에다 열정적인 한 인물의 언어를 변호사의 고지식한 엄격함의 차원에서 평가하고자 한다면, 제가 아주 지극히 혐오하는 저 까탈스럽고 트집 잡기 좋아하는 인간의 부류와 저 스스로 너무도 닮게 되는 노릇이 될 것입니다. 그렇다면 프랑스의 승낙을 받아 저들이 헌정 체제라 부르는 저 괴기한 것에 폭스 씨가 갈채를 보내고자 한 것은 아니었습니다. 저는 틀림없이 그렇다고 믿습니다. 폭스 씨 같은 위대한 천재의 칭찬을 받을 만하기는커녕 그것은 상식이나 통상의 견문을 지닌 어떤 사람에게도 인정을 받을 수 없는 것입니다. 그런 사람이라면 어떤 야만적인 것과 또 다른 더 야만적인 것을 교환하는 행위를 찬양할 리 없습니다. 법률과 관습 또는 도덕을 지니지 않은 방자하고 흉포하며 야만적이고, 인류의 보편적 양식을 존중하기는커녕 이제까지 온 세계의 지침이 되어온 모든 원칙과 견해를 무례하게 고치려 들며, 그 원칙과 견해를 자신들의 견해와 행동에 순응하도록 강요하는 군중의 독재를 옹호하여 관습에 의해 온건해졌고 법률과 관례를 존중하며 아마도 지나칠 만큼 여론을 경청하는 군주제를 파괴하는 행위를 크게 기뻐할 리가 없습니다. 그런 사람의 사고방식은 더 나은 것을 지향하는 것이 당연합니다.

인간이 절대왕정과의 싸움에서 승리하고 그 파괴를 기뻐하는 것, 그러한 사건이 일어날 때 어떤 불운한 왕자의 감금과 치욕과 수모, 그리고 끊임없이 위험에 놓일 수밖에 없는 그 왕자의 삶의 처지를 묵과하는 것, 인간의 모든 서열과 계급의 완전한 파괴가 곧바로 또는 그 가장 직접적 결과로 적어도 우리와 같은 부류의 100만 명에게, 그리고 적어도 오늘날 전체 사회의 비참함으로 확대되는 것을 못 본 척하는 것이 저는 어느 정도 당연한 일이라는 것을 부인하지 않습니다. 왜냐하면 사람들은 어떤 정치적 목적 달성을 열렬히 바라지만 그것을 한 가지 관점으로만 볼 때, 그 목적에 도달하는 과정에서 나타날 수 있는 악행을 변명하거나 과소평가할 가능성이 극히 높기 때문입니다. 이것은 그 개개인의 인간성에 관한 성찰이 아닙니다. 저는 그들의 착한 천성에 관해 논란을 일으킬 만한 사람이 전혀 못 됩니다. 그러한 사건은 그들의 견문이 충분치 못하거나 그들이 충분히 사려 깊지는 못하다는 것을 보여줄 뿐입니다. 그 과정에 관해 진지하게 되돌아보게 된다면, 그들은 이 모든 대혼란에 의해 성취된 목적이 과연 무엇인지 스스로 검토하지 않으면 안 된다고 생각할 것입니다. 그들은 선행한 질서 또는 변화로부터 발생하는 결과를 전혀 참작하지 않은 채, 옛 통치 하에서 한 나라가 상당한 정도로 번영하고 번성했으며 높은 문명과 상업 수준을 구가했다는 것, 그리고 그 통치 하에서 개인의 자유는 불안정하고 불안전했을지라도 적어도 재산은 침해당한 적이 없다는 것을 전혀 고려하지 않은 채 절대왕정의 파괴가 그 자체로 좋은 것이라고 주장하지는 않을 것입니다. 선한 상태 또는 악한 상태와 분리되어 있고 행위의 질, 그리고 행위자의 성품과 분리되어 있는 비현실적 관념을 가진 채로는 그들이 인간의 마음에 도덕적 공감을 할 수는 없습니다. 우리 중 누구도 절대적이고 통제되지 않는 군주제를 좋아하지는 않습니다. 그러나 우리는 네로가 **조상의 관습에 따라**(more majorum) 원로원에 의해 처벌의 선고를 받을 때 기뻐하는 것과 마찬가지로, 전제군주였던 어떤 마르쿠스 아우렐리우스나 어떤 트로이 사람이 겪는 고초를 기뻐할 수는 없습니다. 또한 네로라는 괴물이 자기 아내 스포루스와 함께 달아나면서 진창에서 허우적대야 했을 때와 잘못과 실수가 있었지만 덕망 있었던 갈바[8]가 반란을 일으킨 용병들에 의해 살해되었을 때 사람들은 같은 마음이 들지는 않았습니다. 이러한 일이 우리 눈앞에 벌어질 때 우리의 감정은 우리의 이론과 모순됩니다. 또한 이것이 사실이라면, 감정은 진실이고 이론은 거짓입니다. 제가 주장하는 바는 절대왕정의 파괴를 찬양할 때에는 천박하고 깊이 생각하지 않는 사람들에게만 알맞은 고려 사항들과 마찬가지로, **모든 주위 사정**이 완전히 간과되어서는 안 된다는 것입니다.

정부의 전복이 어떤 칭찬이라도 들을 만한 것이 되려면, 그것은 정부의 계획 자체나 정부를 이끌어갈 개인들 면에서, 또는 둘 다에서 더 나은 어떤 것의 형성을 준비하는 단계로서만 간주되어

---

8  갈바(Galba) : 서기 68년에 폭군 네로의 뒤를 이어 황제가 되었으나 이듬해 초에 살해된 인물. - 역주

I. 신 휘그가 구 휘그에 올리는 호소

야 합니다. 이러한 일들이 분리되어서는 안 되는 것이 당연합니다. 예컨대 우리가 1688년의 우리의 혁명을 칭찬할 때 국민은 그 행위 속에서 방어적 입장에 있었고, 방어 전쟁의 온갖 해악을 초래하는 것이 정당화되었음에도 우리는 그 상태로 머무르지 않습니다. 우리는 낡은 정부의 전복과 그것에 뒤따른 새 정부의 행복한 정착의 조치를 항상 병행합니다. 우리가 이 혁명을 평가할 때에는 결별하는 것의 가치와, 그것과 맞바꾸어 받아들이는 것의 가치를 모두 계산에 넣고 이해하고자 합니다.

정당성 입증의 부담은, 자기 나라의 전체 틀과 구조를 갈가리 찢어놓았으나 합리적 목적에 도달하는 데 적합한 정부를 안착시킬 만한 방법은 전혀 찾을 수 없었고, 수백만 사람들의 현재의 모든 행복에 이롭지 않고 수십만 사람들을 완전히 파멸시키는 수단을 가지고 자신들의 목적을 추구할 수밖에 없었던 자들에게 무겁게 지워져 있습니다. 정치제도라는 면에서 볼 때, 인간은 현세대의 복지를 완전히 논외로 할 권리가 없습니다. 어쩌면 우리가 틀림없이 손에 쥐고 있는 유일한 도덕적 신탁은 우리 시대를 보살피는 일일 것입니다. 미래와 관련해서 볼 때, 우리는 그것을 피보호자처럼 다뤄야 합니다. 우리는 그 피보호자가 선대로부터 물려받은 재산을 위험에 처하게 할 정도로 그의 재산을 증식시키려는 시도를 해서는 안 됩니다.

어떤 이익을 위해 어떤 악이 어떤 경우에도 허용되어야 할지 말아야 할지를 우리가 궤변가들처럼 토론하는 것은 무가치한 일입니다. 어떤 도덕적 문제 또는 어떤 정치적 문제에 관해서도 보편적인 것은 아무것도 합리적으로 확언할 수 없습니다. 순수하게 형이상학적인 추상화는 이 문제들에 적용할 수 없습니다. 도덕성의 경계선(lines)은 수학의 이상적 선(lines)과 같지 않습니다. 도덕성의 경계선은 길 뿐만 아니라 넓고 깊습니다. 그것은 예외를 허용하며 변형을 요구합니다. 이러한 예외와 변형은 논리의 절차에 의한 것이 아니라 신중함의 규칙에 의해 이루어집니다. 신중함은 정치적이고 도덕적인 미덕 중 최상의 것일 뿐만 아니라 그 모든 것의 관리자이자 감시자이자 기준입니다. 형이상학은 정의(定義) 없이는 존재할 수 없지만, 신중함은 형이상학이 어떻게 정의를 내리는지 주의 깊게 봅니다. 신중한 도덕가들이 양심에 관한 극단적이고 해로운 사례를 존재하지도 않는 비상사태에서 벌어지는 일로 상정할 때보다 우리의 재판관들이 어떤 법의 논점에 관한 결정을 끌어내기 위해 자기들 앞에 허구적 소송 사건을 가져다 놓도록 묵인할 때 두려움을 더 많이 느낄 리는 없습니다. 따라서 분명히 밝힐 수 없는 것, 즉 통치 체제의 혁명이라는 사건의 본질을 분명히 밝히려 하지 않는다면, 제 생각에는 괴롭고 압박감을 주는 악이 제거되어야 한다는 것, 그러나 우리 자신의 도덕이 지닌 헤아릴 수 없는 값, 그리고 수많은 우리 이웃 시민의 복지에 앞서서 막대한 양으로 벌어질뿐더러 그 본질 면에서도 다른 것과 비할 바가 없는 것이 혁명의 대가로 치러져야 한다는 것은 거의 명약관화하다는 것을 틀림없이 단언할 수 있을 것 같습니다. 만일 우리가 구두쇠 수준의 경제 전문가가 된다 하더라도 그 대가는 어쩔 수 없이 발생하는 악의 산물입니다. 모든 혁명의 내부에는 무언가 악한 것이 있습니다.

최근 프랑스의 정부가 매우 나빴다는 것, 인간의 굉장한 발명품 가운데에서도 그것을 대신할 만큼 그보다 더 나쁜 것은 없었다는 것이 혁명에 대한 가장 훌륭한 비전문가들, 또는 심지어 그 전문가들에게도 증명하기가 언제나 매우 힘든 문제라는 것은 틀림없습니다. 프랑스를 현재의 상태로 만들어놓은 사람들은 바스티유에 관해 수다를 떠는 것보다는 무언가 더 나은 일을 함으로써 그들이 전복한 정부가 개선하고 바로잡는 모든 일에서 확실히 현 정부만큼 무능했는지를 또한 증명해야 합니다. 그러한 실험을 해본 적이 없는 그들이 어찌 감히 그렇게 말할 수 있습니까? 그들은 실험이 직업인 사람들입니다. 그들은 엄청나게 더 위험한 다른 수많은 실험자를 만들어냈습니다.

프랑스 연방을 구성하는 4만 8,000개의 공화국을 찬양하는 영국인들은 그 현재 상태 때문이 아니라 그 미래의 상태 때문에 그것을 칭찬합니다. 그들은 정치인으로서가 아니라 예언자로서 말합니다. 그러나 예언되는 것에 보내는 찬사에 어떤 특징이 있건 간에 그것 자체의 장점 때문이 아니라 그것에 이어질 다른 어떤 것의 장점 때문에 어떤 작업을 칭찬하는 것은 약간 기괴한 면이 있다고 생각됩니다. 모든 종류의, 그리고 그 모든 부분의 심대하고 두드러진 오류에도 불구하고 어떤 정치제도가 칭찬을 받는다면, 그것은 근본 원칙 면에서 무언가 탁월한 점이 있다고 생각되어야만 합니다. 그 정치제도가 불완전하지만 옳다는 것, 그것이 개선 가능성을 지니고 있을 뿐만 아니라 개량될 경향을 보이는 원칙을 내포하고 있다는 것을 보여주어야만 합니다.

그들은 절대적 타락으로부터 더할 나위 없는 완전함으로 가는, 자신들이 선호하는 작업의 이러한 진보를 보여주려고 하기도 전에 자신들이 옹호하는 대의명분을 지닌 사람들과 내전을 벌이고 있다는 것을 알게 될 것입니다. 이게 무슨 일입니까! 세계의 부러움을 사고 있고, 인류에게 귀감이 되며, 입법이 이루어낸 명품이고, 이 계몽된 시대의 축적되고 집중된 영광인바 우리의 숭고한 헌정 체제를 프랑스의 영광과 바꾼다는 말입니까! 우리는 바로 주피터의 머리에서 우리의 대장장이 산파들이 벼려낸, 태어날 때 이미 성숙해 있었고 이미 무장하고 있었던 지혜와 전쟁의 완벽한 여신을 보유하고 있지 않았습니까? 우리는 독실하거나 비속한, 또는 기독교도이거나 이교도인 사람들로 하여금 이 여신이 **경뇌막**[9]에서 튀어나오기도 전에, 그래서 아직 배아로 있었을 때 이미

---

9  경뇌막(硬腦膜, dura mater) : 뇌경질막(腦硬質膜). 뇌막 가운데 바깥층을 이루는 두

이 여신에게 충성할 것을 맹세시키지 않았습니까? 우리는 이 헌정 체제가 미래의 어떤 입법기관에 의해서도 변경될 수 없다고 엄숙히 선언하지 않았습니까? 어떤 세대도 다른 세대를 속박할 권한이 없다고 우리의 선동자들은 선언했지만, 우리는 이 헌정 체제를 후세에 영원히 묶어놓지 않았습니까? 우리는 모든 미래 의회의 구성원들에게 이 헌정 체제의 보존을 맹세함으로써 자기 자리에 걸맞은 자격을 갖출 의무를 부여하지 않았습니까?

참으로 프랑스의 헌정 체제는 언제나 (만일 변화가 그들의 모든 원칙과 근본 제도에 가해지지 않는다면) 국민을 온전히 대변하는 정치체제일 것임이 틀림없습니다. 이렇지 않다면 그 무엇도 아닙니다. 프랑스의 저 당파는 다른 모든 종류의 정치체제를 강탈로, 즉 침해할 수 없는 인권의 극악무도한 침해로 간주합니다. 자기네 헌정 체제를 택하든 버리든 하라는 것일 뿐, 중간은 없습니다. 저 논박 불가한 박사들로 하여금 자기네의 방식으로, 그리고 자기네의 무기를 가지고 자기네의 논쟁을 벌이게 내버려둡시다. 그리고 그들이 지치면 강화조약에 착수하도록 내버려둡시다. 전권을 지닌 영국의 궤변가들이 프랑스의 외교 궤변가들과 잘못된 것을 투입해서 어떻게 올바른 것이 교정될 것인지, 그리고 거짓

---

껍고 튼튼한 섬유질 막. 원래 경질막 층과 머리뼈의 속을 싸는 뼈막이 붙어서 두 층을 이룬다. - 역주

된 것을 적당히 뒤섞어서 어떻게 진실이 더 진실하게 될 수 있는 지 결정하도록 내버려둡시다.

이 논쟁의 대상에 관해 버크 씨가 주장한 바의 정당성을 그가 증명하는 것을 **일반적으로** 부적절하게 만들 수 있는 것은 아무것도 없었다는 사실을 충분히 증명했기 때문에 저는 두 번째 문제, 즉 그가 퀘벡 법안 위원회를 이 토론의 장으로 선택한 것이 정당화될 수 있었는지의 문제로 넘어가겠습니다. 만일 필요하다면 버크 씨가 이 토론 주제를 의회로 가지고 들어온 첫 번째 인물이 아닐뿐더러 이 회기에 그 토론을 재개한 첫 번째 인물도 아니라는 사실을 입증할 수도 있습니다. 이 사실은 두루 알려진 것입니다. 퀘벡 법안과 관련하여 의원들은 두 가지 명백한 이유 때문에 현금의 이 주제에 관하여 토론을 하게 되었습니다. 첫째, 버크 씨는 **당시에는** 파당적 단체들의 일련의 행위들을 직접 발의의 주제로 삼는 것은 바람직하지 않다고 생각했기 때문에 그에게는 선택할 수 있는 다른 방법이 없었습니다. 아무도 이 주제가 의회의 다른 어떤 안건으로 받아들일 만하다는 것을 입증하려 하지 않았습니다. 이때는 모든 것이 순조로웠습니다. 영국 지배 하의 프랑스 주를 위한 새로운 헌정 체제를 만들기 위한 법안이 제출되었습니다. 문제의 초점은 자연스럽게 우리가 그 헌정 체제에 관한 합의를 영국인들의 견해에 토대를 두고 할 것인지, 아니면 프랑스인들의 견해에 토대를 둘 것인지로 모아졌습니다. 이 문제는 프랑스 헌정 체제의 가치를 식민지 정부에 적용될 수 있는 것으로 볼지, 아니면 그 자체의 본질에 주목할지를 놓고 검토할 수 있는 기회를 제공했습니다. 이 법안 역시 한 위원회의 소관이었습니다. 버크 씨는 자신이 원하는 만큼 자주 발언 기회를 얻어서 자신이 파악할 수 없을 정도로 너무도 많은 이유가 있었던바 부족한 원조를 지원하기를 다소간 희망했습니다. 한 위원회에서 문제들을 일반적 차원에서 사실로, 연설에서 다루어지던 것을 토론으로 가져오는 것은 언제나 그의 힘을 통해 이루어졌습니다. 그는 이 특권을 통해 실제로 어떤 혜택을 받았습니다. 이와 같은 것이 바로 그가 한 행동의 숨김없고 분명하며 자연스러운 이유입니다. 저는 이와 같은 것이 진실한, 그리고 유일하게 진실한 이유라고 믿습니다.

결국 버크 씨가 계속해서 이렇게 행동하지 못하도록 완전히 막아버린 잦은 간섭을 정당화하는 사람들은 자신들의 그러한 행동이 버크 씨의 행동 동기에 대한 완전히 다른 해석에 근거한 것이라고 말합니다. 그들은 말하기를, 부패 또는 악의 또는 어리석음 때문에 버크 씨가 자신의 친구인 폭스 씨를 공화주의자로 통하게 하고, 그럼으로써 당시에 폭스 씨에게 유리한 것으로 드러나기 시작했던 군주의 자애로운 의도가 효과를 발휘하지 못하게

하려는 꿍꿍이속으로 자기 역할을 하고 있었다고 합니다.[10] 이것

---

10 이것을 설명하기 위해서는 이 논쟁이 있기 얼마 전에 소수만이 관심을 지니고 있
던 문건에 나타난 한 구절을 언급해야 할 것입니다.

아주 음험한 어떤 모의가 최근 발각되었는데, 그 입안자들은 우리에게 잘 알
려져 있는 사람들입니다. 그러나 진실을 말하는 것이 명예훼손이 되지 않을 영광
스러운 날이 도래할 때까지는, 우리는 그들의 이름을 공표하는 것과 관련하여 우
리 자신의 안전에 전혀 구애받지 않을 수는 없습니다. 하지만 우리는 우리가 감
히 공표하지 않는 것을 우리의 독자들이 재주껏 찾아내도록 맡겨두면서 그 사실
을 말할 것입니다. 러시아에 맞서는 군비 확충 사업이 논란이 된 이래로, 한 위대
한 저명인사가 "설령 폭스 씨가 현재와 같은 위기 상황에서 대중에게 더 많은 혜
택이 돌아가도록 이 나라 정부를 운영할 수 있다 하더라도 그는 폭스 씨를 아주
기꺼이 신뢰하려 하지 않는 것과 마찬가지로 피트 씨에게만 집착하려 하지도 않
았습니다"라고 말했습니다. 이 애국적 선언은 오직 각료의 호의라는 햇빛 속에서
만 살고 있는 궁중의 벌레 떼를 즉각 불안하게 만들었습니다. 이것은 피트 씨를
내쫓으려는 전조로 생각되었고, 그러한 사건을 방지할 목적으로 작동할 수 있는
모든 수단이 마련되었습니다. 이 경우에 사용된 주요 수단은 **중상**이었습니다. 한
위대한 저명인사의 귀에 속삭여진 그 중상은, 폭스 씨는 **원칙**상 **공화주의자**이고,
따라서 **군주제**의 적이기 때문에 **왕**이 영국에서 가장 신뢰할 수 없는 인물이라는
것이었습니다. 과거를 상징하는 퀘벡 법안에 관한 토론에서 몇몇 사람의 의도는
폭스 씨가 버크 씨와의 의견 충돌에 열중하고, 왕으로부터 아주 많은 권력을 탈
취해서 왕에게 권력을 거의 남기지 않은 저 혁명을 옹호하도록 유도되기를 바라
면서, 퀘벡 법안 문제를 프랑스혁명과 연관 짓는 것이었습니다. 만일 폭스 씨가
그 덫에 걸려들었다면, 당시의 그의 연설은 그러한 혁명을 옹호할 수 있는 사람
은 아주 좋은 공화주의자일지는 몰라도 군주제의 지지자일 수는 없다는 증거로
서, 한 위대한 저명인사 앞에서 행해졌을 것입니다. 그러나 그 덫을 놓은 사람들
은 실망했습니다. 하원에서 그 전날 있었던 짧은 대화에서 폭스 씨는 프랑스혁명
을 의심할 여지가 없이 호의적으로 생각했지만, 매우 분명하게도 자신은 의회 안
에서건 밖에서건 공화주의의 원칙들을 공언하거나 옹호한 적이 없었다고 말했
기 때문입니다. 1791년 4월 22일에 엄중한 파수꾼(Argus, 그리스신화의 100개의 눈
이 달린 거인 아르고스-옮긴이) 버크 씨는 본 문건에 등장하는 자당 동료들이 제시한
이야기의 진실성을 책임질 수도, 그 허위성을 증명할 수도 없습니다. 버크 씨는

---

은 아주 심각한 비난입니다. 이것은 버크 씨의 입장에서 보자면 실수 이상의 것, 형식적 부정행위 이상이 될 것입니다. 어떤 오만 불손도, 어떤 잔학 행위도 우리 모두가 순간의 격정 때문에 저지르는 방종에 의해 쉽사리 무시됩니다. 이러한 것은 모든 사람이 자기 분수를 잊어버리는 경우에 쉽게 망각됩니다. 계획적으로 끼친 해악은 어느 정도는 기억되어야만 하는데, 그것이 또다시 행해지지 않도록 계획된 예방책이 필요하기 때문입니다.

저는 버크 씨에 대해, 버크 씨는 그에게 제시된 잔학 행위의 이유를 그 잔학 행위보다 백배는 더 나쁜 것으로 간주한다고 말할 수 있는 권한이 있습니다. 이 문제에 관한 견해들에 아주 이상한 혼란이 있기 때문에 저 비난의 본질을 이해하는 것이, 그것이 이해됐을 때 그것을 논박하는 것보다 훨씬 더 어렵습니다. 폭스 씨의 지지자들은 폭스 씨가 공화주의자로 통할까 봐 불의의 극심한 공포에 사로잡혀 있었던 것 같습니다. 저는 그들이 그렇게 불안해할 이유가 전혀 없었다고 생각합니다. 그러나 그들이 그럴

---

제대로든 형편없게든 그 이야기의 진실성을 증명하는 견해가 자신의 행동에 아무 영향도 끼치지 못했다는 것을 알 뿐입니다. 그는 오직 최선을 다해서 외부의 당파들이 꾸미는 나쁜 계획에 맞서 대중을 보호하고자 했을 뿐입니다. 버크 씨가 의회에서 한 일이 폭스 씨로 하여금 자신의 원칙에 반하는 선언을 하게끔 유도하는 것이었을 리는 없습니다. (버크 씨의 지지자들의 설명에 의하자면) 버크 씨는 오래전에 그러한 추악한 음모의 성공을 효과적으로 막은 바 있었기 때문입니다. 폭스 씨의 지지자들 스스로 버크 씨에 대한 그러한 비방을 배격해왔습니다.

만했다고 인정해줍시다. 과연 다른 어느 법안보다도 퀘벡 법안에 폭스 씨나 그들로 하여금 그 비난을 받게 할 만한 무엇이 있었습니까? 퀘벡 법안을 둘러싸고 벌어질 수 있는 프랑스 헌정 체제에 관한 토론 중 폭스 씨를 공화주의자로 통하게 할 경향을 지닌 것은 아무것도 있을 수 없습니다. 공화국 또는 공화국 연합을 가장하는 프랑스의 현 상태를 폭스 씨가 극찬하는 경우를 제외하고 말입니다. 만일 그러한 찬사가 왕의 마음에 좋지 않은 인상을 조금이라도 줄 수 있었다면, 분명히 프랑스의 저 사건에 관한 폭스 씨의 자발적 찬사가 그 찬사와 거의 무관한 다른 토론들에서도 유도라기보다는 강제로 이루어져 훨씬 더 확실하게, 그리고 훨씬 더 큰 힘으로 틀림없이 그 효과를 발휘했을 것입니다. 퀘벡 법안은 최악의 경우에는 폭스 씨 스스로 주의 깊게 얻어내려 했고 열심히 활용한 그와 같은 기회 가운데 유일한 것이었습니다. 셰리던[11] 씨는 이미 그전에 너무도 훌륭해서 급속도로 잊힌 한 연설에서, 의회에서 할 일의 성격으로부터 요구되는 바와는 거의 완전히 무관하게도 훨씬 더 높은 어조로 프랑스의 체제에 찬사를 보낸 바 있었습니다. 폭스 씨는 이 문제로부터 직접적으로 요구되는 바, 그리고 그와 똑같은 근거 위에서 직접적으로 요구되는 바가 전혀 없는 채로 셰리던 씨를 추종했습니다. 퀘벡 법안과 관

---

11　셰리던(Richard Brinsley Sheridan, 1751-1816) : 아일랜드의 극작가이자 정치가. - 역주

　　　　　　　　　　　I. 신 휘그가 구 휘그에 올리는 호소

런하여 프랑스 헌정 체제의 장점을 검토하는 것은 어떤 번드레함도, 어떤 필연성이나 정당성도 없어서 이전에 제시되지 못한 어떤 견해를 유도해낼 수는 없었습니다. 영국에 있는 프랑스 지지파의 행동에 관해 토론하는 어떤 방식 또는 어떤 때가 이러한 열정에 불을 붙이고, 폭스 씨가 피하기는커녕 항상 열심히 모색해온 찬사를 보낼 만한 기회를 제공하는 데 적합지 않겠습니까? 폭스 씨 스스로 그 토론에서 그 문제에 관한 자신의 견해를 이끌어내는 데에는 아무런 책략도 필요 없다고 아주 진실하게 말했습니다. 그러나 최악이지만 더 불법은 아닌 경우에 그와 똑같은 의사 표현의 자유를 이용하라고 버크 씨를 공격하는 것은, 프랑스라는 주제가 버크 씨에게는, 그리고 버크 씨에게만 금기의 또는 금지된 영역이라고 숨김없이 선언하는 것과 진배없습니다. 그러나 분명히 폭스 씨는 공화주의자가 아닙니다. 그런데 그러한 토론이 시작되었을 때 과연 무엇이 폭스 씨 스스로 (그가 약 2주 전에 그랬었다고 그의 지지자들이 말하는 것처럼) 애매함 없이 그러한 모든 비난의 혐의를 해소하지 못하도록 한다는 말입니까? 스스로 불리한 입장에 서는 것이 아니라 폭스 씨는 그의 모든 적과 버크 씨를 패퇴시킬 수 있었을 것입니다. 폭스 씨는 적절하게도 자신을 그들의 일원이라고 생각해왔기 때문입니다.

그러나 퀘벡 법안에 대해 폭스 씨가 행동을 취했을 때 몇몇 신문이 그에게 공화주의의 원칙에 대한 책임을 물었던 것으로 보입니다. 만일 버크 씨가 이 신문들을 보았다면 (저는 버크 씨가 보았을 것이라 믿기보다는 가정하는 것입니다), 저는 이렇게 묻고 싶습니다. 과연 언제 이 신문들이 그들이 생각하기에 때로는 한 부류의 사람들에 대해, 때로는 또 다른 부류의 사람들에 대해 폭스 씨와 버크 씨 모두를 혐오스러운 인물로 만들 수 있는 공화주의의 원칙 또는 다른 어떤 원칙들을 지니고 있다고 이 두 사람을 비난하는 일을 자제했느냐고 말입니다. 버크 씨는 책자를 출간한 이래로 전제정치의 원칙을 지니고 있다는 혐의로 이 신문들에 의해 수없이 비난당했습니다. 만일 버크 씨가 그 명예훼손의 언어를 완전히 무시하지 않았다면, 내면의 고요를 한순간도 즐기지 못했을 것이고 공적 의무를 조금도 수행할 수 없었을 것입니다. 그러나 그의 감수성이 그러한 독설에 아무리 영향을 받을지라도 **그에게는** 폭스 씨나 셰리던 씨의 입을 막아 이 두 사람이, 맙소사, "이 신문들이 최근에 버크 씨를 자유의 적이라고 비난했다"는 프랑스혁명에 대한 그들의 감정을 토로하지 못하도록 하는 것이 아주 우스꽝스럽게 생각되었을 것입니다.

저는 저 신사 분들이 버크 씨는 요구할 수 없는 특권을 가지고 있다는 것을 인정합니다. 그러나 두 신사 분의 지지자들은 그 특권을 변호해야 합니다. 또한 변호를 위해 나쁜 이유를 제시하지 말아야 하며, 인간과 인간 사이의 공평성의 원칙에 입각하여 그 나쁜 이유를 쉽게 논박할 수 있는 사람들과 같은 수준에 자신을

Ⅰ. 신 휘그가 구 휘그에 올리는 호소

스스로 올려놓아야 합니다. 버크 씨의 평판은 무가치한 것이고 그 평판을 내세울 필요도 없지만, 자신들의 평판은 당과 대중에게 무한히 중요한 것이고 그것을 참작하는 데에 버크 씨는 자신의 모든 견해와 자신의 모든 감정을 희생해야 한다고 그들이 한꺼번에 말한다 해도 내버려둡시다.

그들의 언어에서 저는 현재 진행되고 있는 일에 상응하는 표현법, 즉 참으로 거만하지만 솔직하고도 일관된 표현법을 들어야 합니다. 하지만 잠시라도, 그리고 오직 논쟁을 위해 그들이 이 토론을 시작해야 했던 것과 마찬가지로 버크라는 이 신사 분도 토론을 계속할 충분한 권리가 있음을 인정한다면, 프랑스 헌정 체제에 대한 그들의 찬사의 근거에 관해 버크 씨가 질의한 것이 그들에 대한 비난으로 이해될 수도 있었던 것과 마찬가지로, 그 찬사에 관한 그들의 자발적 논평이 버크 씨에 대한 간접적 공격이었다는 것을 솔직하고 공정하게 인정해야만 합니다. 버크 씨도 다른 사람들과 마찬가지로 느꼈고, 물론 버크 씨는 자신의 위치에서, 그리고 유능한 상대방 앞에서, 자신의 서재에서 자기 앞에 반대자가 없는 채로 써두었던 원칙의 주장을 거부하는 것이 비열하고 무가치하다고 생각할 것임을 그들은 잘 알고 있습니다. 지금 언급하는 종류의 연설이 버크 씨를 격분시킬 것이고, 그들과 같은 자질을 지닌 사람들로부터 나왔기 때문에 그들이 크게 해를 끼칠 것이라고 버크 씨는 틀림없이 생각할 것이며, 자신들이 나쁜 사람들과 나쁜 계획들을 지지하고 있고, 버크 씨는 의회에서 그러한 문제를 처리하는 것이 까다로운 일임을 알고 있었지만, 자신의 의지에 아주 반하게도 의회에 그러한 문제가 제출될 때마다 의회에서 그 문제가 철저히 조사되어야 한다고 결심할 가능성이 아주 높은 사람이라는 것을 그들은 확신할 수밖에 없었습니다. 폭스 씨는 일찍이 이전 회기에, 프랑스의 사례를 이 나라 정치에 도입하려 하는 모든 시도를 바라보는 관점을 지니고서 자신의 가장 좋은 친구들과 관계를 끊고 그 시도를 저지하기 위해 자신의 가장 나쁜 적들과 행동을 같이하기로 결단한 버크 씨로부터 공개적 주목을 받았습니다. 버크 씨는 그러한 필요성이 전혀 존재하지 않기를 바랐습니다. 그러나 그렇게 해야 할 때에는 그는 결단을 내렸습니다. 그는 적어도 자기 자신을 방어하고자 한다는 것을 당에서는 완전히 알고 있었습니다. 버크 씨는 폭스 씨를 공격할 의도가 전혀 없었고, 직접적으로건 간접적으로건 폭스 씨를 공격하지도 않았습니다. 버크 씨의 말은 문제 자체만을 다루는 것이었습니다. 그의 인품은 아주 넌지시 에둘러 말하는 데에서도 그대로 나타났습니다. 버크 씨는 그 신사 분에게 어떤 공화주의자의 원칙이나 다른 어떤 나쁜 원칙 또는 나쁜 행동의 혐의도 전혀 뒤집어씌우지 않았습니다. 버크 씨의 말은 그런 것이 결코 아니었고, 그의 마음도 그런 것이 결코 아니었습니다. 정당화할 수 없는 견해 변경의 책임을 버크 씨에게 씌우고자 한 폭스 씨의 시도, 그리고 한 청년에게 일련의 금언을 가르치더니 나중에 이 청년이 나이가 들어 이 금언들도 성숙하자 그 제자와 신조를 버린 더러운 죄에도 불구하고 버크 씨는 어떤 특정인도 전혀 비난하거나 되받아 비난하려 하지 않았다는 사실이 기억되어야만 합니다. 버크 씨는 그런 종류의 힘을 지니고 있지 않았다고 말할 수도 있습니다. 이것을 그는 부정하지 않습니다. 그는 분명히 그러한 성향을 지니지 않았습니다. 폭스라는 신사 분이 그렇게 쉽게 격분해서 버크 씨에게 책임을 물을 만한 근거는 거의 없었습니다.

친절하게도 당의 신사 분들은(폭스 씨를 포함해서) 이번 일에 의해 초래된 논란, 그리고 그 결과 그들 집단에서 버크 씨를 분리한 것을 유감스럽고 불편한 문제로 보았습니다. 버크 씨를 배제함으로써 그들이 무언가 손실을 보았다는 견해를 저는 가질 수가 없습니다. 자신들과 견해가 아주 너무도 반대인데, 그 표현을 빌리자면 "극과 극으로" 반대이고, 아주 직접적으로 반대일 뿐만 아니라 아주 해가 되게 반대여서 온 의회에서 스스로 엄숙하게 그와의 관계를 부정할 필요를 느끼게 하는 사람, 바로 그러한 사람은 그들에게 아주 꼴사납고 이로울 것 없는 말썽거리일 것임에 틀림없습니다. 버크 씨와 협력하는 것은 그들의 모든 평의회(council)에서 그들을 난처하게 만드는 데 도움이 될 뿐이었습니다. 그들은 게다가 그를, 순진한 젊은이들의 만만함과 신뢰를 악용하고, 나쁜 이유로 또는 아무 이유 없이 자기 자신의 모든 행동과 글과 맹세를 가증스럽게 부인함으로써 자신의 공적 생활 전체에 먹칠을 할 수 있는 사람으로 공공연히 묘사했습니다. 만일 이러한 비난이 진실이라면, 자기 집단에서 그러한 개인을 그들이 배제하는 것은 그들의 정의와 그들의 사려 분별에 합당한 명예가 될 만한 일입니다. 만일 그들이 그들의 이전 친구가 그의 사생활에서 지니고 있을 수도 있는 어떤 상냥하거나 어떤 유쾌한 자질을 잘 살펴서 이러한 현명하고 공정한 형을 집행해야 할 의무 속에서 일정 수준의 감수성을 표현한다면, 그들은 자신들의 현명함과 단호함에 대한 찬사에 가슴에서 우러나는 큰 자비심과 기질에서 비롯되는 인정미를 더하는 셈이 됩니다.

그들의 생각에 관해 신 휘그당은, 제 견해로는 마치 휘그당이 그 생각과 어울리기나 하는 것처럼 행동했습니다. 하지만 『고찰』의 저자로서는 자신에게 크게 부끄러운 바가 없기 때문에, 그리고 자신의 후대에 영원한 수치를 남기지 않았기 때문에, 자신에게 행해진 비난의 진실 또는 정당성을 인정하거나, 그가 그 '고찰'에서 발견한 것은 정직한 사람들이라면 한두 가지 미묘한 차이에서 동의하지 않는 정도가 아니라 전체적으로 근본적 반대를 선언할 수밖에 없는 원칙이라는 주장을 받아들일 수가 없습니다. 버크 씨는 만일 자신의 대의명분과 자신의 명성을 고의로 포기하려 하지 않는 한, 자신의 저서에 담긴 원칙과 근본적으로 상충하는

I. 신 휘그가 구 휘그에 올리는 호소

원칙들은 근본적으로 잘못된 것이라고 믿지 않을 수 없습니다. 자신의 원칙과 정반대인 그 원칙들의 실체를 그는 그 모순점에서 발견할 수밖에 없습니다. 그는 최근에 유포된 몇몇 책의 신조가 당의 원칙이라고 전혀 생각하고 싶어 하지 않습니다. 그의 견해에 적대하는 격렬한 선언들을 보면서 그는 달리 어찌 판단해야 할지 약간 당황스럽지만 말입니다.

현재로서는 제 계획은 버크 씨 쪽이나 그 반대쪽의 일련의 견해의 장점에 관해 더는 말하는 것이 필요하도록 만들지 않는 것입니다. 『고찰』의 저자는 자신의 입장에서 양쪽 견해의 장점에 관해 토론하고자 했지만 그렇게 하도록 허용되지 않았습니다.

## 2.
## 민주주의 옹호와
## 프랑스혁명 반대가 모순된 것인가

버크 씨를 비난하는 그다음 주제인 버크 씨의 비일관성이라는 문제로 넘어가겠습니다. 버크 씨가 잘못된 견해를 포용하는 것이 어떤 빈 곳을 채우는 것으로 여겨지지 않고, 진실하고 칭찬할 만한 견해를 포기하는 죄를 저지르는 것이라는 점은 그가 잘못된 견해를 포용할 때의 잘못을 확실히 크게 악화시키는 것입니다. 이것이 바로 버크 씨에게 가해지는 비난의 큰 골자입니다. 그가 자기 책에서 잘못을 범하고 있는 것이 아니라 (하지만 그렇게 주장되기도 합니다) 책을 통해 그의 전 생애에 관해 착각하게 만들었다는 것입니다. 만일 그가 무언가에 관해 자랑할 엄두를 낼 수 있다면, 그것은 바로 그가 가장 자랑스러워 할 일관성의 미덕일 것이라고 저는 믿습니다. 그에게서 이 점을 빼고 나면 그에게는 참으로 아무것도 남지 않을 것입니다.

25년이 넘는 기간의 공직 생활 동안, 그리고 아마도 그만큼의 세월 동안 벌어진 것에 맞먹는 아주 다양하고 중요한 사건들을 겪으며, 매우 다방면의 문제들에 관해 무언가를 쓰고 아주 많은 발언을 한 어떤 사람의 경우에 그러한 사람을 놓고 비일관성을 비난하기 위해 그의 말 가운데 그의 동료가 수집한 일종의 요약본, 심지어 그저 농담이나 유머로 한 말 같은 것을 보는 것은 납득하기가 조금 힘들 것입니다. 그런데 수고와 편파성이 똑같이 동원되었으면서도, 그의 말에서 인용한 어떤 표현이 어떤 제한 조건에서 이해되어야 하는지를 보여줄 수 있는 그의 글 구절을 내보이지도 않은 채 이러한 요약본이 만들어졌습니다. 한 위대한 정치인으로부터 이런 식의 조사 보고서가 나오리라고 그는 예상하지 못했습니다. 만일 그것이 평범한 소책자 저자의 글에 나타난다면, 버크 씨는 자신의 평판에 마음 놓고 의지할지도 모릅니다. 이런 식으로 내몰린다면, 그는 아마도 좀 더 많은 일을 해야 할 것입니다. 그것은 가능한 한 적은 일이 되어야 할 터인데, 왜냐하면 저는 많지 않은 것이 필요하기를 바라기 때문입니다. 버크 씨가 자신에 대한 비난에 완전히 침묵하는 것은 폭스 씨에게 존경심을 보이는 태도가 되지 못할 것입니다. 비난은 때때로 그 비난을 하는 사람들로부터 책임감을 없애주는데, 그들의 중요성에 비춰볼 때 그들은 그 비난을 할 자격이 없기 때문입니다.

영국의 헌정 체제는 실제로 그것을 구성하는 세 가지 요소와 세 가지 서로 아주 다른 본질로 이루어져야 한다고 생각하고, 세

가지 요소 각각을 적절한 자기 자리에 놓고, 적절한 권력 분배를 이루게 하며 보존하는 것을 자신의 의무로 생각하는 사람은 (각각의 요소가 공격당하는 일이 있을 것이기 때문에) 세 가지 요소의 각 부분이 각각에 특유한 원칙 위에 성립한다는 것을 정당화해야 합니다. 그는 군주제가 지지받는 원칙 위에서 민주주의라는 부분을 주장해서도 안 되고, 군주제나 민주주의 또는 양자 모두의 근거 위에서 귀족제를 주장해서도 안 됩니다. 이 삼자가 실제로는 하나의 조화로운 조직체로 통합될 수도 있고, 행복하게도 우리의 경우에는 그렇게 되어 있다 할지라도 그는 이 삼자를 서로 완전히 다른 근거 위에서 지지해야 합니다. 버크 씨가 비난받고 있는 것과 같은 종류의 비일관성을 지니고 있지 않은 사람은 그렇게 다양하고, 처음 보아서는 이질적 요소가 혼합된 헌정 체제의 부조화한 부분들을 일관되게 옹호할 수는 없습니다.

이 헌정 체제의 위대한 구성 요소 중 어느 것이든 위험에 처하게 될 때, 셋 모두의 지지자인 사람은 자신이 마침 지니고 있고 상황이 요구하는 모든 힘과 정성과 열정으로, 그리고 진술과 주장의 힘과 영향력을 모두 동원하여 공격당하는 부분을 지지하는 데 필요한 토론 주제를 선택하고 역설합니다. 그는 적절한 기회가 주어질 때, 다른 구성 요소들을 지지하여 발언될 수 있고 발언되어야 함에도 그 모든 것을 (마치 학술 강연문을 읽는 것처럼) 한꺼번에 제시함으로써 청중의 마음을 당황스럽게 만들거나 자신의 말을 어수선하게 만들거나 강조점을 흐려서는 안 됩니다. 그렇게 되면 구성 요소들은 사람들의 관심에서 벗어납니다. 이에 관해서는 의문의 여지가 없습니다. 그는 공격을 당하고 있는 부분에 관한 자신의 방어책을 내놓을 때는 다른 모든 부분의 정당한 권리를 자신이 배려하는 것에 대해 모든 솔직한 지성인의 신임을 받고 있다고 추정합니다. 오늘 대중의 특권을 보호하는 장벽을 높이는 것이 그다음 날에는 왕권을 무너뜨리려는 사람들과 의견을 같이해야 하는 것을 암시할 것이라고 염려해서는 안 됩니다. 그다음 날 그가 왕권을 방어한다고 해서 그것이 국민의 권리를 내버린 것으로 여겨져서는 안 됩니다.

자신이 똑같이 관심을 둔 다양한 대상 가운데에서 어떤 것에 확신을 가지고 있고 다른 이들의 운명에 대한 염려로 가득 차 있는 사람은 버크 씨가 늘 해온 것 이상으로 자신이 직접적으로 염려하는 대상에 대한 편애를 훨씬 더 크게 보이기 십상입니다. 그러한 상황에 처해 있는 사람은 위험에서 벗어난 사람들을 과소평가하고, 비방하고, 비방에 가까운 말을 하고, 그들과의 관계를 부인하는 것처럼 보일 때가 자주 있습니다. 이것은 자연과 진리의 목소리이지 비일관성과 가식의 목소리가 아닙니다. 우리에게 아주 소중한 그 어떤 것도 위험에 처하면, 그 당장은 마음으로부터 다른 모든 애착을 사라지게 합니다. 헥토르의 시신에 온통 생각을 쏟은 프리아모스는 공적 충성심으로 왕을 보좌하겠다고 모여든 자신의 살아남은 자식들에게 분개하면서 수없이 책망을 퍼부으며 그들을 물리치고 내쫓아버립니다. 좋은 비평가라면 (폭스 씨보다 더 나은 비평가는 없습니다) 이 장면 묘사가 뛰어난 솜씨이고 작품 속의 아버지를 통해 인간의 본성을 깊이 이해한 표현이라고 말할 것입니다. 이 구절로부터 호메로스가 이 고뇌하는 사람을 자신의 애착 때문에 자기 집의 보잘것없는 유물을 증오하거나 그것에 무관심하고 냉담한 사람으로 표현하려 한 것이라고, 또는 호메로스는 자신의 살아 있는 자식들보다 시신을 더 좋아한 것이라고 결론짓고자 하는 조일루스[1]를 그 비평가는 경멸할 것입니다.

버크 씨는 이런 종류의 참작이 필요한 입장에 있지 않습니다. 만일 그런 입장에 처해 있다면, 그에 대한 그러한 참작은 솔직한 비평가들에 의해 이루어져야 할 것입니다. 만일 혼합된 헌정 체제라는 원칙이 받아들여진다 할지라도 그는 이제 그 막바지에 다다르고 있는 정치 생활의 과정 동안 그가 말하고 행한 모든 것의 일관성을 더는 정당화하고 싶어 하지 않습니다. 저는 이 신사 분이 자연 그대로의 선견지명이 있는 이론의 방식에 도달하는 데에, 즉 모든 수단을 통해 대중성을 추구하는 데에 아마도 이제까

---

1 　조일루스(Zoilus, 400-320 B.C.) : 호메로스의 작품을 맹비판한 고대 그리스의 수사학자이자 철학자. 18세기 문헌에서는 부분에 매달려서 전체를 보지 못하는 경우의 전형으로 간주되었다. - 역주

　　　　　　　　　　Ⅰ. 신 휘그가 구 휘그에 올리는 호소

지 어떤 사람이 같은 상황에서 행했던 것보다도 더 분명하게 매진해왔다고 믿습니다.

버크 씨는 어느 보통선거(popular election)의 선거운동에서 선거구민의 명령이라는 권위를 거부한, 그리고 어느 곳에서나 그 권위에 아주 완전히 반대하는 주장을 한 최초의 인물이었습니다. 아마도 우리 헌정 체제 하에서 강제적 명령이라는 정책이 그 뒤로 불신을 받게 된 것은 그가 그런 식으로, 그리고 그런 경우에 그 권위에 반대한 데 크게 기인한 것일 수 있습니다.

의원 선출권을 개혁하고 의회의 회기를 단축하는 법안을, 버크 씨는 자신의 수많은 최고의 동료들과 상반되게도 수년간 내내 한결같이 확고하게 반대했습니다. 하지만 지금보다도 그들이 그가 기여해줄 바를 더 많이 바라고 그를 잃을 두려움이 더 컸던 그의 호시절에는, 그들은 자유를 지지하는 그의 행동과 표현과 위 사안들에 대한 그의 투표 사이에서 어떤 비일관성도 찾으려 들지 않았습니다.

많은 동료의 의견에 반하게도, 심지어 그들 일부의 애걸복걸도 물리치고, 버크 씨는 기부금을 면제해달라고 하원에 탄원한 교회의 성직자 친구들과도 대립했습니다.[2] 그는 영국 국교회 성직자

---

2  영국 국교회 성직자는 취임할 때 (기부 약속을 포함하는) 영국 국교의 39개 신조에 공식적으로 동의해야 했다. 1772년에서 1774년까지의 의회 토론에서 버크는 영

에 대해서는 거부한 기부금 면제를 두고 비국교도의 탄원은 지지했지만, 이 점에서 그가 죄를 범한 것이 아니므로 비일관성 때문에 비난받지 않았습니다. 동시에 그는 몇몇 동료의 바람에 반하게도 당시에 없어진 기부 제도를 대신하여 비국교도 교사들에게 또 다른 기부 의무를 부여하는 조항의 통과를 위해 힘썼습니다. 그때도 비일관성이라는 비난이 그에게 뒤집어씌워지지 않았습니다. 당시에 사람들은 다양한 상황에서 나타나는 행동의 차이와 원칙상의 비일관성을 분간할 수 있었습니다. 그가 말썽거리여서 떨쳐 내버려야 한다고 당시에는 생각할 필요가 없었습니다.

수많은 것 가운데에서 뽑은 이러한 몇몇 사례는 버크 씨가 자신의 최근 저서에서 포기한바 그가 높은 대중적 인기의 길을 추구해왔다는 암시에 대한 답으로 제시된 것입니다. 아마도 그의 전 생애 동안 그는 저 저서에 나타나 있는 바로 그 정책들을 주장함으로써 개인으로서 자신에게 닥칠 수 있는 그 어떤 악평에도 불구하고, 또한 반대 측 구성원으로서 자신의 이익에 미칠 그 어떤 손상에도 불구하고 공정한 기회를 등한시한 바가 없습니다. 그는 의회에서 어떤 중요한 기회에, 그리고 공직에 나선 아주 초창기에 다음과 같이 말했습니다.

---

국 국교회 성직자의 기부 제도의 유지를 지지하는 발언을 했지만 비국교도에 대해서는 더 큰 자유를 옹호했다. - 역주

"위대한 본보기들 속에 있는 정반대되는 과정의 부작용을 보며 조심한 탓에 그는 자유에 관한 자신의 생각을 매우 낮게 여긴 바 있었습니다. 그 생각이 자신과 한 몸이 되게 하여 자신이 삶을 마감할 때까지 그 생각을 고수하고자 한 것입니다."

보통선거에서는 가장 철저한 결의론자[3]들도 자신의 엄격함을 약간은 완화합니다. 그들은 어떤 후보자가 자유를 지지하는 어떤 무조건적 감정의 발로를, 그것을 극한까지 고수하도록 속박하지 않으면서 허용할 것입니다. 그러나 버크 씨는 대부분의 도덕주의자들이 다른 이들에게 요구하곤 하는 것보다도 더 엄격한 규칙을 스스로에게 지웠습니다. 자신이 그때건 어느 때건 단 한 사람의 토리당원의 표도 얻지 못할 것이라고 거의 확신하고 있었고 (실제로는 한 표만을 얻었습니다), 전적으로 휘그당 세력에 의존했던 곳인 브리스틀에서 처음 입후보했을 때 당선 전에도, 후에도 유권자들에게 그들이 그에게 정확히 어떤 대표자를 기대해야 하는지 자신이 말할 의무가 있다고 생각했습니다.

우리의 헌정 체제에서 **특기할 만한** 부분은 (그가 말한바) 그것이 지닌 자유입니다. 그 자유가 침범당하지 않게 하는 것이 바로

---

3 결의론자(決疑論者, casuist) : 사회적 관습이나 교회, 성서의 율법에 비추어 도덕적 문제를 해결하려는 윤리학 이론의 신봉자. 중세의 스콜라철학에서 이와 같은 연구가 행해졌다. - 역주

한 사람의 하원 의원에게 맡겨진 **고유한** 의무이자 **적절한** 책임입니다. 그러나 자유, 즉 제가 말하는바 **유일한** 자유는 **질서**와 연관되어 있고, 질서와 덕과 더불어 존재할 뿐만 아니라 그것들 **없이는** 전혀 존재할 수 없는 자유입니다. 그것은 **그것의 본질과 사활적 원칙** 속에 존재하는 것과 마찬가지로, 선하고 한결같은 정부 속에 존재합니다.[4]

버크 씨가 소신을 표명하는바 자유는 프랑스식 자유가 아닙니다. 그 자유는 악과 혼돈에 주어진 통제 수단일 뿐입니다. 버크 씨는 당시에 『고찰』을 쓰고 있을 때와 마찬가지로, 우리의 헌정 체제와 우리 제국의 복잡한 상태로부터 발생하는 난관에 대단히 영감을 받았고, 따라서 서로 다른 비상사태에서는 서로 다른 종류의 노력이, 그리고 그 노력에 이어서 그 복잡한 상태를 옹호하고 정당화하는 온갖 다양한 원칙에 대한 요구가 필요할지도 모릅니다. 이것은 당시 투표를 마감하는 즈음에 그가 말한 바에서 볼 수 있을 것입니다.

좋은 의원이 되는 것은, 저는 이렇게 말씀드리고 싶습니다만, 쉬운 과제가 아닙니다. **노예적 굴종, 즉 광적인 대중 영합**의 위태로운 극단적 행태로 치닫는 아주 강한 경향이 존재하는 오늘날에는 특히 그렇습니다. 원기왕성과 용의주도를 결합하는 것이

---

4  1774년 브리스틀에서의 유세 연설 중에 있는 내용이다. - 역주

절대로 필요합니다. 그러나 그것은 극히 어렵습니다. 우리는 지금 부자 상업 도시에 봉사하는 의원들입니다. 하지만 이 도시는 **이해관계가 다양하고 여러 가지 형태를 지니고 있으며 복잡다단한** 부자 상업 **국가**(nation)의 일부분입니다. 우리는 그 위대한 **국가**에 봉사하는 의원이되, 그 또한 우리의 덕과 우리의 행운에 의해 동쪽과 서쪽의 가장 먼 경계까지 강역이 뻗쳐 있는 위대한 **제국**의 일부일 뿐인 국가의 의원입니다. 이 **모든** 광범위한 이해관계들이 모두 **고려되어야** 하고, **비교되어야** 하고, 가능하다면 **조화되어야** 합니다. 우리는 자유로운 나라에 봉사하는 의원입니다. 또한 우리 모두는 **자유로운** 헌정 체제라는 기관이 **단순한** 것이 아니라 그것이 가치 있는 만큼 **복잡하고 섬세한** 것임을 분명히 알고 있습니다. 우리는 **위대하고 유구한 군주제** 속의 의원들입니다. **또한 우리는 군주의 실제 합법적 권리를 경건히 지켜야 합니다. 그것은 우리의 제국과 우리의 헌정 체제라는 고귀하고 잘 지어진 아치를 단단히 묶어주는 쐐기돌이기 때문입니다. 균형 잡힌 권력 관계로** 이루어진 헌정 체제가 언제나 긴요한 것이 되어야 합니다. 그러한 의미로 저는 헌정 체제의 그 부분에 관해 제 힘이 닿는 데까지 언급하고자 합니다.

　이런 방식으로 버크 씨는 17년 전에 자신의 유권자들에게 말했습니다. 그는 우리 헌정 체제의 한 특정 구성 요소의 한 열성 지지자처럼 하는 것이 아니라 한 개인으로서, 그리고 원칙에 입각하여 그 유권자들 모두에게 애착을 느끼며 말했습니다. 그는 이 위대하고도 필수적인 구성 요소들이 보존되어야 하고, 또한 각각이 자기 자리에 보존되어야 하며, 군주제는 독특한 존재로서뿐만 아니라 전체를 주재하고 연결 짓는 원칙으로서 발군의 존재로도 보호되어야 한다고 생각했습니다. 1790년에 인쇄된 그의 책의 언어가 1774년 브리스틀에서의 그의 연설과 다른지 잘 살펴보시기 바랍니다.

마치 자신의 최근 저서에서 버크 씨가 그 위대한 사건에 관해 벌어진 토론에서 보인 자신의 행동과 견해를 배반하기라도 한 것처럼, 미국전쟁[5]에 관한 그의 견해도 마찬가지의 공정성을 가지고 발표되었습니다. 미국전쟁에 관해 그는 스스로 철회할 이유가 있었던 견해나 남들에 의해 철회당한 견해를 가져본 적이 없습니다. 참으로 버크 씨는 그 전쟁의 원인에 관해 폭스 씨와 본질적으로 다른 견해를 가지고 있습니다. 폭스 씨는 "미국인들이 자유를 충분히 향유하지 못했다고 생각했기 때문에" 반란을 일으켰다고 아무렇지도 않게 말해왔습니다. **폭스 씨가 보는** 그 전쟁의 원인을 저는 처음 들어보았습니다. 국가로 하여금 이러한 판단 기준을 갖게 자극한 사람들이 이 문제를 자주 역설한 것은 사실입니다. 그들은 미국인들이 애초부터 독립을 목표로 했고, 애

---

5    미국전쟁(the American war) : 미국독립전쟁(1775-1783)을 말한다. - 역주

초부터 왕의 권위를 완전히 떨쳐버리고 부모 나라와의 관계를 완전히 깨버리고자 했다고 주장했습니다. 이러한 주장을 버크 씨는 전혀 믿지 않았습니다. 1776년에 버크 씨가 두 번째 회유 제안을 제출했을 때, 그는 이 문제에 관한 아주 긴 토론에 착수했습니다. 그리고 아홉 가지의 추정 논점 각각을 가지고, 미국인들에게 지운 부담이 사실이 아님을 증명하기 위해 분투했습니다.

만일 그 사건에 관해 버크 씨가 말하고 쓴 모든 것의 원칙을 평상시 기분으로 본다면, 당의 신사 분들은 미국인들이 단지 자신들의 자유를 확대하기 위해 반란을 일으켰다고 추정하면서도 버크 씨는 미국인들의 대의명분에 관해 아주 다르게 생각했을 것이라는 사실을 납득할 것입니다. 그들의 지도자 중 몇몇 사람이 어떤 비밀스러운 생각을 했는지를 알 수는 없습니다. 프랭클린 박사처럼 그렇게 갇혀 있는 사람이 그의 생각을 알리는 것을 기대할 수 있다면, 저는 프랭클린 박사가 버크 씨에게 자신의 생각을 털어놓을 것이라고 믿습니다. 제가 알기로는 버크 씨가 그 전에 보았던 것보다 훨씬 더 열린 태도를 프랭클린 박사가 보이면서 두 사람 사이에 아주 긴 대화가 있었던 것은 프랭클린 박사가 미국으로 떠나기 바로 전날이었습니다. 이 대화에서 프랭클린 박사는 명백히 진심으로 자신이 두려워한바 대영제국과 그 식민지들 간의 불가피한 분리를 한탄했습니다. 프랭클린 박사는 그것을 자신에게 가장 큰 우려를 안긴 사건으로 분명히 말했습니다. 미국은 영국의 보호 하에 보냈던 것과 같은 행복한 나날을 다시는 보지 못할 것이라고 그는 말했습니다. 그가 말하기를, 우리의 경우는 가장 멀리 있는 지역과 구성원들이 런던과 그 인근 지역만큼 잘 통치된 위대한 제국의 유일한 경우였다고 했습니다. 그러나 미국인들은 자신들에게 이 희귀하고 소중한 이점을 보장하는 수단을 잃어버리려 한다는 것이었습니다. 그들에게 문제는 프랭클린 박사가 인정하듯이 그들이 바랄 수 없었던 더 나은 상태 대신에 자신들이 곤경에 직면했던 상태 그대로 남아 있을 것인지 여부가 아니라, 자신들이 노력도 하지 않고 그렇게 행복한 상황을 포기할 것인지 여부였습니다. 버크 씨는 그즈음에 프랭클린 박사와 그 밖에도 몇 차례 대화를 나누었는데, 프랭클린 박사의 마음이 분명히 매우 언짢고 분노에 차 있었기 때문에 그 대화 중 어느 것에서도 미국의 **유구한**(ancient) 상태를 지켜주는 것 말고는 미국에 이익이 될 다른 어떤 바람을 갖지 못했습니다. 버크 씨가 다른 미국인들과 나눈 대화는 실로 많았고, 그의 조사는 폭넓고 부지런했습니다. 이 모든 정보 수단의 결과에 의지하여, 그러나 제가 방금 언급한 공적 추정의 언사들을 훨씬 더 많이 신뢰하면서, 그리고 그들의 집회에서 반복된 엄숙한 선언들에 의지하여, 버크 씨는 그들이 그 반란에서 순전히 수세적 자세를 취했다는 사실을 항상 확고히 믿었습니다. 그는 미국인들이 당시에, 그리고 그 논란의 와중에서도 영국이 1688년에 국왕 제임스 2세에 대해 가졌

I. 신 휘그가 구 휘그에 올리는 호소

던 것과 똑같은 관계를 영국과 유지하고 있었다고 생각했습니다. 그는 그들이 단 한 가지 동기 때문에, 즉 우리가 그들의 동의 없이 그들에게 세금을 부과하려 했고, 민간 시설과 군사시설을 유지할 목적으로 그들에게 세금을 부과하려 했기 때문에 무기를 들었다고 믿었습니다. 만일 우리의 이러한 시도가 실제로 이루어질 수 있었다면, 버크 씨가 그들과 함께 생각한 바로는 그들의 집회는 완전히 쓸모없게 되었을 것이고, 당시에 추구된 정책 체계 하에서는 미국인들이 자신들의 법률이나 특권에 대해 또는 그 가운데 어떤 부분에 대해서도 아무런 보장을 받을 수 없었을 것이며, **우리의** 자유라는 바로 그 환경이 **그들의** 노예 상태의 부담을 가중시켰을 것입니다.

　미국인들의 그 수세적 입장을 고려했기 때문에 버크 씨는 대영제국이 그 세법의 폐지를 통해 즉각 그들과 합의에 이르러야 한다고 생각했습니다. 그는 이 나라에 대한 우리의 일반적 권리는 이러한 시기적절한 양보에 의해 보존될 것이라는 견해를 가지고 있었습니다.[6] 이렇게 양보하지 않고, 보스턴 항만 법안(Boston port bill), 매사추세츠의 특허 법안(charter bill), 어업권 법안(fishery bill), 국제교류 법안(Intercourse bill) 등 많은 적대적 법

---

6　미국에 대한 과세에 관한 1774년 4월 19일의 버크의 연설에 이런 견해가 나타난다. - 역주

안이 마치 수많은 폭풍우가 몰아치는 것처럼 급조되고, 처음에는 엄청난 영국 함대와 육군이 함께 쳐들어가더니, 나중에는 엄청난 무리의 외국 군대가 쳐들어왔을 때, 버크 씨는 미국인들의 대의명분이 날이 갈수록 더 수세적이 되기 때문에 날이 갈수록 더 좋은 것으로 되는 반면에, 우리의 대의명분은 날이 갈수록 더 공격적으로 되기 때문에 더 나쁜 것으로 된다고 생각했습니다. 그래서 버크 씨는 두 해 연속으로 두 법안을 발의하여 그 소란이 나던 초기에 그가 심각하게 요구된다고 생각할 만했던 수준을 넘어서는 여러 가지 양보를 제안했습니다.

이러한 상황에 있었기 때문에 버크 씨는 분명히 식민지 주민들이 무력에 의해 진압되기를 전혀 바랄 수 없었습니다. 만일 그러한 일이 벌어진다면 그들은 상비군과 아마도 외국 군대의 거대한 집단에 의해 진압된 국가에서 억눌려 있을 수밖에 없다고 확신했습니다. 그러한 군대들이 영국 헌정 체제의 권리와 특권에 대한 충돌에서 영국인들을 처음으로 이기게 되면, 나중에는 (비록 미국에서일지라도) 영국 국민을 극도로 비참한 종속 상태로 있게 하는 데에 익숙해져서 결국은 영국 자체의 자유를 위태롭게 할 것이고, 그러는 동안 이러한 군사 체제가 국가 재정을 억압하는 부담이 될 것이며, 그것이 열기와 악감정으로 가득 찬 새로운 논쟁을 끊임없이 만들어내고 길러내어 아마도 새로운 일련의 전쟁으로 이어질 것이고, 우리가 부담을 지고 혼란스러워하는 상태가 지속되는 동안 외국 열강들이 마침내 우리에 대해 결정적 우세를 점하게 될 것이라는 견해를 강하게 가지고 있었습니다. 최근 출간된 그의 저작 가운데 어느 부분에 대해, 즉 그 저작에서 그가 발언한 어떤 표현에 대해, 과연 어떤 사람이 버크 씨를 그의 행동 방식과 미국전쟁에 관한 그의 원칙의 경향에 모순점이 있다고 비난할 수 있겠습니까? 그 책자가 그를 비난하는 사람들의 손에 쥐어져 있으니, 할 수 있다면 그 구절을 지적해보라고 하십시오.

참으로 버크 씨의 저작은 동료들에 의해 충분히 검토되었고 샅샅이 조사되었습니다. 그는 심지어 모든 우스개와 가벼운 표현에 대해서도 책임질 것을 요구받고 있습니다. 고인이 된 한 각료에 관해 익살스럽게 묘사한 것에 대해서도 문제 제기를 받았습니다. 그 구절은 미국인들이 대영제국으로부터 분리된 후에 그들이 군주제를 상실한 것에 대한 탄식이 담겨 있었습니다. 버크 씨는 미국인들이 그들과 우리의 국왕에 대한 충성을 영원히 버린 순간에 그들이 이 나라와의 모든 관계를 깨버리고 이 나라의 적들과 동맹을 맺은 순간에 군주를 잃어버린 것을 한탄하는 것은 우스꽝스러운 것이라고 생각한 것 같습니다. 버크 씨는 분명히 그것이 조롱받을 만한 것이라고 생각한 것이 틀림없습니다. 그런데 그것을 떠올리면서 (그는 그 상황을 완전히 잊고 있었다고 저는 믿습니다) 그는 자신이 그 상황을 다소 경솔하게 취급했다고 회상합니다. 그러나 이렇게 때를 잘 맞추지 못한 한탄에 대한 농담을 놓고 버크 씨가 당시에 이 나라나 다른 어떤 나라의 군주제에 대한 적이었다고 추론하는 것이 과연 온당한 것입니까? 만일 좋은 것이건 나쁜 것이건 우스개로부터 무언가를 주장할 수 있다면, 아마도 그와 반대로 추론하는 것이 마땅합니다. 이러한 이유 때문에, 즉 그가 미국전쟁과 관련하여 말했거나 행한 모든 것 때문에 그가 모든 나라의 모든 상황에서, 그리고 모든 구실 위에서 제기된 모든 반란과 공세적이거나 수세적으로 동맹을 맺는 데 착수하고 있다는 것입니까? 그가 미국인들이 무력에 의해 진압되기를 바라지 않았다고 해서, 독재나 억압 행위의 혐의를 제기하지 않고 우리의 오랜 법률과 권리와 관습에 적대하는 시도에 관해서도 불평하지 않으면서 지금은 이 왕국의 왕권과 헌정 체제 전체를 파괴하려 하고 있는 영국의 저 단체들의 행위를 그가 비난한다고 해서 그의 언행이 틀림없이 모순된 것입니까? 그가 식민지 주민에게 베풀어지기를 바라는 그 양보 때문에 자발적으로도 공식적으로도 과세권과 기타 다양한 자의적 권력을 내버린 왕이 퇴위당한 프랑스에서 벌어지고 있는 일련의 과정을 우리가 모방해야 할 귀감으로 우리에게 제시하는 저 사교 모임이나 연맹들과 그가 무슨 관계든 유지할 의무가 있는 것입니까? 온갖 분명한 죄악을 저지르고 전쟁의 위험과 그 밖의 온갖 종류의 재앙을 수반하면서 군주의 권위 **전체**를 파괴하고, 국가의 모든 지위와 계급과 수훈의 차이를 없애버리며, 자신들의 법령에 의해서보다는 자신들의 원칙에서 소유권을 완전히 파괴하는 것을 목적으로 삼는 완강하고 극단적인 음모자 집단에 맞서서 백성이 아닌 군주가 **약간 남아 있는** 왕의 권위를 보존하고자 완전히 수세적인 (가엾고도 참으로 연약하게 수세적인) 자세를 취하고 있는 한 나라 프랑스에 수립되어 있는 공화국들의 군대에 그가 행운을 비는 것이, 버크 씨가 미국으로 하여금 격파당하기보다는 회유되기를 바랐기 때문입니까?

버크 씨는 몇몇 헌정 체제 개혁으로 이어질 몇몇 경제개혁을 의회에서 제안했기 때문에 그의 최근 저작과 과거 행동 사이에 일관성이 없다고 비난받기도 했습니다. 버크 씨는 하원의 다수 의원들과 함께 왕권의 위세가 한때 지나치게 크다고 생각했지만, 국왕 폐하의 자애로운 성명을 통해, 그리고 그에 이어진 의회의 몇몇 법령을 통해 폭스 씨도 만족시키고 그 축소가 최대한도로 이루어지기를 바란 사람들 누구라도 적어도 외견상으로는 만족시킬 정도로 왕권을 이미 축소했거늘, 우리가 그 주제에 관한 논의를 무한정 진행하는 것이 옳고, 군주제에 충성을 다할 의무가 있고 그것을 지지하겠다고 고백하는 국민 사이에서 **모든** 국왕 대권(prerogative)과 **모든** 영향력을 **축소**가 아니라 완전히 **박탈**하는 것이, 따라서 정당화될 수 있다고 버크 씨가 인정해야 한다는 말입니까? 그가 경제적 통제 방안과 왕권의 축소를 통해 프랑스 국민 사이에서나 우리 사이에서나 왕을 기능 면에서 주 장관만큼도 존경받을 만하지 못하고 개인적으로는 한낱 죄수의 상태와 다르지 않은 극도로 비참한 처지로 만드는 것이 옳다고 인정했어야 한다는 말입니까? 도덕 세계에서는 그런 방편을 쓴다는 말을 아무도 들어보지 못했을 것입니다.

이처럼 어떤 특정 방식으로 **어떤** 것을 행한 것에서 **모든** 것을 행할 필요성으로 나아가는 주장의 방식은 논리적 오류의 결과와는 다른 중대한 정치적 결과를 낳습니다. 만일 스스로를 설득하여 왕의 모든 대권을 파괴하고 왕의 모든 임명권을 강탈하기 위해 동료를 적으로 돌리지 않고서도 정부 내의 부당하거나 위험한 권력이나 권세를 축소하거나 변화시킬 수 사람이 아무도 없다면, 멀쩡한 사고방식을 지닌 사람들을 어떤 개혁에도 관여하지 못하도록 하는 데 무엇이 더 효과적일 수 있는지, 또한 이 개혁 주제의 자유에 대한 최악의 적들이 왕권에 관한 모든 교정 방책에 혐의와 오명을 씌우기에 더 적절한 방법을 어떻게 고안해낼 수 있을지 저는 알지 못합니다.

버크 씨를 비난하는 사람들의 말처럼 만일 대영제국 왕의 지나치게 큰 권세에 대한 두려움이 그가 채택한 개혁의 정도를 정당화할 수 있다면, 군주제의 폭정 아래로 되돌아갈 것이라는 두려움이 프랑스 국민이 훨씬 더 많이 나아가서 군주제를 현재처럼 완전히 없애버리는 것을 정당화할지도 모릅니다. 버크 씨는 이

I. 신 휘그가 구 휘그에 올리는 호소

러한 전제에서 어떤 충분한 **대인**논증(argument **ad hominem**)[7]이 추론될 수 있다고 인정하지 않습니다. 만일 어떤 과도한 절대왕정에 대한 공포가 그것을 폐지할 이유를 제공한다면, 한때는 절대적이었던 (모든 군주제가 어떤 시기에는 그러했습니다) 어떤 군주제도 예외가 될 수 없습니다. 그것은 파괴되어야만 합니다. 그렇지 않으면 과거에 그 지배하에 있었던 사람들의 두려움을 잠재울 어떤 방법도 찾을 수가 없습니다. 그러나 버크 씨가 일을 처리하는 원칙은 틀림없이 그를 아주 다른 결론으로 인도합니다. 즉, 군주제는 개혁에 완전히 개방되어 있고, 권력 균형에 완전히 개방되어 있으며, 한 위대한 나라를 만들기 위해 개혁과 균형이 이루어지게 되면 그것은 모든 정부 가운데 최상의 정부가 될 것이라는 결론 말입니다. 우리나라의 본보기는 버크 씨를 인도한 바와 마찬가지로, 프랑스로 하여금 군주제는 자유와 조화시킬 수 있을 뿐만 아니라 자유를 영원히 향유하는 것을 훌륭하고 안정적으로 보장하게끔 만들어질 수 있다고 인식하도록 이끌 수 있었을지도 모릅니다. 버크 씨가 왕권에 제안하는 어떤 교정 방책도, 아무 교정 방책을 지니고 있지 않고 그가 생각하기에 어떤 교정 방책

---

7  대인논증(對人論證) : 논점 상위(論點相違)의 허위의 하나. 논의되는 사람의 인격·경력·사상·직업 따위를 지적함으로써 자기의 주장이 참됨을 주장하는 오류적 논법으로, '그는 교육자이므로 그의 주장은 바르다'라든지 '그는 허풍쟁이이므로 그의 말은 믿을 수 없다' 따위이다. - 역주

도 받아들일 능력이 없는 어떤 공화국의 계획을 그로 하여금 찬성하게 만들 수는 없습니다. 버크 씨의 행동이나 글의 어떤 원칙도 일관성 있게, 손해를 주고받는 것을 옹호하도록 만들지 않습니다. 그의 어떠한 원칙도 그로 하여금 온건해진 군주제 대신에 혼돈과 죄악에서 나타나는 것 말고는 자유의 흔적이 없는 새롭고 훨씬 더 횡포한 권력을 세우는 것을 정당화하도록 강제할 수 없습니다.

버크 씨는 프랑스를 지배하고 있는 당파가 국민의 마음을 짓누른 전횡적 권력에 대한 두려움 때문에 그들 국가의 군주제와 계급을 폐지했다고 인정하지 않습니다. 그가 저 나라에 있었던 때는 아주 오래전이 아닙니다. 그곳에 있을 동안 그는 여러 부류의 그곳 주민들과 이야기를 나누었습니다. 지위가 높은 몇몇 사람은 언젠가 모든 속박을 타파할 것으로 기대되는 자유정신의 강력하고도 명백한 증거를 발견했다는 사실을 그는 인정합니다. 그러한 신사들은 제가 그와 똑같은 부류의 사람들을 이 나라에도 가져볼 수 있기를 희망하는 것보다도 더 자신들의 선견지명 부재를 줄곧 분하게 여길 만한 이유가 많았습니다. 그러나 이러한 정신은 그 신사들 사이에서조차 전혀 일반적이지 않았습니다. 현재의 우쭐대는 권력을 형성하고 있는 하위 계급들과 그보다 약간 위의 계급 사람들에 관해 말하자면, 그들은 왕의 권력과 대권에 어떤 종류의 불만족도 전혀 느끼지 않고 있었습니다. 저 허영심

강한 국민은 오히려 자랑스러워하고 있었습니다. 그들은 그렇게 높고 완전한 권위를 지닌 군주가 없다고 영국인들을 오히려 경멸했습니다. 그들은 **왕명 봉인서**[8]에 아무런 느낌도 없었습니다. 바스티유는 그들에게 아무런 공포심도 불러일으키지 못했습니다. 이것이 그들의 선배들에게는 특별한 선물이었습니다. 이 경박한 사람들이 현재의 균등화(levelling)의 정신에 고무된 것은 술책과 충동에 의해, 물자가 부족한 시기에 벌어지는 사악한 관행에 의해, 군주제나 귀족제도에 대한 물음과는 완전히 동떨어진 극히 다양한 일련의 사악한 주장에 의해 이루어진 것이었습니다. 그들의 허영심은 술책에 의해 또 다른 문제로 이어졌습니다. 즉, 그 허영심은 군대의 제복과 모표와 견장에 의해 정신이 혼미해지고 유혹당했고, 결국 프랑스 국민은 또 다른 통치에 대해 자발적인, 그러나 거만하고 아무 생각 없는 도구이자 희생물이 되었습니다. 저 국민은 그들의 귀족을 경멸하지도, 증오하지도, 두려워하지도 않았습니다. 그와는 반대로 그들은 자기네 국가 우두머리들의 특징을 보여주는 그들의 너그러운 자질을 소중하게 생각했습니다.

이제까지 그의 개혁안의 결과로 버크 씨에게 가해진 공격에

---

8  왕명 봉인서(Lettres de Cachet) : 재판이나 설명이 없이 사람을 투옥시킬 수 있는 왕의 명령이 담긴 봉인서. – 역주

관해 말씀드렸습니다.

버크 씨가 그의 최근 출판물에서 그의 젊은 시절에 활기를 불어넣어주었고 그를 흠잡는 사람들에도 불구하고 그의 노년기에 휴식과 위안을 공급해줄 자유의 원칙을 포기했다는 것을 보여주기 위해 의회에서 그의 책에 반대하는 발언을 하는 것이 적절하다고 생각한 사람들은, 그의 책 속에서 자유로운 정부의 합리적 계획과 직접적으로건 간접적으로건 맞서 싸우는 무언가를 만들어내야만 했습니다. 세월이 망각하게끔 만들었던 경박하고 터무니없는 말들에 관해 아주 또렷한 기억력을 가지고 있었던 그들이, 버크 씨가 이전에 터무니없거나 진지한 말투로 말한 것과 모순되는 아주 최근에 출간된 저작의 한 구절을 인용할 수 없었다는 것은 기이한 일입니다. 그들은 그의 이전 발언과 그의 이전 투표는 언급하지만 그의 최근 저서에서는 한마디도 언급하지 못합니다. 전자와 후자를 대조함으로써만 그들이 주장하는 비일관성이 밝혀질 수 있습니다. 그러나 그들은 그러한 모순된 구절을 인용할 수 없는 것과 마찬가지로, 그의 저작 전체에서 합리적이고 관대한 자유의 정신에 반하는 일반적 경향과 정신을 어떤 것도 보여줄 수가 없습니다. 균등화의 정신, 무례의 정신, 법률 보호의 박탈, 약탈, 살해, 그리고 야만의 정신에 대한 온건한 반대가 자유의 진정한 원칙에 역행하는 것이 아닌 한 말입니다.

저 책의 저자는 극단에서 극단으로 지나쳐왔다고 추측되고 있습니다. 그러나 그는 항상 중도를 지켜왔습니다. 이러한 비난은 아주 놀라운 것이 아닙니다. 원의 중심에 있는 사람들이 원주의 어떤 부분에서 그들을 보는 사람들에게 직접적으로 대항하는 것처럼 보이는 것은 만물의 본질에 속하는 일입니다. 하지만 오로라와 갠지스 강 너머로 달려가는 사람들이 그에게 그가 서쪽 끝에 있다고 외치는 소리를 듣는다 할지라도 그는 여전히 그 중심점에 있을 것입니다.

같은 논쟁에서 버크 씨는 영국의 헌정 체제가 방어될 수 없다고 암시하는 태도로, 그러나 고대와 현대의 모든 공화국을 비난하는 주장을 펼친 것으로 묘사되었습니다. 그는 그러한 비난을 뒷받침할 만한 최소한의 근거를 제공하는 말도 하지 않았습니다. 그는 모든 공화국을 비난하지는 않았습니다. 그는 추상적 차원에서 공화국이나 군주제에 대해 스스로 친구이거나 적이라고 선언한 바가 없습니다. 항상 위태롭고 최악의 재난을 만들어낼 가능성이 있는 모든 나라의 환경과 습관이 그 헌정 체제를 결정한다고 그는 생각했습니다. 현대나 고대의 어떤 공화국에도 그를 적으로 만들 만한 것이 그의 본성이나 기질이나 능력에는 없습니다. 전혀 그렇지 않습니다. 그는 아주 젊은 시절부터 공화국의 형태와 정신에 관해 공부해왔습니다. 아주 집중해서, 그리고 애착이나 편견에 의해 방해 받지 않는 사고방식으로 그것을 공부해왔습니다. 그는 그렇게 공부하지 않고는 정부에 관해 아는 것이 볼품없는 수준이 될 수밖에 없다고 참으로 확신하고 있습니다. 그러나 그 조사 연구로부터 그가 마음속에서 얻은 결과는 줄곧 그러하고 지금도 그러한데, 그것은 바로 영국이건 프랑스건 실험과 마찬가지로 실제 사건에서도 스스로를 막대하게 손상시키지 않고는 공화국의 형태로 될 수 없다는 것, 영국이나 프랑스에 안전하게 도입될 수 있는 모든 공화제적인 것은 군주제 위에서 명목상의 군주제가 아니라 실제 군주제를 그 **필수 토대로 삼아** 건설되어야만 한다는 것, 귀족주의적인 것이건 민주주의적인 것이건 간에 그렇게 건설되는 모든 제도는 왕권에서 나와야 하고 그 모든 과정에서 왕권에 의지해야 한다는 것, 왕권이라는 그 주된 원천에서 나오는 활기에 의해서만 그 공화제의 부분들이 작동되어야 하고, 거기서부터 그 전체의 법률 효력을 발생시켜야 하며, 그렇지 않으면 그 전체가 혼란에 빠질 것이라는 점이었습니다. 이러한 공화국의 구성원들은 자신들이 하나가 될 수 있는 중심점으로서 오로지 왕권 이외의 것을 갖지 않습니다.

이것이 바로 버크 씨의 책에 발표되어 있는 견해입니다. 그는 자신이 판단의 자유를 갖게 된 이래로 이 견해를 바꾸어본 일이 없습니다. 그러나 분명코, 만일 그의 생애 중 어느 때이든 그가 다른 관념을 즐겼다면 (그러나 그는 그런 관념을 가진 적도 가졌다고 고백한 적도 없습니다만), 위대한 국민의 나라를 강제로 공화국으로 만들고자 하는 야만적 시도에 의해 그 국민에게 초래되는 끔찍한 재앙은 그의 이해가 그릇된 것임을 깨우쳐주고 그의 이해가 그러한 파괴적 환상에서 영원히 벗어나도록 해주기에 충분하고도 남음이 있을 것입니다. 프랑스에서조차 많은 사람이 실현하는 데 성공한 자신들의 이론에 진저리를 치고 있음을 그는 확신하고 있습니다.

버크 씨가 자신의 원칙을 버렸다는 비난을 뒷받침하기 위해 끊임없이 악폐를 바로잡고자 했다는 주장이 제기되었습니다. 정부의 악폐를 바로잡으려 애쓰는 것이 줄곧 그의 일이었고, 마지막 남은 그의 연약한 힘도 그 악폐에 대한 투쟁이 쓰이고 있다는 것은 사실입니다. 정치인으로서 그는 그 활동 영역에서 살아왔고, 정치인으로서 그는 그 활동 영역에서 죽을 것입니다. 그가 이 세상을 하직하기 전에 저는 그에 대해, 만일 한 위대한 인물의 마음속에서 그다지도 많은 분개심을 불러일으킨바 어떤 종류든 악폐를 정당화하거나 지원하는 단 한마디의 말이라도 그 책에서 발견된다면, 실제로 그래왔듯이 그의 모든 훌륭한 점이 비난의 근거로 제시될 법하다는 것을 인정하겠습니다. 실제는 그 반대여서 그의 책은 어떤 현존하는 악폐도 허용하지 않습니다. 그 책의 목적은 악폐와 전쟁을 하는 것, 죽은 악폐가 아니라 살아 있고 번성하고 있으며 지배하고 있는 악폐와 전쟁을 하는 것입니다.

정부의 악폐를 드러내는 **목적**이 그것을 다루는 방식에서 아주 실질적인 고려 사항을 만들어냅니다. 친구에 대한 불평은 적에 대한 욕설과 아주 다른 것입니다. 최근 프랑스 군주제의 악폐에 대한 비난은 그 개혁을 목적으로 한 것이 아니라 파괴를 정당화하고자 한 것이었습니다. 왕의 잘못에 관한 모든 역사를 긁어모으고 자신들이 발견한 왕의 모든 잘못을 한층 무겁게 만든 사람들은 일관되게 행동했습니다. 그들은 왕의 적으로 행동했기 때문입니다. 군주제 자체에 대해 작정된 증오심을 품고 있는 사람은 누구도 온건한 군주제의 친구가 될 수 없습니다. 현재로서는 군주제를 지지하거나 군주제에 완전히 공정한 입장을 지닌 사람은 마치 무자비한 적들의 박해를 받고 있고 약점을 지닌 친구를 대하는 것처럼 군주제를 대해야 합니다. 그런 경우에는 그 친구의 잘못을 어떻게든 과장해서 그 불쾌한 사람에게 대중이 지닌 악감정에 불을 지르지 않는 것이 친구의 의무라고 저는 생각합니다. 오히려 그의 잘못과 결점을 너그럽게 보거나 그것들을 덮어주고, 그가 가졌을지도 모르는 좋은 자질은 무엇이든 앞으로 열심히 내세워주는 것이 우리의 의무입니다. 그러나 그 사람이 고쳐지고, 그 개선된 상태가 지속되면 그 의무의 방식은 새로운 방향을 취합니다. 그의 안전이 효과적으로 담보되면, 그때는 깨우친 애착심의 힘을 한껏 동원하여 그의 결점과 악행에 압력을 가하고 그 결점과 악행에 가장 선명한 색깔을 칠해서 그 도덕적 환자에게 더 나은 습관을 가져다주는 것이 친구의 직무가 됩니다. 개인들에 관해 저는 이렇게 생각합니다. 인간의 오래고 존경받는 정부와 계급들에 관해 저는 이렇게 생각합니다. 개혁의 정신이 파괴의 수단이 되기를 거부할 때보다 스스로 더 일관된 경우는 없습니다.

저는 이 비난의 논점들이 충분히 논의되었다고 생각합니다. 한 가지가 더 있는 것을 제가 잊고 있었지만, 저는 그것을 곧 신속히 처리할 것입니다.『고찰』의 저자는 최근에 의회가 열렸을 때 하원 의사록에서 왕권에 대해 항의를 제기하는 법안을 발의했는데, 그것은 불쾌하게 해산되었던 이전 의회를 실질적으로 옹호하는 내용입니다. 그것은 폭스 씨를 옹호하는 것입니다. 그것은 휘그당을 옹호하는 것입니다. 어떤 전후 관계의 논증에 의해, 어떻게 연상된 생각에 의해 폭스 씨와 그의 당에 대한 이 옹호가 폭스 씨와 그 당원들을 통해 그와 그들을 옹호하는 사람이 비난받는 결과를 낳게 한 것인지, 저는 쉽사리 추측할 수 없습니다. 버크 씨가 사전에 폭스 씨로부터 아무런 격려도 받지 못했고, 발의 당시에도 폭스 씨나 당의 어떤 신사에게도 어떤 최소한의 찬조나 지원도 받지 못했으며, 그때나 다른 때나 단 한 분[9]의 예외가 있어서 그분과의 우정으로부터 버크 씨가 명예를 얻고 있으나 참으로 그 명예를 감지하지 못할 만큼 무딘 것이 틀림없다는 것은 사실입니다. 따라서 만일 그 항의가 당의 조처에 대한 그릇

---

9　윈덤(Windham) 씨.

되거나 허약한 옹호였다면, 그들은 그 항의에 결코 영향을 받지 않았을 것입니다. 그것은 의회 의사록에 기록되어 있습니다. 이 사실은 저자가 다른 어떤 그의 저작에도 기대할 수 없는 영구성을 그것에 보증합니다. 그것이 현시대를 향해, 그리고 후대를 향해 스스로 변론하도록 해줍시다. 당은 그것에 아무런 관심도 없습니다. 또한 그것은 당에 반하는 것으로 인용될 수 없습니다. 그러나 최근 논쟁에서 당이 관여하고 있지 않았던 부적절한 옹호와 당의 관계를 씻어내기 위해서가 아니라, 해산된 의회에 대한 버크 씨의 옹호 원칙과 그가 최근『고찰』에서 프랑스에 관해 개진한 원칙 사이의 비일관성을 암시할 친절한 목적으로 그것이 제시되었습니다.

한 가지와 다른 한 가지를 주장하는 데서 추정되는 원칙상의 비일관성에 대한 비난의 정당성을 판단하는 것과 같은, 두 가지 경우 사이의 유사점을 이해하는 것은 대단한 재주가 필요한 일입니다. 폭스 씨의 인도 법안(India bill)이 프랑스의 헌정 체제와 무슨 관계가 있었습니까? 하원에서 각료에게 신임을 주거나 거두고, 그러한 견해를 국왕에게 정식으로 말하는 것과 프랑스의 헌정 체제가 무슨 관계가 있었습니까? 하원 의원 전체가 하원과 대립되는 이해관계를 지니고 있다고 누명을 씌움으로써 결국은 국왕에게 틀림없이 나쁜 결과를 초래할 이 토론이 1784년의 버크 씨의 생각과 무슨 상관이 있었습니까? 자신들의 대표자들에게 대항하는 경솔한 판단을 무모하게 한 민중들에 대해 경고한 기록과 이 토론이 무슨 관계가 있습니까? 왕국의 기록에는 알려져 있지 않고 골탕을 먹이려는 질문들을 의회 의사록에 써넣으려고 계산된 새로운 이론적 언어를 도입하는 위험을 지적하는 버크 씨의 견해가, 선행한 모든 것을 거역하고 가장 공상적인 이론으로 생각되었던 것을 실현하는 것을 오로지 영광으로 삼는 프랑스 국회와 무슨 상관이 있었습니까? 이것이 프랑스 군주제의 폐지와, 또는 영국의 혁명, 즉 사적 개인들에게만 책임이 있는 조사를 하는 데 기여할 수 있는 수단을 사적 토론에서 배제하지 않고 영국 의회가 모든 법령과 모든 선언에서 '바른 말씀의 본보기'[9]를 경건하게 고수하는 혁명이 정당화되었던 원칙과 무슨 공통점이 있었습니까? 이러한 것들이 바로 버크 씨가 제기한 항의의 논점들이었습니다. 이 논점들 모두가 동인도회사와 국왕, 의회, 그리고 인도 사람들의 특정 법률과 권리와 관습과의 관계뿐만 아니라, 우리의 세 계급의 존재와 상호 관계를 전제로 합니다. 제 말씀은 이 논점들이 국왕도 없고, 상원 의원도 없고, 하원 의원도 없으며, 해를 끼치거나 지원을 할 인도 회사도 없고, 다스리거나 억압할 인도 제국도 없는 프랑스의 헌정 체제와 무슨 관계가 있느냐는 것입니다. 이 모든 것 또는 그중 어떤 것이, 또는 국왕의 대권과

---

10  바른 말씀의 본보기 : 디모데후서 1장 13절. - 역주

의회의 특권 사이에 일어날 수 있는 어떤 문제가, 버크 씨가 말하기로는 대권에 대항하여 특권을 옹호하거나 특권에 대항하여 대권을 옹호하는 것이 아니라, 우리의 국왕과 우리의 의회에 대항하고, 교회와 국가에 내재하는 우리의 헌정 체제에 대항하고, 교회와 국가를 구성하는 모든 지역과 계급에 대항하는 공공연한 시도를 하고 있는, 대영제국의 저 당파적 사람들의 비난과 무슨 관계가 있었습니까?

폭스 씨에게 대항하여, 그리고 버크 씨가 예의 항의에서 옹호하고 있는바 1784년에 해산된 하원의 조처들에 대항하여 버크 씨가 자신의 항의와 저서 모두에서 책망하고 있는 저 몇몇 혁명 책동자보다도 더 지독하게 행동한 사람들은 없었습니다. 이 혁명주의자들은 실제로는 그 행동 면에서 일관되지 못하다고 생각될 수도 있습니다. 그러나 버크 씨는 아주 미미한 정도의 비일관성이 나타나는 이러한 행동 변화 때문에 그들을 비난하는 것은 전혀 아닙니다. 그는 그들이 어떤 목적으로 헌정 체제의 파괴를 시작하는지에 관해 완전히 무관심하다고 확신하고 있습니다. 그들 중 일부는 교회에 관계된 것을 더 잘 무너뜨리기 위해 시민 권력의 파괴와 함께 자신들의 활동을 시작하려 하고 있고, 일부는 시민과 관계된 것의 붕괴를 조장하기 위해 교회와 관계된 것을 가지고 시작하기를 바라고 있고, 일부는 왕권을 통해 하원을, 일부는 하원을 통해 왕권을 파괴하고자 하며, 일부는 그들이 국민이라 부르는 것을 통해 양자 모두를 전복하려 합니다. 그러나 이렇게 명예를 손상당한 『고찰』의 저자가 저들이 어디서든 언제든 어떻게든 활동을 시작한다 하더라도, 파괴를 도모하는 그 모든 극렬 당파에 열심히 반대하는 것이 그의 현재의 의무나 그의 과거의 삶과 전혀 모순되지 않는다고 생각할 것임을 저는 믿습니다. 그들로부터, 또는 모든 부류의 인간으로부터 그들이 소유하고 있는 권리를 빼앗으려 하는 사람들에게 아무도 그보다 더 단호하게 맞서려 하지는 않을 것입니다. 그들이 향유하고 있는 그 행복한 질서의 파괴에 그 권리를 남용하지 못하도록 하는 데에 아무도 그보다 더 한결같지는 않을 것입니다. 그들의 칭호가 제아무리 대단한 것이라 할지라도 그것은 그들의 손에 권력이 맡겨질 때 그들이 안전을 보장할 수 있다는 증거에 근거해야 합니다. 그들이 가장하지 않고 우리의 애정으로 권력을 얻는 것이 아니라 우리의 두려움으로 권력을 강탈한다면, 그들은 권력을 얻는 수단의 그 성격을 통해 자신들의 지배를 어떻게 이용할지 보여주게 됩니다. 『고찰』의 저자는 사람들 사이에서 아주 많이 읽히는 만큼 도를 지나친 자유의 요구 속에 압제적 지배의 욕망과 의도가 숨어 있는 일이 얼마나 자주 있는지 모르지 않습니다. 아마도 처음부터 그것은 **항상** 그런 방식으로 모습을 드러냅니다. 현존하는 정부의 호의에 기대를 걸지 않은 사람이 다른 어떤 방식으로 권력에 영향을 미친 적은 없었습니다.

# 3.
## 명예혁명과 서셰브럴 재판에 관한
## 버크 씨의 해석

프랑스와 관련된 이 저자의 일관성에 대한 공격은 (그것이 그의 감정에는 아무리 고통을 준다 할지라도) 그나 우리와 아주 무관하고 영국 국민에게는 비교적 별로 중요하지 않습니다. 그에 대한 실질적 비난은 1688년 혁명과 관계된 그의 원칙에 관한 것입니다. 당의 이름으로 발언하는 사람들이 가장 요란하게, 그리고 극도로 가혹하게 그를 비난하는 것이 적절하다고 생각한 점이 바로 이것입니다. 그들은 바로 이것에 매달리는데, 만일 그들이 사실 면에서 옳고 자신들의 선택에 관해 충분한 판단을 내린 것이라면 더더욱 그러합니다. 만일 그가 이 점에서 잘못이 있다면 그는 일관되건 그렇지 않건 간에 마찬가지로 비난을 받을 만합니다. 만일 그가 그 중요한 사건의 정신과, 그 사건의 결과 형성된 정부의 진정한 본질과 지위를 그릇되게 표현함으로써 그의 동포들을 기만하고자 한다면, 그는 무거운 책임을 져야 하고 이 왕국의 자유로운 헌정 체제에 대한 적입니다. 그러나 그는 어떤 의미에서도 죄가 없습니다. 저는 그가 『고찰』에서 1688년 혁명과 그 안착에 관해 그 합법적 이유와 헌정 체제 정책의 진정한 원칙 위에서 서술했다고 주장합니다.

버크 씨를 믿을 만한 근거는 적절한 말로 표현되어 있는 의회의 법령과 선언입니다. 이에 관한 한 그가 인용한 것에 아무것도 덧붙여질 수 없습니다. 문제는 그가 그것을 올바르게 이해했는지 여부입니다. 저는 그것이 충분히 명료하게 서술되어 있다고 생각합니다. 그러나 우리는 그가 자기 자신의 해석보다는 다른 근거를 가지고 글을 쓰고 있는지, 그리고 무슨 종류의 근거 위에서 글을 쓰고 있는지 이제 살펴보아야 합니다. 이 점에서는 그의 방어가 주장에 의해서가 아니라 법률적 선서에 의해 이루어질 것입니다. 그는 면책 선서자,[1] 보증인, 피보증인과 함께합니다. 그가 일반적인 정책상 사유에 관한 정당화 방식에 만족하지 않을 것임을 저는 알고 있습니다. 그는 당의 문제에 관해서도 방어되어야만 합니다. 그렇지 않으면 그의 대의명분은 제가 바라는 만큼 이치에 맞게 보이지 않을 것입니다. 이러한 공적 법령과 기념비적 사건을 해석하면서 그가 공정하고 합법적이며 논리적인 해석의 규칙을 따른다는 사실이 그에 대한 변론으로서 이해되어야

---

1  면책 선서자(compurgator) : 피고의 무죄를 보증하는 선서를 하는 사람. - 역주

할 뿐만 아니라, 그의 해석은 이 자리에서 제가 그의 입장에 서서 오늘날의 휘그의 결정에 반대하여 호소를 올리고 있는 옛 휘그의 해석과 완전히 조화를 이룬다는 사실이 증명되어야 합니다.

올 7월이면 명예와 덕, 공과 사라는 개념이 이 나라에서 이해되고 간직되는 한 모든 당에 소속된 영국인들에게 영원히 소중히 기억될 한 사람[2]과 버크 씨가 관계를 맺은 지[3] 26년이 됩니다. 그 기억은 모든 합리적이고 명예로운 휘그당원들에 의해 특별한 존경을 받으며 계속해서 살아 있을 것입니다.[23] 버크 씨는 전혀 거

---

2  로킹엄 후작(Charles Watson-Wentworth, 2nd Marquis of Rockingham, 1730-1782)을 말한다. 영국의 총리(1765. 7-1766. 7, 1782. 3-7 재임). '로킹엄 휘그'라는 의회 내 집단을 이끌었으며 영국이 북아메리카 식민지와 전쟁을 벌이는 데 반대했다. 1750년 부친의 후작 작위를 계승했고, 1751-1762년 조지 2세(재위 1727-1760)와 조지 3세(재위 1760-1820)의 개인 시종을 지냈다. 1765년 7월, 조지 3세는 조지 그렌빌 총리를 해임하고 그 자리에 로킹엄을 임명했다. 새로 총리직을 맡은 그는 아메리카 식민지인들의 반발을 불러일으킨 인지세법(Stamp Act)을 폐기하도록 했다. 그는 영국 외의 지역에서 당밀을 수입할 때 부과하는 관세율을 낮춤으로써 아메리카인들의 세금 부담을 경감시키려 했다. 로킹엄 내각은 영국 외의 지역에 대한 입법에 상당한 성과를 거두었지만, 내부 견해 차이로 와해되었으며 1766년 7월 윌리엄 피트(나중에 채텀 백작)가 로킹엄의 뒤를 이었다. 이후 16년간 내각이 여러 번 바뀌는 동안 로킹엄은 의회 내 강력한 야당 세력을 이끌었다. 그러나 연설 기술이 부족했기 때문에 그의 뛰어난 동료인 에드먼드 버크가 야당의 입장을 대변해 아메리카 식민지의 반란을 진압하려는 영국 정부의 시도에 맞섰다. 로킹엄은 두 번째로 총리 자리에 앉은 짧은 기간 동안 아메리카 식민지인들과의 평화 협상을 이끌었으며, 식민지에 대한 영국 국왕의 권한을 후견권 정도로 제한하려는 버크의 구상을 의회에서 통과시키기 위해 노력했다. - 역주

3  1765년 7월 17일. - 역주

칠고 미성숙하지 않은 나이에, 즉 사람들이 모두 으레 그렇게 될 법한 나이여서 그의 생애 가운데 원기왕성한 전성기였고, 그들의 기준에 따르더라도 이해력이 최고였으며, 기억력이 발휘되고 있었고, 판단력이 이미 갖추어져 있었으며, 독서 능력은 지금보다 기억력 면에서 훨씬 신선하고 응용력 면에서 훨씬 민첩했던 시절에 그분을 통해 그 당과 관계를 맺게 되었습니다. 당시에 그는 휘그의 원칙이 무엇이고 토리의 원칙이 무엇인지 알고 있었던 대부분 사람들과 같은 생각을 가지고 있었습니다. 그는 사람들이 어떤 종류의 휘그 원칙을 품고 있는지 분별할 수 있는 상황에 있었고, 그들과 영구적 관계를 맺는 것이 그의 바람이었습니다. 그가 당에 참여하고 있었던 모든 사람 가운데에서 권력을 향한 길로서 일말의 낙관적 희망도 품지 않았던 대의명분에 만일 집착했다면, 그것은 그의 생애 가운데 그 시절에 어리석은 (대중의 신뢰를 받는 어떤 사람에 대해 생각할 수 있는 것보다 훨씬 더 어리석은) 노릇이 되었을 것입니다.

1766년에 휘그당이 밀려났을 때 버크 씨가 이 왕국의 어느 사람과 마찬가지로 또 다른 관계를 자유롭게 맺을 수 있었다고 기억하는 사람들이 있습니다. 당시에 매우 간절히, 그리고 여러 통로를 통해 진행되고 있었던 채텀 백작과의 협상에서 스스로 비켜서 있기 위해 그는 각료 교체 직후에 곧바로 아일랜드로 가서 의회가 열릴 때까지 돌아오지 않았습니다. 그는 당시에 참여처럼 보이는 어떤 것에서도 벗어나 있었습니다. 그는 그의 동료들의 바람으로부터는 더 멀리 떨어져 있었습니다. 그가 돌아오던 바로 그날, 로킹엄 후작은 그가 새로운 체제 하에서 일을 맡아주기를 바랐습니다. 그는 그러한 상황을 맡게 될지도 모른다고 생각했지만 당과 함께 자신의 운명을 다시금 기꺼이 맞아들였습니다.

버크 씨가 진심으로 받아들이지 않았거나 완전히 이해하지 못한 원칙 때문에 그의 권한으로 야기할 수 있었던 아주 사소한 희생이라도 야기했다면, 그것은 제 동료의 사려 분별에 심각한 오명이 될 것입니다. 둘 중 어느 쪽이건 큰 어리석음이었을 것입니다. 지금 문제는 그가 최초로 휘그당의 원칙을 실제로 천명했을 때 그가 자신이 천명한 원칙을 이해했는지, 그리고 자신의 저서에서 그가 그것을 충실히 표현했는지 여부입니다.

버크 씨가 휘그당에 입당했을 때, 그는 그들이 모든 발견을 한 척한다고 생각할 수 없었습니다. 그들은 원칙이 시험받고 있었던 시절에 살고 있었던 사람들 이상으로 훌륭한 휘그당원인 것처럼 가장하지 않았습니다. 그 시절의 휘그당원들 일부가 당시에는 생존해 있었습니다. 그들은 바로 그 혁명[4] 당시에 있었던 휘그

---

4  버크에게 '그 혁명(the Revolution)'이란 1688-1689년 사이의 명예혁명(the Glorious Revolution)으로(이 명칭의 사용은 버크뿐만 아니라 버크가 의회 연설을 인용하고 있는 여러 인사의 경우에도 마찬가지다), 이 혁명으로 제임스 2세가 폐위되고 윌리엄 3세(1650-1702)와 제임스의 장녀 메리 2세(1662-1694)에게 왕권이 이양되었다.

당원들이고, 앤 여왕 치세에 살았던 사람들이자 현재의 왕가의 계승이 시작된 때에 살았던 사람들이었습니다.

그들이 그 시기에 어떤 사람들이었는지 살펴보아야 합니다. 명예혁명이라는 주제와 같은 위대한 헌정 체제상 사건의 주제에 관한 명료하고, 정확하며, 기록되는 정치적 신조 선언을 할 수 있는 기회를 어떤 당이 갖는 것은 희귀한 일입니다. 휘그당원들은 그런 기회를 가졌는데, 더 적절히 말하자면 그들은 그런 기회를 만들어냈습니다. 서셰브럴[5] 박사(Dr. Sacheverell)에 대한 탄핵[6]은 휘

---

메리의 여동생인 앤 여왕이 1702년에서 1714년까지 통치한 뒤에는 '현재의 왕가 (the present royal family)'인 하노버 왕가가 왕위를 계승했다. 이하에서는 '그 혁명' 을 모두 '명예혁명'으로 바꾸어 옮겼다. - 역주

5  서셰브럴(Henry Sacheverell, 1674-1724) : 영국 고교회파 성공회*의 목사로 1709년 11월 5일에 선동적 설교를 하여 전국적 명성을 얻었다. 그의 설교는 영국 국교회 에 대한 위협을 설명하는 것이었는데, 가톨릭교도로부터의 위협을 다루는 내용 도 일부 있었지만 대부분은 비국교도, 그리고 교회와 국가를 위협함으로써 비국 교도를 돕는 '가짜 신도들'에 대한 공격이었다. 그의 실제 표적은 휘그당이어서 그는 당시 휘그당 소속 국무장관인 시드니 고돌핀을 공격했고 명예혁명의 원칙 을 비난했다. 이 때문에 영국 전역에 존재하던 휘그와 토리 사이의 긴장이 전면 에 드러났다. 그는 휘그의 교사를 받은 상원에 의해 재판을 받았고, 1688년 명예 혁명에 반하는 설교를 한 죄목으로 기소되었다. 상원에서는 그의 설교문이 공개 적으로 태워져야 하고 그는 3년간 설교를 금지당해야 한다고 판결했다. 이 때문 에 그는 토리 지지자들의 눈에 순교자로 보여 폭동이 촉발되었다. 그러나 그는 결국 영국 전체에서 인기 있는 인물이 되었고, 1710년 총선거에서 토리당의 압도 적 승리에 기여했다.

---

* 성공회는 교리의 차이 때문에 3개 파로 갈린다. 고교회파(the High Church)는 성

그의 한 각료와 휘그의 한 하원 의원에게 맡겨졌고, 다수의 주요하고 믿을 만한 휘그 상원 의원들에 의해 재판이 진행되었습니다. 그것은 명예혁명의 진정한 근거와 원칙, 그리고 하원에서 강조하는 의미로 그들의 **토대**(foundation)라고 부른 것을 언명하는 특별한 목적을 위해 진행되었습니다. 그것은 제임스 왕에 대한 저항과 그에 이어진 문제 해결 모두에서 작동했던 상태 그대로의 휘그의 원칙을 확인하고 정착시키기 위해, 그리고 후대에 의해 이해될 수 있는 정도와 한계를 설정하여 그 원칙을 확립하기 위해 명예혁명을 처음에는 반대했고 나중에는 비방한 원칙을 최고 당국의 법률적 선고를 통해 규탄할 목적으로 진행되었습니다. 하원 각료와 양원협의회 위원들은 그 다수가 명예혁명에 적극적으로 참여한 분들이었습니다. 그분들 대부분은 심사숙고를 할 수 있는 나이에 그 혁명을 보았습니다. 그 장엄한 사건, 그리고 그것을 이끌었고 그것에 이어진 모든 토론이 당시 모든 이의 기억과 대화 속에 살아 있었습니다. 하원의 양원협의회 위원들은

---

공회의 본모습을 이어가는 파로 가톨릭의 전승을 이어가는 파이고 중용을 강조한다. 저교회파(the Low Church)는 개신교적 분위기를 선호하는 파이다. 광교회파(the Broad Church)는 성서비평학과 신학적 자유주의에 영향을 받았다. 기독교 신앙의 본질과 권위에 대한 좁은 이해를 비판하고 복음의 사회와 문화에 대한 적응성을 강조하기도 했다. - 역주

6 탄핵(impeachment) : 어떤 비행을 범한 공무원에 대한 국회의 파면 제도로서 영·미 모두 하원의 제소에 의하여 상원에서 재판을 한다. - 역주

그 주제와 관련하여 하원을 주도하고 있었던 당과 휘그 각료들이 지닌 주요한 생각을 틀림없이 말했습니다. 의심할 바 없이 그들은 자신들의 사건도 말했고, 그러한 사람들의 사건은 가벼운 것이 아닙니다. 그들은 자유로운 헌정 체제를 해부학에서만, 그리고 죽은 체계 위에서 공부한 **상아탑의 학자들**이 아니었습니다.

이러한 과정 속에서 명예혁명과 그 정착에 적용된 휘그의 원칙을 찾아볼 수 있고, 그렇지 않으면 그 원칙은 어디서도 찾아볼 수 없습니다. 저는 이 호소를 읽는 휘그의 독자들이 우선 버크 씨가 쓴『고찰』의 20쪽에서 50쪽을 먼저 펼쳐 보고 나서 서세브럴 박사 재판 기록의 다음 발췌문을 주의해서 보기를 바랍니다. 그러고 나서는 두 가지 점, 즉 첫째, 버크 씨의『고찰』에 담긴 원칙이 당시 휘그당원들의 원칙과 일치하는지, 그리고 둘째, 그들이 그들 중 일부의 선조의 것이자 그들 모두의 선배의 것인 그 원칙을 버리기로 하고, 프랑스에서 수입되어 비국교도 성직자들과 연맹 단체들과 소책자에 의해 이 나라에 전파되었고 (그 조직들의 정치 신조에 담겨 있는 바와 같이) 두 왕국의 모든 지역에 꾸준히 유포되고 있는바, 새로운 휘그주의 원칙을 배우기로 한 것인지 고찰할 것입니다. 이것은 그들과 관계된 문제이니 그들이 선택할 것입니다.

이 신 휘그는 한 사람에 의한 것이건 다수에 의한 것이건 주권은 (부정되지도 않고 부정하거나 동의할 만한 가치가 없는 지위인) 국민

(the people)**으로부터** 나올 뿐만 아니라, 국민에게 바로 그 주권이 변함없고 양도할 수 없이 존재하며, 국민은 위법 행위 때문만이 아니라 위법 행위가 전혀 없어도 국왕을 법적으로 물러나게 할 수 있고, 국민은 자신들을 위해 어떤 새로운 형태의 정부도 세울 수 있고, 아니면 제멋대로 아무 정부 없이도 영속할 수 있고, 치안판사에게는 의무도 권리도 없기 때문에 치안판사의 재임 기간은 계약에 적합한 대상이 아니며, 만일 한 시대에 구속력이 조금이라도 있는 **사실상의** 어떤 계약이 그들과 맺어진다면, 그것은 그 계약에 직접적으로 관심이 있는 사람들을 구속할 뿐이지 그것이 후대에까지 통용되지는 않는다고 생각합니다. (정확하게 정의된 것이 전혀 아니라, 만일 그들이 일찌감치 무장되어 배반이나 폭력에 의해 지배 세력이 될 수 있다면, 다양한 상황에서 그들이 자기네 당파를 아주 간단하게 의미할 수 있는 용어인) **국민**과 관련된 이러한 정책은, 제 견해로는 모든 형태의 모든 정부, 그리고 합리적 자유에 대한 모든 안정된 보장책뿐만 아니라, 도덕성 자체의 모든 규칙과 원칙을 전복하는 것을 언명하는 것이기 십상입니다.

저는 과거의 휘그는 제가 방금 언급한 사람들과 완전히 다른 원칙을 지니고 있었다고 주장합니다. 서셰브럴 박사에 대한 재판에서 1688년 혁명을 정당화하기 위해 하원이 규정한 근거는 버크 씨의 『고찰』에서 규정한 바를, 즉 근본적으로, 그리고 불가침하게 국왕과 상원과 하원으로 정착되어 있는 정부 제도로서 이

나라의 헌정 체제에 암시되어 있거나 표현되어 있는 **원계약**을 위반하는 것과 완전히 똑같은 것이라고 저는 주장합니다. 다시 말해, 이 오랜 헌정 체제의 근본적 전복이 그 세 부분 가운데 하나에 의해 시도되었고 사실상 성취되었기 때문에 명예혁명이 정당화된 것입니다. 명예혁명은 영국이라는 국가의 **원계약**에 의해 성립한 그 **오랜** 헌정 체제의 회복을 위할 뿐만 아니라 바로 그 정부를 미래에도 보존하기 위한 **유일한** 수단으로서, 그 경우의 **필요성** 위에서만 정당화되었습니다. 이것이 바로 증명되어야 할 요점입니다.

서셰브럴 박사에 대한 고발에서 총론적 모두 진술은 법무장관 존 몬터규 경이 했습니다. 그러나 그 모두 연설에는 휘그당이 그 기소에서 집행한 원칙을 아주 정확하게 결정할 만한 것이 없기 때문에 (그러한 필요 때문에 그 연설이 이루어진 것이 아닙니다) 저는 몬터규 경에 이어서 발언한 양원협의회 위원 레크미어 씨의 연설로 넘어가겠습니다. 다음은 재판 기록에 있는 순서 그대로가 아니라, 명백히 우리의 관점 하에서 휘그 하원 의원들의 생각을 가장 적절히 보여준다고 생각되는 순서로 재배치한 발췌문들입니다.

레크미어 씨의 연설(1)[7]

"재판관님들께 그러한 범죄자[서세브럴 박사]에 대한 재판을 요구하는 것**뿐만 아니라 분명하고도 공개적으로 우리의 토대를 주장하는 것이** 대영제국의 모든 하원 의원의 이름으로, 그리고 그들을 대신하여 출두하는 우리들에게 **필수불가결한 의무**가 됩니다."

"우리 헌정 체제의 본질은, 집행권과 통치권이 온전히 왕권에 속한다 할지라도 여왕과 상원 의원과 하원 의원이 최고 권력을 나누고 공유하는 **입헌군주제**입니다. 이러한 헌정 체제의 용어는 왕과 국민 사이의 원계약을 전제로 할 뿐만 아니라 표현하기도 합니다. 그에 따라 최고 권력은 (우연이 아닌 상호 동의에 의해) 제한을 받았고 하나 이상의 권력에 맡겨졌습니다. 또한 **이러한 헌정 체제가 어떠한 근본적 변화 없이 아주 오랫동안 보**

> 우리 헌정 체제의 용어가 원계약의 내용을 암시하거나 표현한다는 것.

> 그 계약은 상호 동의와 모든 당에 대한 항상적 구속에 의한다는 것.

---

7  이하에서 인용(연설)문의 이 일련번호는 원문에는 없고 혼동을 피하기 위해 편의상 옮긴이가 써넣은 것이다.

I. 신 휘그가 구 휘그에 올리는 호소

존되었다는 것은 재판관 각하께 그 계약의 지속성을 입증하는 것
입니다……."

"이러한 정치 구조의 결과는 명백합니다. 법률이 양자 모두에 대한 규칙입니다. 즉, 국왕의 권력과 신민의 복종의 한도입니다. 또한 만일 행정부가 **정치 체제를 완전히 전복하고 파괴**하려 한다면, 원계약은 그에 의해 깨지고, 충성의 권리는 끝납니다. 그러면 정치체제 가운데 이렇게 **근본적으로** 손상된 부분은 그 부분이 최초에 이해관계를 가졌던 그 헌정 체제를 구하거나 회복할 권리를 갖습니다……."

복합적 헌정 체제가 오랜 세월 동안 한결같이 보존되었고, 또한 이것이 그 원계약의 증거라는 것.

왕과 신민의 공약수인 법률.

"**필요한** 수단은 (하원 의원들이 그들의 1조에서 사용하는 구절인바) **최대한 주의해서** 그들이 선택하는 말입니다. 그 수단은 (그들이 작성한 고발문의 서문에서) 선왕 폐하께서 로마 가톨릭교와 전횡적 권력으로부터 이 왕국을 구하기 위해

원계약을 근본적으로 손상하거나 파기하는 경우.

주의해서 선택되는 **필요한 수단**인 말.

무력을 가지고 착수한 저 영예로운 사업으로, 또한 그 사업에서 국왕과 함께한 왕국의 수많은 신민, 그리고 그 사업을 돕기 위해 왕국의 여러 지역에서 무장을 하고 나타난 **모든 지위와 계급**의 수많은 다른 이들 간의 협력으로 묘사되고 있습니다."

"이것이 바로 명예혁명(the Revolution)을 낳은 **수단**이었고, 선왕 폐하가 그 때문에 **왕국을 구한 영예로운 매개자**라 불리는바, **신민의 권리와 자유를 선언하고 왕위 계승을 정착**시킨 직후에 통과된 법령이 의도하는 수단이기도, 하원 의원들이 그들의 1조의 마지막 부분에서 **저항**이라는 말로 표현하는 그 수단이기도 합니다."

국왕에 대한, 그리고 오랜 헌정 체제에 대한 하원의 충성에 관한 고려.

"그러나 이 왕국의 **국왕**에 대한 신민의 **충성**에 무관심하지 않은 하원 의원들은 **여왕 폐하 개인과 정부의 안전, 그리고 이 왕국의 오랜 합법적 헌정 체제의 안전**을 고려하여 그 저항을 **필요한 수단**이라 부르는 것을 자신들에게 부여된 높은 의무라고 판단했습니다. 그에 따라 **해당 경우**의 그 필요성과, **동시에 여왕 폐하의 정부, 그리고 여왕 폐하의 모든 신민의 지당한 충성을 효과적으로 보장하는 데에**, 그 행복한 혁명(명예혁명-옮긴이)의 시대에 국민에 의해 행사되었고 **자기 보존**과 종교의 직책에 있는 사람들이 그것이 행사되기를 요구했던바 그 권력과 권리와 저항의 기반을 분명히 두었습니다."

"정부에 관한 그러한 원**계약**의 본질은, 그 소유권을 주장할 수 있는 **이 자유를 물려받은** 국민에게 하나의 권력이 있다는 것뿐만 아니라, 그들이 자신들의 후손에게 **바로** 이 헌정 체제를 전달할 의무가 있다는 것 또한 증명합니다."[8]

자고 이래로
그 원계약과 바로
그 헌정 체제를
보존하는 데
한결같이 관심을
가져왔다는 것.

레크미어 씨는 두 번째 연설을 했습니다. 이 끈질긴 의문에 관한 그의 첫 번째 연설에서 그가 보인 분명하고도 만족할 만한 태도에도 불구하고, 그는 바로 그 토대를 다시 명료하게 주장하는 것, 그리고 프랑스 문제에 관한 버크 씨의 편지에서 서술된 것과 완전히 일치하는 원칙에 입각하여 **필요한 경우만**을 놓고 명예혁명을 정당화하는 것이 자신의 의무라고 생각합니다.

---

8  『국사범 재판 기록』 5권, 651쪽.

하원 의원들은 혁명에 관한 사고를 오로지 필요성과 자기 보존에 엄격히 국한하여 한다는 것

(+) 주의 : 이 말은 이런 제한 없이는 충성이 보장되지 않을 것임을 암시한다.

"재판관님들께서는 서셰브럴 박사에 대한 문책을 시작할 때, 그리고 그를 이 법 조항에 의해 기소하여 선고하면서 얼마나 **용의주도**하게, 그리고 여왕 폐하와 폐하의 정부, 그리고 폐하의 신민들의 **의무와 충성**에 대해 얼마나 거짓 없이 하원 의원들이 명예혁명을 낳는 데 사용된 그 저항을 표현하기 위해 **필요한 수단**이라는 말을 썼는지 알고 있었습니다. 또한 **그 경우의 필요성으로부터**, 그리고 그 **경우만으로 우리 스스로 한계 범위를 설정한바**, 그 저항의 명예와 정당성은, 정당하게 고려된다면 **똑같은 필요성이 없는 다른 모든 곳에서도** 이 왕국의 국왕에 대한 신민의 충성의 효과적 보장을 더 분명히 하고 강화하며(+) 그러한 보장으로 이해될 것이라는 사실, 또한 **최근 그들이 쓴 해결책처럼 저항에 의한** 국민의 **자기방어와 자유 보존의 권리는 오직 그러한 필요성이 있는 경우의 결과이자, 그 저항에 의해 왕과 국민 사이의 원계약은 파기된다는 사실을 의심하지 않았습니다. 이것이 바로 충성에 관해 언급된 것을 통해 규정되고 이행된 원칙이었고, 또**

한 그 토대 위에서 대영제국 하원의 이름으로, 그리고 그것을 대표하여 우리는 최근의 행복한 혁명을 낳은 그 저항을 옹호하고 정당화합니다……."

"판사님들과 세인들이 보기에 **왕과 국민 사이의 원계약을 파기하는 것**이란, 그 불운한 왕자에게 주어진 사악한 권고로 인해 아주 큰 타격을 받았던 **그 정부의 재수립**을 향한 첫 번째의 근본적 조치 속에서 **최대한의 심사숙고와 판단력으로써** 하원[즉, 권리선언으로 시작된 하원]이 선택하고 판사님들께서 승인한 말입니다."

또 한 분의 양원협의회 위원인 존 홀스 경은 동료 위원들의 조치를 따라서 정부에 대한 무저항의 원칙이 신민의 일반적·도덕적·종교적·정치적 규칙이라고 적극적으로 확언합니다. 또한 버크 씨와 똑같은 원칙 위에서, 즉 **예외적 필요성으로서** 명예혁명을 정당화합니다. 참으로 홀스 경은 버크 씨가 해온 것보다도 훨씬 더 무저항이라는 일반적 개념 위에서, 그리고 우리나라의 평온함을 방해하기보다는 죽음을 감수하는 것이 많은 경우에 아무리 고귀하고 영웅적인 일이라 할지라도, **완전한 책임**의 의무 완수에 의해 지지받을 수 있는 최대한도로 그 신조를 관철합니다.

## 존 홀스 경의 연설(1)

"최고 권력에 반대하기보다는 한 사람에게 행해질 수 있는 최고의 불의인 죽음을 겪을 만큼 **자연의 이치에 반하는 경우일지라도**, 최고 권력에 대한 복종을 명하는 신조는 [합리적입니다.][9] 왜냐하면 한 사람 또는 사적 개인 몇 사람의 죽음은 **정부 전체를 어지럽히는 것**보다 덜 악한 것이기 때문입니다. 따라서 법률은 반드시 정부를 어지럽히는 어떤 행위나 말도 금지하는 것으로 이해되어야만 합니다. 그 법률을 따르는 것이 자연의 이치에 반하는 것처럼 가장되어서는 안 되기 때문에 더더욱 그러합니다. 또한 서셰브럴 박사가 그 절대적 법률에 따르기를 거부하는 것이 그가 현재 기소되어 있는 이유입니다. 설령 그가 그렇게 믿게 만들고자 할지라도, 그가 현재 기소되어 있는 것은 최고 권력에 대한 복종에 관해 그가 주장한 신조 때문입니다. 그가 그것을 제멋대로 설파해왔는데 만일 거기서 멈췄다면, 하원 의원들은 그것에 화를 내지도 않았을 것이고 명예혁명을 추악한 것으로 비방한 그 주장 또는 사건을 접했을 때 그와 대결하려 하지 않았을 것입

---

9  이 문장을 완성하는 데 필요한 이 말이 인쇄된 재판 기록에는 없습니다. 그러나 앞부분 연설 내용과 마찬가지로 이 문장의 구조 역시 위와 같은 말을 보충해주는 것이 옳다는 것을 보여줍니다.

니다."[10]

스탠호프 장군도 양원협의회 위원이었습니다. 그는 양원협의회의 동료 위원들의 견해에 대한 언급으로 연설을 시작하는데, 그 견해가 하원 의원들이 명예혁명과 관련된 그들의 신조에 부여한 한계와 권능을 의심할 여지가 전혀 없는 것으로 만들었기를 그는 바랐습니다. 그러나 **아무 예외도 없이** 그 설교에서 주장된 무저항 원칙을 비난하고, 평화적 정책을 설파하는 허울 좋은 가장 하에서 서셰브럴 박사와 제임스 2세파가 실제로는 왕권을 주장하는 자를 지지하는 반란을 선동하려 했다는 것을 말하고 나서, 이 일반적 언급에 만족하지 않으면서 무저항에 관한 자신의 개념을 그의 동지들과 버크 씨에 의해 규정된 범위로 명시적으로 한계 지었습니다.[11]

---

10 『국사범 재판 기록』 5권, 676쪽.

11 17세기와 18세기에 사용된 '무저항(non-resistance)'주의는 아무리 부당한 것이라 할지라도 어떤 권위에도 저항하기를 원칙적으로 거부하는 것을 말한다. 이 주의는 18세기 초에 서셰브럴과 제임스 2세 지지파에 의해 지지되었고, 그들은 왕권을 주장하는 자(제임스 2세의 아들과 손자인 제임스 프랜시스 에드워드 스튜어트 또는 찰스 에드워드 스튜어트)를 왕좌에 앉히고 싶어 했다. 버크는 여기서 이 주의를 휘그의 원칙과 구별한다. - 역주

신민과 국왕의
법적으로
동등한 권리.

"영국의 헌정 체제는 **협정**에 기초해 있습니다. 또한 이 왕국의 신민은 그들의 몇몇 공적이고 사적인 자격으로서, 왕자가 왕위를 소유하게 되는 것과 마찬가지로 법률이 정한 그들의 권리에 합당한 합법적 직함을 갖습니다."

필요성에 토대를 둔
저항의 정당성.

"재판관님들, 그리고 제 말씀을 듣고 있는 대부분의 분들은 명예혁명을 낳은 시대에 **필요했던 일**, 즉 우리의 종교와 자유를 지키기 위한 **다른** 해결책이 남아 **있지 않았고, 그 저항은 필요했으며, 따라서 정당했다**는 것을 기억해야 합니다……."

"만일 서셰브럴 박사가 설교의 남은 부분에서 평화와 고요함 기타 등등을 추어올리고, 여왕 폐하의 통치 하에서 우리가 얼마나 행복한지를 보여주고, 그리고 그것에 복종하도록 열심히 권했다면, 그는 재판관님들 앞에 있는 증인석에서 문책에 답하도록 불려 나오지 않았을 것입니다."

I. 신 휘그가 구 휘그에 올리는 호소

월폴 씨(나중에 로버트 경)도 이때 양원협의회 위원 가운데 한 사람이었습니다. 그는 고결한 인물이자 사려 분별 있는 휘그당원이었습니다. 그는 그의 시대의 제임스 2세 지지파와 불만을 품은 휘그당원들이 그를 표현하는 것처럼, 그리고 잘못 알고 있는 사람들이 여전히 그를 표현하는 것처럼 방탕하고 타락한 각료가 아니었습니다. 그들은 그들의 비방 문서와 선동적 대화에서 그를, 최초로 타락을 제도로 만든 사람이라고 비난했습니다. 그들의 위선적 언사는 그러했습니다. 그러나 그는 타락에 의해 통치하는 것과는 거리가 먼 사람이었습니다. 그는 당에 대한 애착으로 통치했습니다. 제도적 타락에 대한 비난은 아마도 그보다는 아주 오랜 세월 동안 국왕을 섬긴 각료 모두에게 돌아가야 합니다. 그는 야당을 자기편으로 거의 끌어들이지 않았습니다. 일류의 천재성은 없었지만, 지적이고 신중하며 믿음직한 각료였습니다. 그는 평화를 사랑했고, 그가 국무를 주도한 나라와 마찬가지로 적어도 호전적이고 불안한 나라들에 그렇게 평화를 사랑하는 성향을 전달하는 데 기여했습니다. 군인의 명성을 좋아한 주인을 섬겼지만, 모든 상비군을 낮은 수로 유지했습니다. 그의 대부분 재임 기간 동안에 지세[12]는 파운드당 2실링을 유지했습니다. 다른 세금 부담은 적정했습니다. 그의 긴 집권 기간 동안의 깊은

---

12  지세(land tax) : 영국에서는 1963년에 폐지되었다. - 역주

안정감, 평등한 자유, 정당한 법률의 확고한 수호는 그 뒤에 완성을 향해 그렇게 급속한 진전을 이룩했고, 그 호전적 명성의 부담과 원인과 결과를 견딜 수 있을 뿐만 아니라 그 이후 획득한 군사적 영광을 성취할 수 있는 이 나라의 능력을 제공해준 번영의 주요 원인이었습니다. 공적이고 사적인 많은 덕과 함께 그는 결점도 지니고 있었지만 그 결점은 대단치 않은 것이었습니다. 사람이나 때를 충분히 고려하지 않은 채 대화를 할 때 부주의하고 거칠며 지나치게 친근한 태도, 그리고 정치적 예법을 거의 완전히 갖추지 않은 것은 그가 여론에서 매우 상처를 입은 실수였습니다. 또한 그 실수 때문에 그의 적들은 그보다 유리한 위치에 놓일 수 있었던 것입니다. 그러나 정의는 관철되고 맙니다. 신중함, 한결같음, 조심성이 그의 성격과 정치학에 있는 가능한 최대한의 자비로움과 결합되어 현재의 왕족에게 왕권을 보존해주었고, 그와 함께 이 나라에 그들의 법률과 자유를 보존해주었습니다. 월폴은 다른 양원협의회 위원들과 버크 씨의 방침 말고는 명예혁명을 옹호할 다른 방침을 가지고 있지 않았습니다. 또한 자신들의 공상에 따라 새로운 정부의 틀을 짜려는 침착하지 못하고 당파적인 사람들 쪽의 어떤 자의적 시도에도 아주 거의 지지를 보내지 않았습니다.

## 월폴 씨의 연설

"저항은 어느 곳에서도 합법적이라고 규정되지 않으며, 현재 시행되고 있는 모든 법률에 의하여 가장 큰 형벌을 받게 되어 있습니다. 그것은 어떤 실정법에서도 용납될 수 있는 것으로 서술되거나 확인되지도 않고, 그렇게 될 수도 없으며, 그렇게 되어서도 안 되는 것입니다. **전혀 예상할 수 없는** 경우에 저항이 실행되면, 누구도 앞을 내다볼 수 없습니다. **또한 생각할 수 없는 경우이지만, 이 왕국의 법률을 완전히 전복하여 우리 헌정 체제의 전체 틀을 위협하게 되면, 달리 어떤 시정 방법도 난망합니다.** 따라서 법률의 관점과 조문으로는, 그것은 **영원히 최고의 범법 행위가 될 수밖에 없는 것**입니다.

불법적 저항의 경우와 그 최악의 범법 행위.

그러나 누군가 또는 어떤 당이 어리석음이나 방종 때문에 반역죄를 저지르거나, 자기들만의 불만을 품고 나쁜 원칙을 만들거나, 아니면 또 다른 이해관계에 대한 가장된 애착을 품고 최고 권력에 저항하는 체하지 않는다고 해서 한 나라가 **전체의 보존을 위해 자체의 방어에** 관여하게 할 만한 **극도의 필요성**이 그로부터 도출되지 말아야 하는 것일까요?"

극도의 필요성이 그것을 정당화한다.

조지프 제킬 경은 제가 항상 듣고 믿어온 바와 같이, 그의 시대에 한 개인이 보여줄 수 있는 휘그 원칙의 모범에 가장 가까운 인물이었습니다. 그는 박식하고 유능하며, 명예심과 진실성과 공공심이 충만하고, 혁신을 애호하지 않으며, 자신의 군건한 원칙을 시대의 어지러운 유행과 바꾸려 드는 성향이 없는 사람이었습니다. 이 휘그당원의 말을 들어봅시다.

### 조지프 제킬 경의 연설(1)

하원 의원들은 복종의 한계를 말하지 않는다.

"두 번째 논의 사항으로 제안되었던 명예혁명의 정당성을 설명하고 입증할 때, 군주에 대한 신민의 복종의 **한계와 범위**를 말하는 것은 하원 의원들의 의도가 전혀 아닙니다.

법률을 안전하게 지키는 것이 명예혁명의 유일한 목표.

법률이 현명하게도 침묵을 지켜온 것에 대해 하원 의원들 역시 침묵하기를 원합니다. 또한 **그들은 명예혁명의 경우를 제외하고는 어떤 경우도 정당화할 수 있는 저항으로 인정하지 않을 것입니다. 또한 그들은 그 저항을 정당하게 대하는 것이 대중의 방종이나 혼란을 조장하는 것이 결코 전혀 아니고, 그것은 그와 정반대의 효과를 낳을 것이어서**

Ⅰ. 신 휘그가 구 휘그에 올리는 호소

사람들의 마음속에 법률에 대한 사랑과 존경을 정착시키는 수단이 될 것이며, 그 법률을 구해서 안전하게 지키는 것이 저항에 관계한 사람들의 유일한 목표이자 의도였다는 것을 확신하고 있습니다."

서세브럴 박사의 변호인은 이 원칙을 놓고 그를 변호했습니다. 즉, 그가 설교단에서 무저항이라는 일반 원칙을 강하게 주장하면서 그 원칙을 수정하는 이론적 한계에 주의할 의무는 없었다는 것입니다. 조지프 제킬 경은 답변에서 박사의 변론에 그 원칙을 적용하는 것을 반박하면서, 버크 씨가 『고찰』에서 세운 것과 똑같은 근거에 입각하여 그와 양원협의회의 모든 위원이 과거에 했던 것과 마찬가지로 그 원칙 자체를 받아들이고 심지어 강하게 주장하며 1688년 혁명을 지지합니다.

### 조지프 제킬 경의 연설(2)

"만일 서세브럴 박사가 무저항의 특정한 범위와 한계를 진술했고 국민이 어떤 경우에 저항할 수 있고 저항할 수 없을지를 국민에게 말한 것처럼 행세했다면, **그는 많은 비난을 받았을 것입니다.** 또한 마치 그가 그럴

무저항의 한계를 말하는 것은 비난받을 만함.

것을 예상이라도 한 것처럼, 법률 조항
에서나 양원협의회 위원들의 입에서나
한마디 말도 나오지 않았을 것입니다.
**진상은 그 반대여서 극단적 필요성이
있을 경우, 그리고 달리는 헌정 체제가 보존될 수 없는 상황을 제
외하고는 어떤 경우에도 저항은 합법적일 수 없으며, 그러한 필
요성이 국가 전체의 분별력과 판단력으로 볼 때 명명백백한 것이
어야 하는데, 이러한 경우가 바로 명예혁명이었다는 것을 우리
는 주장했습니다."**

서셰브럴 박사의 변호인은 자기 고객을 변론하면서 실제로는
자신이 지닌 신조의 근본 원칙을 버리고, 수동적 복종과 무저항
이라는 일반 원칙의 예외가 명예혁명의 경우에 존재했다는 것을
고백하지 않을 수 없었습니다. 하원의 양원협의회 위원들은 이
사실을 자신들이 대의명분을 얻은 것으로 간주했습니다. 그들은
정복의 시대에 무력으로 얻었던 어떤 것만큼이나 영광스럽고 명
예로운 시민의 승리에 대해 자신들과 국가를 축하했습니다.

조지프 제킬 경은 하코트와 토리 편에 서서 주장을 펼친 다른
위대한 인물들에게 보내는 응답에서 다음과 같은 기억할 만한 말
을 통해 휘그의 하원 의원들이 그들의 모든 선거구민의 이름으로
싸우고 있는 이유 전체를 분명히 밝혔습니다.

"재판관님, 서세브럴의 변호인이 인정하는 바는 다음과 같습니다. '그 **필요성**은 왕자에 대한 복종이라는 일반 규칙에 **예외**를 만들어낸다. 그러한 예외는 그러한 복종을 요구하는 법률을 통해 이해되거나 암시된다. 따라서 **명예혁명의 경우는 필요성이 있는 경우였다.**'"

> 필요성이 예외를 만들며, 명예혁명은 하원 의원들의 요구로 극도의 필요성이 있는 경우였음.

"이것은 **아주 충분한** 인정이고, 이 법 조항에 담긴 하원 의원들의 취지에 아주 **충분히** 답변이 되며, **그 법 조항에 담긴 그들의 의도를 최대한** 인정하는 것이기 때문에 저는 하원 의원들의 고발이 이렇게 성공한 것에 대해 그들을 축하하지 않을 수 없고, 의회 전체에서 **무제한적** 무저항이라는 이 잘못된 원칙은 포기되고 거부되는 것입니다. 또한 여왕 폐하를 섬기는 영광을 누리고 있는 사람들 중 아주 많은 분이 이 재판관석에 계시면서 이처럼 성공적으로 여왕 폐하의 백성(people)의 **국민으로서의**(national) 권리를 위해 싸우고 그들이 위태롭거나 구제 불능이 아니라는 것을 증명했다는 것이, 오랜 세월이 지난 뒤에 이 찬란한 치세의 영광에 대한 단순한 부가물이 되지는 않을 것입니다."

"그러나 이 인정에서 논의를 다시 시작해야 합니다. 이 인정이 서셰브럴 박사의 답변과 **완전히 상반된 것**이든 아니든, 저는 재판관님들께 호소합니다."

저는 당시에 만들어진 해결책의 영구적 유효성과 후대에 대한 그것의 강제력을 주장함으로써 하원의 휘그 양원협의회 위원들이 확고한 토대 위에 정부를 보존하고자 했다는 것을 지금 보여드리고 있는 것입니다. **국민**이 제멋대로 (국왕 쪽에서 원계약을 파기하지 않았는데도) 왕위 계승을 변경할 수 있는 도덕적 또는 시민적 권한을 이미 획득했다는 생각을 가지고 양원협의회 위원들이 국왕을 포함하는 입법부와 분리되어 있는 **국민**을 감동시키려 하는 어떤 정책에 일말의 지지를 보낸 바가 없고, 명예혁명을 야기한 것과 같은 사건의 경우에 **국민**이 어떤 것이든 새로운 형태의 정부를 세울 수 있는 모든 권리를 이미 획득했다는 것은 더더욱 아니라는 사실을 보여드리고자 합니다.『고찰』의 저자는, 제가 믿는 바로는 상식적 이해력을 가진 사람은 아무도 앤 여왕의 법령에서 선언된 것과 같은 이 원칙과 정상적 통치권에 반대할 수 없다고 생각했습니다. 다시 말해, 이 왕국의 왕이나 여왕은 의회와 합의하여 왕위 계승을 통제하고 결정할 권한이 있다는 것입니다. 이 권력은 최고 권력에 고유한 것이고 과거에도 늘 그랬으며, 정치적 성직자들이 헛되이 말하는 것처럼 혁명에 의해 획득된 것

Ⅰ. 신 휘그가 구 휘그에 올리는 호소

이 아니었습니다. 그것은 오래된 엘리자베스 여왕 법령[13]에 선언되어 있습니다. 이러한 권력은 모든 왕국의 완전한 통치권에 속해 있어야 하고, 사실상 모든 왕국에서 행사되고 있습니다. 그러나 국민에게 있지 않고 입법부에 있는 이 **권한**은 입법부 자체에 의해 **건전한 신중함**을 통해 행사되어야 합니다. 다시 말해, 이 권한은 이 정부의 근본 원칙, 도덕적 의무의 규칙, 그리고 법률적 구조 속에서 사멸하지 않고 죽음에 의해 단번에 그 구성원들을 사실상 상실하는 법이 없는 조직인 이 왕국의 자치체에 의해 관여되거나 그 업무의 본질에 포함되는 협정의 신뢰에 따라서 행사되거나 행사되지 말아야 합니다.

이 원칙이 오늘날의 정부 철학과 화해될 수 있는지 여부를, 제가 믿기로는 『고찰』의 저자는 알지도 못하고 관심도 없습니다. 그는 그런 종류의 것에는 거의 존경심을 갖고 있지 않기 때문입니다. 이것은 그의 능력과 지식이 그것에 미치지 못하기 때문일 것입니다. 만일 사실이 그러하여 그가 그러한 의미의 무능력으로 행동하는 것이라면, 그는 비난받아서는 안 됩니다. 만일 발생할 가능성이 있으며 우리 헌정 체제의 중대한 부분에 아주 깊이

---

13  1559년에 선포된 지상권 법령(Acts of Supremacy)을 말하는 것으로 보이는데, 그 의도는 엘리자베스 여왕을 잉글랜드 국교회의 '최고 수장'으로 선포하는 것이었다. 이로써 잉글랜드 국교회(The Church of England)는 1640년까지 왕권 정부의 통제에서 벗어날 수 없었다. - 역주

영향을 미치는 아주 힘들고도 중대한 문제에서 그가 안전과 해결 쪽에 아주 기울어진 쪽에 동조하는 것이라면, 즉 그가 입법부의 기록과 관례에 "쓰여 있는 것을 넘어설 만큼 지혜롭기를" 각오하고 있지 않고, 그들에게 의문이 나는 일이 생길 때 그가 법령 하나하나를 해석하고 그것들 모두가 확립되어 있고 인정받는 도덕률, 그리고 오래도록 알려져 있는 영국 법률의 일반 정책과 융화시키려고 노력한다고 해서 그가 비난받아서는 안 됩니다. 두 가지가 똑같이 분명한데, 첫째는 입법부가 왕위 계승을 통제하는 권한을 가진다는 것이고, 둘째는 그 권한을 행사할 때 입법부는 『고찰』의 저자가 말한 **제한** 하에 있는 것처럼 일관되게 행동해 왔다는 것입니다. 그 저자는 옛사람들이 **조상 전래의 관습**(mos majorum)이라 부른 것을 우리의 법률과 관계된 모든 것에 대한 그의 판단을 인도하는 유일한 정책 규칙이 아니라, 확실히 주요한 정책 규칙으로 삼습니다. 일관성과 유추는 이러한 과정에 의해서만 그 제한 속에서 보존될 수 있습니다. 그 핵심이 고정된 채 강력한 바닥에 단단히 묶여 있을 때, 우리의 추론은 확실히 정박한 채 생각의 파도를 탈 수 있어서 공적 손실을 끼치지 않으며 모든 방향으로 움직일 수 있기 때문입니다.

이러한 사안들은 우리 조상들에 의해 항상 이런 방식으로 고려되었습니다. 의회에서 제정한 법령의 유효성을 의심하는 것을 처벌받게 함으로써 오늘날 왕족의 세습을 보장하도록 만들어진 바로 그 의회 법령을 그 법령의 목적을 무효화하는 도구로 만드는, 그렇지만 너무나도 어리석은 근거에서 그렇게 함으로써 그러한 궤변에 더 깊이 주의할 가치가 없도록 만드는 기술을 가진 몇몇 사람들이 실제로 있습니다.

어떤 불필요한 세세한 구별도 하지 않기 위해 저는 버크 씨의 다음과 같은 주장을 통해 그의 입장과 휘그당의 입장이 완전히 일치한다는 것을 보여주는 데 필요한 것을 여기서 한꺼번에 제시하겠습니다. 그의 주장은, 명예혁명은 입헌군주제(constitution of monarchy) 또는 입헌군주제의 유구하고 건전하며 합법적인 어떤 것도 본질적으로 변화시키지 않았다는 것, 왕위 계승은 개신교(Protestantism) 신앙을 자격으로 한 세습이라는 개념과 방식 위에서 하노버가로 정착되었다는 것, 그것은 **선출**(elective)이라는 말의 어떤 의미에서든 또는 어떤 종류의 **선거**(election)나 그 변형 형태에 의해서든 **선출** 원칙 위에서 결정된 것이기는커녕 명예혁명 이후에 국가는 새로운 협정에 의해 국가의 원계약의 정신을 갱신하여 그 **현존하는 구성원뿐만 아니라 그 후손 모두가** 제임스 1세로부터 내려오는바 개신교 계보의 왕족을 혈통의 유산으로 하여 세습을 정착시키는 것을 고수하도록 의무화했다는 것 등입니다.

## 존 홀스 경의 연설(2)

국왕의 권리에 대한
확정과 그 확정에
대한 복종의 필요성.

"만일 서셰브럴 박사가 지금과 같은 억지 주장을 그의 견해로 가지고 있다면, 최고 권력에 경의를 표하고 명예혁명과 그 탄생 수단의 적법성이 앞서 말한 의회 법령에 의해 이미 밝혀졌다는 것을 아주 잘 아는 사람이 이 정부의 최고 권력의 결정에 아주 직접적으로 반하는 설교를 하고, 그것도 그가 창안할 수 있는 최악의 방식으로 하는 일이 어떻게 벌어지는 것인지 상상할 수 없습니다. **왜냐하면 이곳 영국에서 왕권에 의문을 품는 것은 정부에 혼란을 일으킬 만한 다른 모든 문제를 합친 것보다도 더 많은 유혈을 초래하고 더 많은 살육을 야기해왔기 때문입니다.** 따라서 만일 내전보다는 몇몇 특정 개인의 죽음이 낫다고 생각하면서 그 주창자들이 제시한 신조가 그 결과로 세상의 평화를 지속시킬 뿐이라면, 이 정부의 제1원칙에 의문을 품는 것은 틀림없이 그 법률에 대한 최고의 위반인 것입니다."

"만일 서셰브럴 박사가 그가 적절하다고 생각했던 가장 포괄적인 의미에서 수동적 복종의 의무를 칭송하는 의미의 자유에 만족했고 거기서 멈췄더라면, 재판관님들은 그와 관련된 골칫거리

I. 신 휘그가 구 휘그에 올리는 호소

를 겪지 않았을 것이고 지금도 겪지 않을 것입니다. 그러나 그는 **이 국가의 평화와 안온을 지속시키기 위한 것이 아니라, 신민들을 투쟁에 나서게 하고, 이 국가의 중심부에서 전쟁을 불러일으키기 위해** 자신의 절대적이고 무조건적인 복종을 칭송한 것이 명백합니다. 또한 **이 사실** 때문에 그는 지금 기소되어 있는 것입니다. 비록 기꺼이 그 자신은 이 기소가 절대적 복종이라는 평화로운 원칙을 설파했기 때문이라고 믿게 하고자 했습니다만."

조지프 제킬 경의 연설(4)

"당시의 통치 방침 전체가 **헌정 체제로부터 완전히 이탈했다는 것**은 모든 사람에 의해 동의되었습니다. 범죄자 일부를 제외한 국가 전체가 당시에는 그 견해로 합치되어 있었습니다. 또한 국가가 그들의 병폐에 대한 판단에서 하나가 되어 있었던 것과 마찬가지로, 그 치유책에서도 생각이 같았습니다.

**그들은 최후의 것을 제외하고는 아무런 해결책이 남아 있지 않다는 것을 알았습니다.** 그런데 그 해결책이 가동되자, **정부의 전체 틀이 손상되지 않은 채 온전히 복구되었습니다.**[14] 이것은 국가

명예혁명 과정에서 손상되지 않은 채 복구된 정부의 전체 틀.

가 당시에 놀랄 만큼 차분한 상태에 있었고, 왕권 남용의 그러한

도발과 격변 뒤에도 **헌정 체제의 어떤 부분도 변화되거나 최소한의 손상도 입지 않았고, 오히려 그 전체가 새로운 생명과 원기를 얻었다**는 것을 보여주었습니다."

　서셰브럴 박사를 위한 토리당 자문위원회에서는 명예혁명에 의해 헌정 체제에 거대하고도 본질적인 변화가 이루어졌다고 암시했지만, 조지프 제킬 경은 이 점에서 아주 강경한 입장이어서 자신이 그러한 견해를 가지고 있다는 암시에 대해서조차 분노합니다.

---

14 "우리가 한 일은 진실과 실체 면에서, 그리고 헌정 체제의 관점에서 볼 때, 혁명을 한 것이 아니라 막은 것이었습니다. 우리는 확고한 안정을 택했습니다. 우리는 의심스러운 문제를 해결했습니다. 우리는 우리의 법률에 있는 불합리한 것을 고쳤습니다. 우리 헌정 체제의 안정된 기본 요소 가운데에서 우리는 혁명을 일으키지 않았습니다. 아니, 어떤 개조도 전혀 하지 않았습니다. 우리는 군주제를 손상하지 않았습니다. 아마도 우리가 군주제를 아주 상당한 정도로 강화했다는 사실을 알 수 있을지도 모릅니다. 국가는 똑같은 지위, 똑같은 계급, 똑같은 특권, 똑같은 선거권, 똑같은 재산 법규, 똑같은 복종 관계, 법률과 세입과 행정 구역의 똑같은 질서, 똑같은 상원 의원, 똑같은 하원 의원, 똑같은 유권자를 유지했습니다." 『1790년 2월 9일 버크 씨의 하원 연설』. 그가 모든 점에서 조지프 제킬 씨와 얼마나 정확히 생각이 일치되는지가 나타난다. - 역주

## 조지프 제킬 경의 연설(5)

"만일 서세브릴 박사가 그의 변호인 에게 **명예혁명에 의해 헌정 체제의 혁 신이 이루어졌다**고 암시하도록 지시했

> 명예혁명에서는 혁신이 없었음.

다면, 그것은 그의 범죄에 추가될 사안입니다. 그 혁명은 어떤 혁 신도 도입하지 않았습니다. 그것은 왕국의 유구한 근본 헌정 체 제를 복원하고 그것에 적절한 힘과 기운을 주는 것이었습니다."

법무차관 로버트 에어 경은 명예혁명의 경우와 그 원칙을 국 민이 자신들의 오랜 헌정 체제를 변화시키고 자신들을 위해 새로 운 정부의 틀을 짜기 위해 제멋대로 하는 행위와 명확히 구별합 니다. 이와 마찬가지로 세심하게 그는 그것을 국왕 시살의 원칙, 공화주의, 그리고 영국 국교회의 원칙으로부터 비난받고 기독교 를 표방하는 모든 교회의 원칙에 의해 비난받아야 할 종류의 저 항과 구별합니다.

### 법무차관 로버트 에어 경의 연설

"**불가피한 필요성**에 근거했던 명예혁명에서의 저항은 **국민이 제멋대로 자신들의 충성을 철회하거나 사법 선고에 의해 자신들**

명예혁명은 임의로
충성을 철회할 수
있게 하는 선례가
아님.

명예혁명은 찰스
1세의 경우와 같지
않음.

의 군주를 왕위에서 끌어내리고 살해할 수도 있다고 주장했기 때문에 공격받은 사람에 대한 방어물이 될 수는 없었습니다.

왜냐하면 **교회와 국가가 함께 정부의 완전한 전복을 의도**했을 당시의 저항의 적법성으로부터 국민이 무기를 들고 **자신들의 군주에게 제멋대로 책임 추궁**을 할 수 있다고 추론할 수는 없는 노릇이기 때문입니다. 또한 따라서 **명예혁명은 그러한 사악한 원칙을 주장할 수 있게 해주는 일말의 특색도 제공하지 않기** 때문에 명예혁명에서 이루어진 저항이 아주 온당하게도 **온 국민에 의해 혐오감을 산 왕족 순교자를 끔찍하게 살해**하는 정도의 행위를 해도 좋을 만한 경우였다는 것이 그의 견해가 아닌 한, 서셰브럴 박사는 그 새로운 설교자들과 새로운 정치인들이 변론을 위해 명예혁명을 언급하도록 만들 생각은 하지 말아야 합니다."


"서셰브럴 박사가 일반적 원칙을 설교하고 복종의 일반적 의무를 강요했기 때문이 아니라 **예외 경우에 관해 말한 뒤에 그 예외 경우**에 반하는 설교를 했기 때문에 고발되어 있다는 것은 명백합니다. **그는** 복종의 일반적 원칙과 어떤 것이든 허위에 근거한 저항의 완전한 비합법성 때문이 아니라, 아무런 예외도 없이 그 일반적 원칙을 진리로 먼저 제시하고 나서 명시적으로 명예혁명을 반대의 논거로서 **예외 경우로 언명**하고, 그러고 나서는 그 예외 경우를 고려하는 척하면서 명예혁명에서 저항이 있었다는 사실을 부정하고 명예혁명을 저항과 연관 짓는 것은 그것에 사악하고도 혐오스러운 색깔을 덧칠하는 셈이 된다고 주장하기 때문에 고발된 것입니다.

서세브럴의 설교는 명예혁명에 대한 반감을 불러일으키려 한 것임.

이것은 **변호인이 인정한바, 필요성이 있는 경우가 어떤 암묵적 결과에 의해 예외로 이해**될 수 있는, 설교와 교회 신부에 의해 사용되는 **일반적** 용어를 통해 무저항의 원칙을 설교하는 것이 아니라, 이 토론 과정에서 **필요하고도 온당한 것으로** 줄곧 인정되어왔고, 명예혁명에 불명예를 안기며, 그 위대하고도 저명한 인물들, 즉 **명예혁명을 낳는 데 기여한, 군주제와 교회의 그 지지자들**에게 오명을 씌우는 의미를 가질 뿐인, 명예혁명에서의 그 저항에 직접적으로 반하는 설교를 하는 것입니다.

왜냐하면 박사가 다른 어떤 것을 의도했다면 명예혁명의 경우를 다른 방식으로 다루었을 것이고, **명예혁명에 진실하고도 공정하게 답했을** 것이며, 명

명예혁명의 진정한 옹호가 절대적 필요성이었음.

예혁명에서 저항은 **절대적 필요성이 있는 것이었고 헌정 체제를**

되살리기 위해 남아 있었던 유일한 수단이었으며, 따라서 예외 경우로 간주되어야 하고 교회의 일반적 원칙의 범위와 의도 안에 있었던 것이 될 수 없었다고 말했을 것입니다."

"재판관님들께서는 서셰브럴 박사가 답변을 하면서 어떤 근거에서 똑같은 입장을 계속해서 주장하는지 주목하고 있습니다. 그러나 영국 국교회의 설교에서 접할 수 있는 일반적 훈계, 그리고 이 왕국의 법규에 담긴 선언 같은 것은 **통상의 경우에는** 최고 권력의 합법적 통치에 대한 공민으로서 신민의 복종을 위한 규칙으로만 여겨진다는 것은 아주 명백하지 않습니까? 또한 실정법에 있는 어떤 말을 체제 전체의 파괴를 인정하는 것으로 해석하여 **모든 법의 효력이 다했다고 생각되는 경우**에 왕과 상원 의원과 하원 의원들이 명시적 법의 용어로 **저항권과 같은 궁극적 방책**을 선언할 것을 기대하는 것 역시 마찬가지로 터무니없는 일입니다."

하원 의원들은 확고한 왕권에 대한 후대의 복종을 흔드는 것은 무엇이든 혐오한다.

"하원 의원들은 여왕 폐하께 왕위가 계승되고 **성직 상원 의원과 성직 이외의 상원 의원들과 하원 의원들이 온 영국 국민의 이름으로 아주 겸허하고도 충직하게 그들 자신과 그들의 상속자와**

I. 신 휘그가 구 휘그에 올리는 호소

**후손들을 여왕 폐하께 복종케 하는**, 의회의 그 법령의 권위를 흔들 수 있는 모든 입장에 대해 극도로 혐오하고 질색하면서 항상 분개해야 합니다. 그런데 이러한 절대적 무저항의 일반 원칙은 분명히 그 법령의 권위를 흔들 수밖에 없습니다."

"왜냐하면 만일 명예혁명에서의 그 저항이 불법이었다면 명예혁명은 왕위 찬탈로 끝났을 것이고, 이 법령은 왕위 찬탈자 치하에서 통과된 법령 이상의 강제력과 권위를 갖지 못할 것이기 때문입니다."

"그래서 하원 의원들은 왕위 세습권이 다투어지는 경우에는 의회의 결정 권한이 유지되어야 할 가장 중요한 문제라는 소견을 외람되이 밝힙니다."

"신민의 권리와 자유를 선언하고 왕위 계승을 결정하는 법령에서 언급되는 몇몇 경우를 통해, 명예혁명이 일어난 시기에는 **교회와 국가 모두에서 정부 구조의 완전한 전복이 있었고, 이것은 영국의 법률이 추측할 수도 대비하거나 계획할 수도 없었던 경우**인 것으로 보입니다."

아주 자주 인용되고 있는 조지프 제킬 경은 군주제 및 국왕의 권리와 대권을 보존하는 것을 모든 건전한 휘그당원이 지닌 본질적 목적으로 간주했습니다. 그래서 그들은 그것이 손상되거나 침해당하면 그것을 지켜야 할 뿐만 아니라, 가정컨대 국왕에 의해 언제든 그들 자신의 더욱 즉각적이고 일반적인 권리와 특권이 파괴당할 때와 마찬가지로, 만일 군주제와 국왕의 권리와 대권이 대중의 분노에 의해 파괴되는 일이 발생하기라도 한다면 그것을 다시 세우기 위해서도 마찬가지로 진력해야 합니다. 이러한 이유로 그는 **명예혁명과 왕정복고**[15]의 경우를 정확히 같은 토대 위에 놓습니다. 헌정 체제의 한 부분을 또 다른 부분에 희생시키는 것, 이보다 한술 더 떠서 헌정 체제의 어떤 부분이든 공상적인 인권 이론에 희생시키는 것이 아니라, 헌정 체제와 그 모든 구성원과 그 모든 관계 속에 대대로 그 전체가 손상되지 않은 채로 남아 있는 우리의 온 유산을 보존하는 것이 모든 정직한 이들의 목적이었다는 사실에 분명히 주목합니다. 이 점에서 버크 씨는 그와 완전히 의견이 일치합니다.

---

15  왕정복고(the Restoration) : 청교도혁명 때 폐위된 찰스 2세(재위 1660-1685)가 복위한 사건. - 역주

Ⅰ. 신 휘그가 구 휘그에 올리는 호소

"국민이 법률과 헌정 체제에 대해 권리를 가진다는 것보다 더 명백한 사실은 없습니다. 국가는 이 권리를 주장해

왔을뿐더러 국민으로부터 빼앗은 자들의 손에서 그것을 몇 차례 되찾아주었습니다. 현시대에 우리가 알고 있는, 이에 관한 **두 가지 유명한 사례**가 있습니다. **왕정복고**의 예와 **명예혁명**의 예를 말하는 것입니다. 이 위대한 사건에는 모두 **왕권**과 회복된 **국민의 권리**가 있었습니다. 그런데 **국민이 어떤 것에 가장 큰 관심을 가지고 있는지 말하기는 힘듭니다. 왜냐하면 하원 의원들은 왕권에 속하는 것 가운데에는 단 하나의 법적 권력도 없다는 것을 알고 있지만, 국민은 그것에 관심이 있기**

**때문입니다. 또한 저는 하원 의원들이 자신들의 특권만큼이나 국왕의 권리를 옹호하는 데 항상 주의를 기울일 것임을 의심치 않습니다.**"

휘그의 다른 양원협의회 위원들은 (그가 조지프 제킬 경과 마찬가지로) 그들이 한 방자한 군주에 의해 국민의 특권이 파괴되는 것

을 바라보았을 때와 똑같은 공포와 혐오감을 가지고 공화파에 의한 군주제 전복을 대했습니다.

### 레크미어 씨의 연설 (3)

왕정복고와 명예혁명 때 회복된 헌정 체제.

그는 우리의 헌정 체제에 관해 말하면서, 그것을 "**파벌과 왕권 찬탈이라는 지긋지긋하고 혐오스러운 일련의 과정이 빠뜨려놓은** 혼란과 무질서로부터 왕정복고를 통해 행복하게 회복되었다가 수많은 격변과 투쟁 뒤에 최후의 행복한 혁명에 의해 천우신조로 구출되었고, 당시 이래로 통과된 수많은 좋은 법률에 의해 지금은 더욱 굳건한 토대 위에 서 있는, 즉 개신교 혈통의 왕위 계승으로 결정함으로써 **모든 후대에 안전을 보장하는** 가장 안정된 전망과 함께하는 헌정 체제"라고 말합니다.

저는 이제 휘그당이(조지프 제킬 경 역시 휘그당원이었고, 휘그의 하원 의원들과 자신에게 공직을 부여한 휘그 내각의 인식에 따라 말했지만) 마치 명예혁명 당시에 우리 정부의 오랜 원칙이 모두 바뀐 것처럼 인식하여 찰스 2세의 무저항 서약의 철폐로부터 발생할지도 모르는 추정, 또는 공화주의 원칙이 지지받았다거나, 불법행위에 대한 것이거나 정부의 형태를 변화시키기 위한, 또는 자기

Ⅰ. 신 휘그가 구 휘그에 올리는 호소

보존이라는 목적을 위해 아주 자주 언급되는 **필요성** 이외의 다른 어떤 근거에 입각한 저항을 위한 일반적이고 막연한 개념 위에서 이루어지는 일련의 선동적 행위에 어떤 제재가 가해졌다는 어떤 추정에 대해서도 주의 깊게 경계했다는 것을 보여드릴 터입니다. 민중의 권리를 내세워 왕권을 집어삼키지 못하도록, 또는 왕의 대권을 앞세워 민중의 권리를 집어삼키지 못하도록 하는 것이 당시 휘그당이 동등하게 배려한 사안이었음이 훨씬 더 명료하게 나타날 것입니다.

### 조지프 제킬 경의 연설(7)

"나아가, 저는 이 의원들[16]이, 찰스 2세 재위 13년과 14년의 **민병대법**이 그 법령들 전체의 서문 격으로 나타나면

반군주제 원칙
발의의 해악.

서, **이 나라에서 얼마 전에 발의된 그 치명적 반군주제 원칙**, 그리고 그 원칙의 **해악**에 맞서거나 그것을 제거하기 위해 만들어진 바 **무저항**을 지지하는 그 많은 선언들의 결과를 경계하고 있었다는 사실이 참작되기를 바랍니다. 그 법령은 이렇게 되어 있습니다. '**또한 정부 권력이 강탈된 최근 시기 동안, 만일 방지되지 않**

---

16  찰스 2세의 무저항 서약의 틀을 짠 의원들. - 역주

는다면 그로 인해 평화와 고요를 급속도로 파괴할 수도 있는 수많은 악하고 반역적인 원칙이 이 왕국 국민의 마음속으로 고취되었다. 따라서 이 법이 제정되어야 하는 것이다.' 등등. 여기서 재판관님들께서는 그 의원들이 그렇게 저항에 반대하는 태도로 의견 표현을 하게 만든 이유를 보실 수 있습니다.

**그들은 민중의 권리를 내세워 왕권을 강탈하는 것을 보았습니다.** 또한 그들이 당시에 명예혁명의 경우와 **아주 다른 경우**, 즉 왕의 권한을 내세워 신민의 권리를 완전히 파괴하는 일이 벌어지고 어느 정도 현실화되는 것을 예견하지 못한 것은 그들에게 오점이 아닙니다. 또한 이것은, 바로 그 당시의 직전에 헌정 체제를 파괴했던 원칙에 맞서 의원들이 경계하고 있었을 때, **헌정 체제를 보존하기 위한 절대적 필요성이 있는** 경우에 저항을 비난하는 것은 그 의원들의 의도가 아니었다는 사실을 보여주는 데 도움이 될 수 있습니다."

"철회된 이 선언의 원칙에 담긴 진실에 관해 **저는 그것을 서셰브럴 박사의 변호인이 주장한 만큼 그것이 진실하다는 것, 즉 그것이 필요성이 있는 경우의**

**예외라는 것을 인정하겠습니다.** 또한 그것은 **그러한 제한성 내에서 그것을 이해할 때**, 잘못된 것이었기 때문에 철회된 것이 아니라 **제한되지 않는 의미로, 그리고 그러한 제한성이 배제된 채** 해석될지도 모르기 때문에 철회된 것입니다. 또한 그 신조가 이렇게 해석되면 명예혁명의 정당성을 되돌아보게 됩니다. 입법부에서는 이 점을 염두에 두고 있었고 잊지 않으려 아주 애쓰고 있었습니다. 그래서 그 선언을 이렇게 철회함으로써 이 무저항 원칙을 **무제한적 의미에서** 주장하는 것에 맞서 의회 또는 입법부의 입장에서 경고를 주었던 것입니다……."

"설교에서 진술되거나 다른 곳에서 전해지는 바와 같이, 영국 국교회의 원칙인 무저항이라는 일반 원칙에 의해 상위 권력에 대한 신민의 일반적 의무가 의심할 바 없이 현재 그렇듯이, **신성하고 건전한** 원칙이라고 가르쳐지고 인정된다 할지라도 이 일반 원칙이 작고했거나 생존해 있는 교회 목사들에 의해 끊임없이 고취되어왔고, 왕자들을 폐위시키는 가톨릭교의 원칙에 대항하는 보호물로, 그리고 복종이라는 통상의 규범으로 그들에 의해 설교되어왔다 할지라도, 또한 이 원칙이 종교개혁 시대 이래로 우리의 가장 정통파인 유능한 성직자들에 의해 설교되고 주장되고

> 신성하고 건전하며,
> 그 예외를 **명확하게** 언명할 의무가 없는,
> 무저항이라는 일반 원칙.

공언되어왔다 할지라도, 만일 서셰브럴 박사가 **정직하고 좋은 의도를 지닌** 열의를 가지고 우리 교회 목사님들의 설교의 가르침과 똑같은 것으로서 그리스도의 제자들이 전해주었다고 생각한 바로 그 교리를 설교한 것이었다면, 그리고 그 위대한 본보기를 모방하면서 어떤 예외도 무시한 채 복종이라는 일반적 의무와 저항의 불법성을 강조하기만 한 것이었다면, 그는 얼마나 **순진무구한 사람**이었던 것일까요."

하원의 또 다른 양원협의회 위원인 존 홀랜드 경은 개인 또는 심지어 국민의 권리에 대한 느슨하고 일반적인 원칙을 가지고, 편의나 개선에 대해 일시적으로 유행하는 견해를 토대로 자신들을 위해 헌정 체제의 근본적 변화를 꾀하거나, 자신들을 위한 새로운 정부를 날조하거나, 그렇게 함으로써 공공의 평화를 어지럽히고 이 왕국의 오랜 헌정 체제를 불안하게 하는, 명예혁명의 원칙의 파괴에 맞서는 일에 누구 못지않게 주의를 기울였습니다.

### 존 홀랜드 경의 연설

"하원 의원들이 만약 그들 스스로 방자한 저항을 변호하려 한다거나, 신민이 복종하거나 저항할 때 **그들**의 선의와 자의에 맡겨버린다면 이해받지 못할 것입니다.

아니, 재판관님, 그들은 **분노와 양심을 위해 자신들의 군주에게 복종하는 사회적 동물이자 기독교인의 모든 유대 관계의 의무를 지고 있다**는 것을 알고 있습니다. 하원 의원들은 **변덕스러운 당파의 전쟁**을 교사하지 않습니다. 다시 말해, 그들은 당파의 전쟁이 **반역**이 되어야 한다고 주장하지 않습니다. 하지만 그들은 아주 **필요한** 것이었던 명예혁명에서의 저항은 **그 필요성 때문에 합법적이고 정당했다**고 주장합니다."

군주에 대한 복종은 양심의 의무이며, 필요한 경우에만 예외로 함.

"복종에 관한 이러한 일반 규칙은 **실제 필요성**이 있을 때 합법적 **예외**를 인정합니다. 또한 그러한 **필요한 예외**가 바로 명예혁명이라고 우리는 주장합니다."

"오직 이러한 **필요성**, 우리의 법률과 자유와 종교를 보존하는 **절대적 필요성**의 관점을 가지고서야, **이러한 제한성**을 가지고서야 우리 중 누구라도 일반적 저항에 관해 말할 때 우리는 이해되기를 바랄 수 있는 것입니다. 명예혁명에서의 저항의 **필요성**은 당시에 모든 이에게 명백한 것이었습니다."

저항권은 어떻게 이해되어야 하는가.

저는 오렌지 공의 선언을 언급함으로써 발췌 인용을 마치고자 하는데, 이 선언에서 그는 자신이 맡은 일에서 이 나라의 근본 법률과 헌정 체제에 있는 것 어느 것에도 변화를 주려 하지 않았다는 것을 국가에 완전히 확언해주고 있습니다. 그는 자신이 하는 모험적 일의 목적이 앞으로 있을 혁명들의 선례를 만드는 것이 아니며, 인간의 힘과 지혜가 할 수 있는 한 그러한 혁명들을 불필요하게 만드는 것이 그가 하는 원정의 위대한 목표라고 생각했습니다.

오렌지 공의 선언 발췌

"영국의 모든 자치도시가 **그들의 오랜 법규와 특허**를 되찾게 될 것과 마찬가지로, **부당하게 쫓겨난 모든 치안판사들 역시 그들의 이전 직장을 당장 되찾게 될 것이다.** 더 특정해서 말하자면, 런던이라는 위대하고도 유명한 도시의 **오랜** 특허가 다시 효력을 갖게 될 것이다. 또한 하원 의원에 대한 영장은 **법률과 관습에 따라서 정식 관리들**에게 전달될 것이다……."

"또한 **이후로는 어느 때든 전횡을 일삼는 정부 하에서 국가가 몰락할 위험이 없도록** 국가의 평화와 명예와 안전에 필요하다고 생각하는 여타의 모든 일을 양원에서 하게 될 것이다……."

I. 신 휘그가 구 휘그에 올리는 호소

## 오렌지 공의 추가 선언 발췌

"우리가 현재 하고 있는 일에서 **아주 확실한 토대 위에 종교와 신민의 자유와 재산**의 안정을 꾀하여 **이후로는 국가가 어느 때든 동일한 불행에 빠질 위험에 처하지 않도록 하는 것** 이외에 다른 어떤 계획을 가질 것이라는 잔인한

> 주요 귀족과 신사 계급이 혁신의 책략에 대항하여 교회와 왕권을 보호하는 역할을 잘 수행했다.

생각을 어떤 사람도 우리에 대해 품을 수 없다고 우리는 확신한다. 또한 우리가 데리고 온 군대는 우리가 그것을 꾀할 수 있다 할지라도 국가를 정복하는 그러한 사악한 의도와 전혀 어울리지 않는다. **따라서 빼어난 자질과 재산을 보유하고 있는 사람들이자, 영국의 종교와 정부 모두에서 성실성과 열의로 이름이 난 사람들이며, 그들 중 많은 이가 국왕에 대한 변함없는 충성심이 두드러지기도 하여** 이 원정에 우리와 동행하고 있을뿐더러 우리에게 이 원정을 충심으로 간청하기도 한 엄청난 수의 주요 **귀족과 신사 계급**(gentry)이 그러한 모든 아부 행위로부터 우리를 엄호할 것이다."

이 선언[17]의 정신으로, 그리고 이 선언에서 언급된 어느 때에 국민의 자유를 파괴할 만큼 왕과 상원 의원과 하원 의원의 조합

이 결여된 무언가가 우리에게 유사한 위험에 처할 가능성을 부여하지 않도록 그 치세 동안 통과된 법령에서 이러한 위험을 방지하기 위한 조항들을 마련했습니다. 저는 그러한 상황이 벌어지지 않기를 바랍니다만, 그렇게 무시무시한 상황에 처하게 되면 이러한 선례에 근거를 둔, 혁명을 일으키는 권리에 대한 어떤 견해도 보잘것없는 방책이 될 뿐일 것입니다. 우리가 처할 상황은 실로 무시무시할 것입니다.

개벽 이래 이제까지 전파된 어떤 정치적 교조만큼이나 매우 엄숙하게, 그리고 적어도 그만큼 정식으로 선포된, **명예혁명에 참여한 휘그당원들**에 의해 지지되는 원칙이 있습니다. 만일 그들의 신조와 버크 씨의 신조 사이에 어떤 차이라도 있다면, 그것은 그들의 계승자라 생각되는 사람들에 의해 지금 너무도 열심히 선전되고 있는 원칙들에 대해 버크 씨가 반대하는 것보다 구 휘그가 훨씬 더 많이 반대하고 있다는 것을 뜻합니다.

구 휘그가 대중의 비난을 막아내기 위해 자신들이 내밀히 지지하고 있었던 신조에 반하는 신조를 주장하는 척한 것이라는 말들을 할지도 모릅니다. 이것이 사실이라면 그것은 버크 씨가 일관되게 주장한 바, 즉 그가 폭로하고자 한 터무니없는 원칙들이 국민 대다수의 동의를 얻지 못한 것이었다는 점, 그리고 국민은

---

17  권리 선언(Declaration of Right). - 역주

전제 정부를 완전히 혐오했지만, 심지어 최선의 공화제의 외양을 띠는 것보다도 온건한 군주제를 애호하는 쪽에 확실히 더 가깝다는 점을 증명하는 것입니다. 그러나 만일 이 구 휘그가 국민을 기만한 것이라면, 그들의 행동은 참으로 설명할 수 없는 것이었습니다. 그들은 이러한 가정 위에서라면 그들이 지지하지 않은 견해의 선전을 위해 역사를 잘 알고 있는 모든 이가 알고 있듯이 극도로 위험한 상황에서 자신들의 힘을 드러낸 것입니다. 그것은 새로운 종류의 순교입니다. 이러한 추론은 그들의 지혜만큼이나 그들의 진실성을 믿지 않는 것입니다. 즉, 그들을 단번에 위선자이자 바보로 만드는 것입니다. 저는 그 위대한 인물들에 관해 아주 다르게 생각합니다. 저는 그들이, 세상이 그들을 그렇게 생각하듯이 깊은 이해심과 열린 성실성과 깨끗한 명예심을 지닌 사람들이라고 생각합니다. 그러나 어떻든 간에 이 구 휘그가 가장했던 모습이란 바로 버크 씨의 모습입니다. 버크 씨에게는 이것으로 충분합니다.

저는 버크 씨가 실질적이고도 본질적으로는 의회의 양원에 의한 것이되 하원에 의해 엄숙히 선언된 구 휘그당의 견해를 자신의 의견으로 가지고 있었다는 사실을 증명했다 할지라도, 만일 그와 구 휘그 양자 모두가 틀렸다면 이 증언만으로는 그의 의견을 적절히 방어할 수 없다는 것을 확실히 인정합니다. 그러나 그의 현재 관심사는 구 휘그를 변호하는 것이 아니라 자신의 의견이 그들의 의견과 일치한다는 것을 보여주는 일입니다. 그는 그들을 재판관으로 대하며 그들에게 호소하는 것이지, 그들을 범죄자로 보며 변호하는 것이 아닙니다. 이 늙은 정치인들은 인권에 관해 아는 것이 거의 없었고, 길을 잃어버려 어둠 속에서 헤매고 있었으며, 썩은 양피지 문서와 곰팡내 나는 회의록 더미를 더듬거리고 있었다는 말이 지금 나돌고 있습니다. 그들이 말하는 위대한 깨달음의 빛을 세상에서는 최근에야 얻었습니다. 그래서 버크 씨는 폭발하듯 증가한 무지 속에 자신을 숨기는 대신에 자신에게 퍼져온 깨달음의 광휘를 이용해야만 했습니다. 그럴 만합니다. 이 시대의 열성분자들은 또 다른 광신도 분파의 그들의 선배들처럼 깨달음의 빛을 거래합니다. 휴디브라스[18]는 그들에 관해 유쾌하게 말합니다.

더 좋은 눈들은 보지 못하는 곳에서, **빛**을 지니고 있지,

돼지들이 바람을 본다고들 말하는 것처럼.

---

18  휴디브라스(Hudibras) : 영국의 시인 새뮤얼 버틀러(Samuel Burtler, 1662-1680)의
    동명의 풍자시의 주인공으로 위선과 이기주의로 뭉쳐진 완고한 보안관. - 역주

# 4.
## 버크 씨를 공격하는
## 신 휘그의 신조

『고찰』의 저자는 그 새로운(modern) 빛에 관해 아주 많은 것을 **들었습니다**. 그러나 그는 그것을 많이 **보는** 행운은 아직 얻지 못했습니다. 그는 호기심의 정신, 세상에 빛을 준다는 이 사람들의 저작의 정신을 정당화할 수 없을 만큼은 많은 것을 읽었습니다. 엄청나게 많은 그 저작들로부터 아주 확실한 천박함, 경솔함, 자만심, 발끈함, 건방짐과 무시 이상의 것을 배우지 못했습니다. 그가 읽은 옛 저자들과 그가 대화를 나눈 옛사람들이 그를 어둠 속에 내버려둔 곳에서는, 그는 여전히 어둠 속에 있습니다. 하지만 만일 다른 사람들이 이 특별한 빛을 일부라도 얻는다면, 그들은 그 빛을 자신들이 연구하고 행동하도록 안내하는 데 이용할 것입니다. 저는 국가가 오랜 어둠의 냉철한 그림자 속에서 그랬던 만큼이나 새로운 빛의 영향력 하에서도 그렇게 행복하고 번영할 수 있기를 바라기만 하면 됩니다. 나머지 문제에 관해서는,『고찰』

의 저자가 당의 공공연한 지도자들의 원칙을 따르는 것은 그들이 부정적으로 보이지 않기 전까지는 어려울 것입니다. 우리가 그들에게 얻을 수 있는 결론은 이것인데, 그들의 원칙은 그의 원칙과 180도로 반대된다는 것입니다. 이것이 우리가 권위로부터 알 수 있는 모든 것입니다. 그들의 부정적 선언은 저로 하여금 긍정적 원칙을 담고 있는 책에 의지하게 만듭니다. 그들은 버크 씨가 지지하는 사람들과 참으로 정반대입니다. 또한 만일 (제가 서둘러 희망하건대, 당의 현인들이 말해온 바대로) 그들의 견해가 아주 폭넓게 차이가 있다는 것이 사실이라면, 그들은 새로운(modern) 휘그의 신조를 만들어낼 가능성이 가장 클 것으로 보입니다.

저는 구 휘그의 공언된 감정이었던 것을 주장하는 방식이 아니라 이야기하듯이 말했습니다. 이와 똑같은 단순한 방식으로 신 휘그의 감정을 독자 앞에 제시하는 것이 공평할 터인데, 신 휘그는 그 감정을 위해 변절자를 만들어내는 고통이나 대가를 아끼지 않기 때문입니다. 저는 그 유통에 드는 노력과 비용의 대부분이 든 책들에서 그 감정을 추려낼 것입니다.[1] 저는 애매한 정치적 발언을 하는 사람들도 아니고 자기 견해의 어떤 부분도 진전시키

---

[1] 버크의 『고찰』은 지금에야 그 중요성이 이해되고 있는 소책자 전쟁을 시작했다. 그의 가장 유명한 적대자들로는 제임스 매킨토시 경, 매리 울스턴크래프트, 그리고 아래에서 『인권(Rights of Man)』이 인용되고 있는 토마스 페인 등이 있다. - 역주

지 않으면서 구 휘그의 견해를 반박하기만 하는 사람들도 아닌 명료하면서도 긍정적으로 말하는 사람들로부터 그 감정을 추려 내겠습니다. 휘그의 독자는 두 가지 원칙 사이에서 선택을 할 수 있습니다.

당시에 이 단체들에 의해 선전된 이 나라의 정책은 신사 여러 분이 생각하기에는 이 단체들이 자신들의 말을 통해 할 수 있는 거의 최대한으로 그 정책에 대한 불찬성의 표현을 매우 부드럽게 했을 것이라 짐작하겠지만, 실상은 다음과 같습니다. 즉, 대영제 국에서 우리는 좋은 헌정 체제가 없이 존재할 뿐만 아니라, "헌정 체제를 가지고 있지 않다"는 것입니다. 그 주장은 이렇습니다.[2]

"이제까지 많은 말이 있었지만, 영국에는 헌정 체제 같은 것이 존재하지 않고, 존재한 적도 없었으니, **국민이 아직 헌정 체제를 만들지 않았다**는 결론에 이르게 된다.[3] 또한 이 나라는 정복왕 윌

---

2  여기서 버크는 토마스 페인의 『인권』 1부를 처음으로 직접 인용하고 있다. - 역주
3  이 대목에서 버크는 『인권』 1부의 원문 가운데 아래의 내용을 빼고 인용하는데, 그 의도를 아주 분명히 짐작할 수 있다. - 역주

"Mr. Burke will not, I presume, deny the position I have already advanced; namely, that governments arise, either out of the people, or over the people. The English government is one of those which arose out of a conquest, and not out of society, and consequently it arose over the people; and though it has been much modified from the

리엄 이래 스스로 **혁신한** 적이 아직 없기 때문에 헌정 체제가 없다.[4] 헌정 체제를 가시적 형태로 만들 수 없는 곳에는 헌정 체제가 존재하지 않는다. 헌정 체제는 정부에 선행하는 것이다. 한 나라의 헌정 체제는 그 정부의 법령이 아니라 정부를 설립하는 국민의 법령이다. 영국 국가의 **모든 것**이, 그것이 그러해야 마땅하고 영국에서는 그렇다고들 말하는 것과는 정반대이다.[5] 전쟁과

---

opportunity of circumstances"

("버크 씨는 내가 이미 개진한 입장, 즉 정부가 국민으로부터 생겨나거나 국민을 지배함으로써 생겨난다는 것을 부정하지 않으리라고 나는 짐작한다. 영국 정부는 사회에서 생겨난 것이 아니라 정복으로 생겨난 것 가운데 하나이고, 따라서 그것은 국민을 지배함으로써 생겨난 것이다. 또한 상황이 부여한 기회에 따라 많은 수정이 이루어지기는 했지만")

4  여기서부터 이 인용문이 끝나는 부분까지는 버크가 『인권』 1부의 내용을 원문의 순서 그대로 인용하지 않고 원문의 순서를 뒤바꾸기도 하고 문장을 조금씩 바꾸기도 하면서 인용하고 있다. - 역주

5  이 인용문은 특히 원문과 차이가 있는데, 이 차이에는 적지 않은 의미가 있을 뿐만 아니라 이것은 버크가 원문을 의도적으로 왜곡한 사례이다. 버크의 영문 인용문과 원문을 대조해서 보라. - 역주

  - 버크의 영문 인용문 : "That *every thing* in the English government is the reverse of what it ought to be, and what is said to be in England."(강조는 버크가 한 것임.)

  - 『인권』 1부의 원문 : "*Many things* in the English government appear to me the reverse of what they ought to be, and of what they are said to be."(강조는 옮긴이가 한 것임.)

평화의 결정권이 1인당 6펜스나 1실링만 내면 볼 수 있는 런던탑의 상징물에 있다.[6] 그것은 그 결정권이 왕에게 있는지 의회에 있는지 보여주지 않는다.[7] 전쟁은 공금의 분배와 지출에 참여하는

---

("영국 국가의 많은 것은, 그것이 그러해야 마땅하고 영국에서는 그렇다고들 말하는 것과는 정반대인 것으로 내게는 보인다.")

6  이 문장도 원문과 중요한 차이가 있다. - 역주

- 버크의 영문 인용문 : "That the right of war and peace resides in a metaphor shewn at the Tower, for six pence or a shilling a-piece."
- 『인권』 1부의 원문 : "The French constitution says, That the right of war and peace is in the nation. Where else should it reside, but in those who are to pay the expence?

   In England, this right is said to reside in a metaphor, shewn at the Tower for sixpence or a shilling a-piece."

("프랑스 헌정 체제는 전쟁과 평화의 결정권이 국민에게 있다고 말한다. 그 비용을 대야 하는 사람들 말고 과연 누구에게 그 권리가 있겠는가?

   영국에서는 전쟁과 평화의 결정권이 1인당 6펜스나 1실링만 내면 런던탑에서 볼 수 있는 상징물(사자상을 말함-옮긴이)에 있다고들 말한다.")

7  이 인용문 역시 원문과 다를뿐더러 원문의 맥락을 완전히 오해하도록 만들고 있다. - 역주

- 버크의 영문 인용문 : "That it signifies not where the right resides, whether in the crown or in parliament."
- 『인권』 1부의 원문 : "It may with reason be said, that in the manner the English nation is represented, it signifies not where this right resides, whether in the Crown, or in the Parliament."

사람들의 공동의 수확물이다. 영국인이 누리는 자유의 몫은 전제정치에 의한 것보다 더욱 생산적으로 한 나라를 노예화하기에 아주 충분할 정도이다.[8]"

여기까지는 영국 헌정 체제의 일반적 상태에 관한 이야기입니다. 우리의 귀족의 주요하고도 실제적인 대표 기관이자, 지주들의 안전을 보장하는 위대한 기반이자 기둥이며, 이 양자를 법률 및 국왕과 연결 지어주는 주된 고리인 우리의 상원에 대해서는 이 훌륭한 단체들이 우리에게 이렇게 제멋대로 말합니다.

---

("영국이 대표되는 방식에서는 그 상징물이 전쟁과 평화의 결정권이 왕에게 있는지 또는 의회에 있는지를 보여주지 않는다고 말하는 것이 합리적일 것이다.")

8  이 문장도 원문과 차이가 있다. - 역주

- 버크의 영문 인용문 : "That the portion of liberty enjoyed in England is just enough to enslave a country more productively than by despotism."
- 『인권』 1부의 원문 : "They contend, in favour of their own, that the portion of liberty enjoyed in England, is just enough to enslave a country by, more productively than by despotism."
("프랑스인들은 그들이 누리는 자유를 지지하면서, 영국인이 누리는 자유는 전체정치에 의한 것보다 더욱 생산적으로 한 나라를 노예화하기에 아주 충분할 정도라고 주장한다.")

"우리가 귀족제를 앞에서 보든 뒤에서 보든, 옆에서 보든 다른 방향에서 보든, 집안에서 보든 공적으로 보든, 그것은 변함없이 **괴물**이다. 프랑스의 귀족제는 몇몇 다른 나라의 귀족제에 비해 한 가지 면모를 덜 가지고 있었다. 즉, 프랑스의 귀족제는 세습적 입법자 집단을 만들지 않았다. 그것은 귀족 법인(corporation of aristocracy)[9]이 아니었다."

심오한 입법자 라파예트[10] 씨가 우리의 상원을 귀족원(the house of peers)이라고 부르는 것 같습니다. "귀족제는 가족적 전제주의와 불공정에 의해 유지된다. 또한 국민을 위한 입법자가 되기에는 귀족제에는 부자연스럽고 부적합한 점이 있다. 그들의

---

9   귀족 법인(corporation of aristocracy) : 『인권』 1부의 원문에서는 이 구절이 강조되어 있다. - 역주

10  라파예트(Marie-Joseph-Paul-Yves-Roch-Gilbert du Motier, Marquis de Lafayette, 1757-1834) : 프랑스 귀족 가문에서 태어난 인물로 미국 독립전쟁에 참전하여 영국에 대항해 식민지 아메리카 편에서 싸웠으며, 뒤에 프랑스의 혁명적 부르주아들과 손을 잡고 프랑스혁명 초기에 영향력을 발휘했다. 프랑스로 돌아온 그는 국민의회에 '인간과 시민의 권리선언' 초안을 제출했고, 삼부회에 참석해 귀족의 손에서 부르주아의 손으로 권력을 옮기는 조치들을 지지하여 국민적 영웅으로 추앙받았다. 1791년 루이 16세가 오스트리아로 도망치다가 붙잡힌 '바렌 배신사건'으로 라파예트의 명성에 금이 가기 시작했다. 경비를 책임지고 있던 라파예트는 이 사건으로 많은 비판을 받았다. 그해 여름 파리 서쪽 샹드마르스 연병장에서 자코뱅파 집회를 진압한 사건으로 그는 총사령관 자리를 내려놓았다. 오스트리아로 망명했던 그는 1799년 프랑스로 돌아갔다. 고향으로 내려가 여생을 보내다 1834년 5월 20일 숨을 거뒀다. - 역주

분배의 정의라는 개념은 그 뿌리부터 부패했다. 그들은 자신의 모든 아우나 누이들, 그리고 온갖 친척들을 짓밟는 것으로 인생을 시작하고, 또 그렇게 하도록 배우고 교육받는다.[11] 세습적 입법자라는 개념은 세습적 수학자만큼이나 우스꽝스럽다. 그들은 누구도 책임지지 않고 아무에게도 신뢰받지 못하는 집단이고, 정복에 기초한 정부의 야만적 원리와 인간이 인간을 소유하고 개인의 권리로 인간을 지배한다는 비열한 관념을 지속시키고 있다. 귀족제는 인간이라는 종을 타락시키는 경향을 가지고 있다." 등등.

아주 적고 중요치 않은 예외가 있을 뿐인 우리의 모든 토지 상속에 관한 영속적 법률이자, 모든 지주들 사이에서 중차대하고

---

11　이 대목에서 버크는 또다시 『인권』 1부의 원문 가운데 아래의 내용을 빼고 인용하는데, 이 역시 그 의도를 짐작할 수 있다. - 역주

"With what ideas of justice or honour can that man enter a house of legislation, who absorbs in his own person the inheritance of a whole family of children, or doles out to them some pitiful portion with the insolence of a gift?

Thirdly, Because the idea of hereditary legislators is as inconsistent as that of hereditary judges, or hereditary juries"

("아이들이 여럿인 가족 전체의 유산을 독차지하고, 그 일부를 아이들에게 선물이라도 주듯 거만하게 조금씩 나눠 주는 인간이 무슨 정의감이나 명예심을 갖고 입법부에 들어갈 수 있겠는가?

셋째, 세습적 입법자라는 개념은 세습적 판사나 세습적 배심원이라는 개념만큼 모순이기 때문이다")

　　　　　　　Ⅰ. 신 휘그가 구 휘그에 올리는 호소

도 다른 모든 것을 압도하는 영향력을 지니는 특징을 보존하기 위한, 의심할 바 없는 하나의 추세이자 제 생각에는 가장 행복한 추세인 장자 상속법에 대해 그들은 그것의 파괴를 소리 높여 외칩니다. 그들은 아주 명백한 정치적 이유에서 이런 주장을 합니다. 그들은 대담하게도 이렇게 말합니다.

"그것은 모든 자연법칙에 반하며, 자연 자체가 그 파괴를 요구한다. 가족의 정의를 세우면 귀족제는 무너진다. 장자 상속제라는 귀족의 법 때문에 여섯 아이가 있는 가족 내에서 다섯은 버림받는다. 귀족제는 **한** 아이 말고는 인정치 않는다. 나머지는 먹히기 위해 태어난다. 그들은 식인종에게 먹이로 내던져지고, 친부모(natural parent)는 자연에 반하는(unnatural) 식사를 준비한다."

하원에 대해서는 상원이나 왕을 다룬 것보다 훨씬 더 나쁘게 다룹니다. 아마도 그들은 자신들이 자기 가족과 함께 이 유쾌한 자유를 누릴 만한 아주 대단한 권리를 가지고 있다고 생각했을 것입니다. 여러 해 동안 하원은 그들이 내뱉는 독설의 영원한 주제였습니다. '조롱, 욕설, 강탈'이 그들이 하원에 부여하는 가장 좋은 이름들이었습니다. 그들은 "프랑스 국민의회(the national assembly)의 경우에 그 이름이 그 기원을 말해주고 실제로 그러한 것과는 달리, 영국 하원은 국민의 생득적 권리로부터 생겨나는 것이 아니다"[12]라고 선언함으로써 하원을 통째로 깎아내립니다.

몇 년 전만 해도 이 신사 분들이 아주 전율할 만큼 그 권리에 대한 잇속에 밝았던 특허(charter)와 자치체(corporation)에 관해서는, 그들은 이렇게 말합니다.

"영국 사람들도 이런 점을 고찰하게 된다면, 프랑스처럼 그런[13] 압제의 표지를, 그런 정복된 국민의 흔적을 없앨 것이다."

군주제에 대해서는 그들이 이전에는 헌정 체제의 그 분야에 관해 더 온건한 입장을 가지고 있었고, 그에 대한 합당한 이유도 가지고 있었습니다. 군주제에 대한 모든 선동적 공격을 매우 엄격하고 엄정하게 막는 법률들이 있었습니다. 이 신사 분들의 논조가 프랑스혁명 이후에 완전히 바뀌었습니다. 과거에 그들이 군주제에 기만적으로 아첨하고 비위를 맞추던 것만큼이나 지금은 군주제를 맹렬하게 규탄하고 있습니다.

"군주제와 세습제의 정부 체제 하에서 인간이 처하는 비참한 상태, 즉 어떤 권력에 의해 자기 집에서 끌려 나오거나 또 다른

---

12  역시 『인권』 1부의 한 대목이다. - 역주

13  버크는 『인권』 1부 원문의 이 부분에 있는 중요한 단어, 즉 '낡은(ancient)'이라는 말을 생략하고 인용하고 있다. - 역주

Ⅰ. 신 휘그가 구 휘그에 올리는 호소

권력에 의해 쫓겨나고, 적에 의한 것보다도 세금에 의해 가난해지는 상태를 조사하면, 그러한 체제가 나쁘고 정부의 원리와 구조에서 전반적 혁명이 필요하다는 것이 명백해진다.

국민의 일을 처리하는 것 이상의 정부란 무엇인가? 정부는 본질적으로 특정 개인이나 가족의 소유물이 아니고 그럴 수도 없는 것이며, 공동체의 부담으로 유지되는 공동체 전체의 소유물이다. 또한 폭력이나 계략에 의해 강탈되어 세습된다 할지라도, 그 강탈이 만물에 대한 권리를 변경할 수는 없다. 권리의 문제로서 주권은 오직 국민에게 속하는 것이지 어느 개인에게 속하는 것이 아니다. 또한 국민은 적절치 못하다고 생각하는 어떤 헌정 체제라도 폐지하고 자신들의 이익, 성향, 행복에 적합한 정부를 수립할 파기할 수 없는 생득의 권리를 항상 갖는다. 인간을 왕과 신민으로 구별하는 몽상적이고 야만적인 일은 궁정인의 조건에 맞을지는 몰라도 시민의 조건에는 맞지 않으며, 오늘날 여러 정부가 토대를 두고 있는 원리에 의해 타파되고 있다. 모든 시민은 주권을 가진 국가의 일원으로서, 어떤 인신의 예속도 인정할 수 없으며, 오직 법률에만 복종할 수 있다."[14]

자신들이 군주제를 무너뜨린 프랑스의 예를 우리에게 열렬히 권하면서 그들은 이렇게 말합니다.

---

14 『인권』 1부의 '결론' 장에 나오는 대목을 길고 온전하게 인용하고 있다. - 역주

"인류의 적이자 불행의 원천인 군주의 주권이 철폐되었다. 또한 주권 그 자체가 그 자연적인 본래의 자리, 즉 국민에게 되돌아왔다. 이것이 유럽 전역에서 이루어진다면, 전쟁의 원인이 사라질 것이다."[15]

"그러나 결국 왕이라 불리는 이 상징은 무엇인가, 더 정확히 말해서 군주제란 무엇인가? 그것은 사물인가, 또는 이름인가, 아니면 속임수인가? '인간 지혜의 고안물'인가, 아니면 허울만 그럴듯한 겉치레로 국민에게 돈을 얻어내기 위한 인간 술책의 고안물인가? 국민에게 필요한 것인가? 만일 그렇다면 그 필요성은 어디에 존재하고, 무엇에 실제로 기여하며, 하는 일은 무엇이고, 또 그 장점은 무엇인가? 그 미덕은 그 상징에 있는가, 아니면 그 인간에게 있는가? 왕관을 만드는 금세공 장인이 그 미덕 또한 만드는가? 그것은 포르투나투스[16]의 요술 모자 같은 또는 할리퀸[17]의 나무칼 같은 효험을 발휘하는가? 그것은 인간을 마법사로 만드는가? 결국 그것은 무엇일까? 그것은 시대에 많이 뒤처지고 있고, 조롱거리로 전락하고 있으며, 불필요할 뿐만 아니라 비용이 많

---

15 『인권』1부의 '결론' 장에 나오는 대목. - 역주

16 포르투나투스(Venantius Honorius Clementianus Fortunatus) : 6세기경 프랑스 중서부 프와티에의 대주교이자 시인. - 역주

17 할리퀸(Harlequin) : 서양 전통 연극에 나오는 어릿광대. - 역주

Ⅰ. 신 휘그가 구 휘그에 올리는 호소

이 들기도 해서 일부 나라에서는 거부되고 있는 것으로 보인다. 미국에서는 불합리한 것으로 여겨지고, 프랑스에서 그것은 이제까지 줄곧 쇠퇴해왔기 때문에 왕이라는 인간의 선함, 그리고 그의 개인적 성품에 대한 존경만이 그 존재의 외양을 보존하는 요소들이다."[18]

"버크 씨는 그가 세습제 국왕이라 부르는 것이 마치 자연의 어떤 산물인 듯이, 또는 시간처럼 독립적일 뿐만 아니라 인간에게는 아랑곳없이 작동하는 힘을 가지고 있는 듯이, 다시 말해 보편적으로 동의되는 사물 또는 주제인 듯이 그것에 관해 말한다. 맙소사! 그것은 그러한 속성을 전혀 지니고 있지 않을뿐더러 그 모든 것과 정반대다. 그것은 상상의 산물이고, 그 타당성은 의심받는 차원을 넘어서 있으며, 그 적법성은 수년 내에 부정될 것이다."[19]

"내가 농부, 제조업자, 도매상인, 소매상인, 그리고 일반 노동자를 비롯한 온갖 평범한 직업을 가진 사람들에게 군주제가 그에게 무슨 도움이 되는지를 물으면, 그는 내게 아무 대답을 못 한

---

18 『인권』 1부의 '잡록(miscellaneous)' 장에 나오는 대목. - 역주
19 『인권』 1부의 '잡록' 장에 나오는 대목. - 역주

다. 내가 그에게 군주제가 무엇이냐고 물으면, 그는 그것이 별 할 일 없는 관직 같은 것이라고 생각한다."[20]

"프랑스 헌정 체제에서는 전쟁과 평화의 결정권이 국민에게 있다고 말한다. 그 비용을 대야 하는 사람들 말고 과연 누구에게 그 권리가 있겠는가?"[21]

"영국에서는 전쟁과 평화의 결정권이 1인당 6펜스나 1실링만 내면 볼 수 있는 런던탑의 **상징물**에 있다고 한다. 사자도 그 상징물 중 하나이다. 그런데 사자에게 그 결정권이 있다고 말하는 편이 이치에 한 걸음 더 가까울 것이다. 생명이 없는 상징물인 왕관은 한낱 모자보다 나을 것이 없기 때문이다. 우리는 아론의 송아지 우상[22]이나 네부카드네자르[23]의 황금 우상을 숭배하는 어리석음을 모두가 알고 있다. 그런데 사람들은 왜 다른 사람들의 어리석은 짓을 경멸하면서도 스스로는 그런 짓을 계속하는 것일

---

20 『인권』 1부의 '잡록' 장에 나오는 대목. - 역주

21 앞선 인용에서는 누락시켰던 『인권』 1부의 대목을 여기서는 온전히 인용하고 있다. - 역주

22 모세가 계시를 받기 위해 시나이 산에 올라가 있는 동안 그의 형 아론(Aaron)이 금으로 송아지 우상을 만든 것을 말한다. - 역주

23 네부카드네자르(Nebuchadnezzar) 2세(기원전?-562년)를 말한다. 바빌로니아의 왕으로 예루살렘을 공격하여 수많은 유대인을 바빌로니아에 포로로 잡아갔다.

까?"[24] (강조는 버크가 한 것임-옮긴이)

명예혁명과 하노버가의 왕위 계승은 구 휘그가 최고의 존경심을 품는 대상이었습니다. 그들은 이 두 가지를, 그들의 선조를 이끈 냉철하고 한결같은 자유정신의 증거일 뿐만 아니라, 선조가 지혜와 선견지명을 가지고 후손을 돌본 증거라고 생각했습니다. 오늘날의 휘그는 이 사건과 행위에 관해 아주 다른 관념을 가지고 있습니다. 그들은 버크 씨가 그 왕위 계승을 보장한 의회 법령의 언어와 그 언어의 정당한 의미를 만들어냈다는 것을 부정합니다. 그들은 그가 아니라 그 법률을 공격합니다.

"(사람들이 말하기를)[25] 버크 씨는 그 조항들을 대중의 눈앞에 가져다 놓음으로써 자신의 주장이 아니라 자기 나라에 조금 기여했다. 그 조항들은 권력을 침해하려는 시도를 감시하고 권력 남용을 방지하는 것이 얼마나 항상 필요한 것인지를 잘 보여준다. 제임스 2세가 쫓겨난 범죄, 즉 **찬탈**(assumption)[26]에 의해 권력을 세

---

24  역시 『인권』 1부의 한 대목임. - 역주

25  『인권』 1부 앞부분의 한 단락을 그대로 인용하고 있는데, 이 구절은 원문에 없는 말이다. - 역주

26  assumption : 이 말은 여기서 '찬탈'과 '억지'의 두 가지 뜻을 모두 포함하는 것으로 해석할 수도 있다. - 역주

우는 범죄가 그를 내쫓은 의회에 의해 또 다른 형태로 다시 행해진 것은 약간 기이한 일이다. 이 일은 혁명 당시에 인권이 극히 불완전하게 이해되고 있었음을 보여준다. 의회가 후손의 인격과 자유를 영원히 **찬탈**하는 것에 의해 세운 권력은 (아무도 그러한 권력을 부여할 수 없었으므로 위임에 의해 그것을 가진 것도 아니고 가질 수 있었던 것도 아니기 때문에) 제임스 2세가 의회와 국민을 지배하기 위해 가지고자 했고 그로 인해 쫓겨났던 것과 마찬가지로 전제적이고 근거가 없는 것이기 때문이다. 유일한 차이는 (원리상으로는 차이가 없기 때문에) 한쪽은 살아 있는 사람들에 대한 강탈자이고 다른 쪽은 아직 태어나지 않은 사람들에 대한 강탈자라는 점이다. 그러나 한쪽이 다른 쪽보다 더 나은 권위 위에 서 있지 않기 때문에 양쪽 모두 똑같이 효력이 없고 공허한 것일 수밖에 없다."

"모든 사물의 평가가 비교에 의해 이루어지듯이, 여러 사정에 의해 그 가치 이상으로 칭송받아온 1688년 혁명 역시 그에 걸맞은 평가를 받게 될 것이다. 이성의 궤도가 확대되고 미국과 프랑스의 찬란한 혁명에 의해 1688년 혁명의 명성은 이미 이울고 퇴색했다. 또 한 세기가 지나기 전에 그것은 버크 씨의 노작과 함께 '캐퓰릿[27] 일가의 납골당으로' 갈 것이다. **그렇게 되면 인류는 자유 국가를 자처하는 어떤 나라가 네덜란드에서 어떤 사람을 데려**

　　　　　　　　　　I. 신 휘그가 구 휘그에 올리는 호소

와 그에게 권력을 주고 일부러 자신들로 하여금 그를 두려워하게 만들고는, 자신과 후손들이 영원히 노비처럼 살게 해주는 대가로 일 년에 거의 100만 파운드를 그에게 바칠 것이라고는 생각하지 않을 것이다.”[28]

　“왕은 개인적으로건 집단적으로건 (아주 확실하게도 그들이 그랬던 것처럼) 자기들 사이에서 왕에 대한 투표를 한 적이 없는 혁명협회의 선택을 경멸하면서 자신의 왕위를 지킨다고 버크 씨는 말해왔고, 그들은 당시부터 기회만 있으면 선출에 의해 왕위에 있지 않는 왕은 국민을 경멸한다고 추측한다.”[29]

　“버크 씨가 말하기를, ‘영국 국왕은 **자신의** 왕위를 (버크 씨에 의하면 그것이 국민의 것이 아니기 때문에) 혁명협회의 선택을 **경멸**하면서 유지하고 있습니다’ 등등.”[30]

---

27　캐퓰릿(Capulet) : 셰익스피어의 비극 『로미오와 줄리엣』에서 줄리엣의 가명(家名). - 역주

28　역시 『인권』 1부의 한 단락을 그대로 인용하고 있는데 마지막 문장의 강조 표시는 버크가 한 것이다. - 역주

29　이 인용문의 뒷부분 내용은 『인권』 1부에 없는 내용이다. - 역주

30　이상 두 단락 인용 내용은 『인권』 1부의 '잡록' 장에 나오는 해당 부분과 차이가 있다. 원문 내용은 다음과 같다. - 역주

"영국이나 다른 어떤 곳의 왕이 누구인지, 또는 왕이 있는지 없는지, 또는 체로키 추장이나 왕의 헤센 경기병을 그곳 사람들이 뽑는지 여부는 내가 골치를 썩는 문제가 아니다. 그들에게는 그럴지 몰라도 말이다. 그러나 인간과 국민의 권리의 원칙에 관계된 것이라면, 그것은 이 세상에서 가장 노예화된 나라에서 벌어지는 어떤 일만큼이나 가공할 문제다. 내가 그러한 전제주의에 관해 익히 들어보지 못해서 그 문제가 다른 사람의 귀보다 내 귀에 더 나쁘게 들리는 것인지 여부는 아주 잘 판단하지 못하지만, 그 끔찍한 원칙에 관해서는 나는 전혀 당황하지 않고 판단할 수 있다."[31]

---

"그는 다음과 같이 말한다. '영국 국왕은 자신의 왕위를 (버크 씨에 의하면 그것이 국민의 것이 아니기 때문에) 자기들 사이에서 개인적으로건 집단적으로건 왕의 선출을 위해 단 한 번의 투표도 한 적이 없는 혁명협회의 선택을 경멸하면서 유지하고 있습니다. 또한 국왕 폐하의 후계자들 역시 자기 시대와 순서가 되었을 때, 폐하가 지금의 왕위를 계승했을 때 그들의 선택에 대해 느낀 경멸과 똑같은 심정으로 왕위에 오를 것입니다.'"

("The King of England," says he, "holds his Crown (for it does not belong to the Nation, according to Mr. Burke) in contempt of the choice of the Revolution Society, who have not a single vote for a King among them either individually or collectively; and his Majesty's heirs, each in their time and order, will come to the Crown with the same contempt of their choice, with which his Majesty has succeeded to that which he now wears.")

31 『인권』 1부의 '잡록' 장에 나오는 한 단락을 그대로 인용하고 있다. - 역주

오늘날 휘그의 이 단체들은 오만한 언행을 한껏 자행하고 있습니다. 사람들의 마음속에서 불충과 반란을 부추기기 위해 그들은 국왕이 독일에서 통치했던 환경에서 말미암은바 전제주의의 원칙 하에 부패한 인물로 묘사하고 있습니다. 가장 널리 알려진 사실을 대놓고 무시하면서 그들은 독일에 있을 당시 그의 정부를 전제주의로 묘사합니다. 그것은 자유로운 헌정 체제이고, 그것을 통해 선거후[32]가 관할하는 주들이 그 정부에서 자기 역할을 가지고 있으며, 이 특권은 지금의 왕이나, 내가 들어온 바로는 그의 전임자 누구에 의해서도 침해당한 적이 없는데도 말입니다. 선거후 영지의 헌정 체제는 실제로 이중의 지배, 즉 제국의 법률에 의한 지배와 지역의 특권(the privileges of the country)에 의한 지배로 이루어집니다. 왕이 선거후로서 누리는 권리는 무엇이든 항상 나라의 어버이처럼 행사해온 것이므로 이 가증스러운 단체들의 중상은 억압에 대한 일률적 불평에 의해 그 정당성을 인정받지 못한 것입니다.

"버크 씨가 '국왕 폐하의 후계자들 역시 자기 시대와 순서가 되면 폐하가 지금의 왕위를 계승했을 때 그들의 선택에 대해 **느낀**

---

32 선거후(選擧侯) : 신성로마제국에서 1356년에 황금문서에 의해 독일 황제의 선거권을 가졌던 일곱 사람의 제후. 늑선제후. - 역주

**경멸과 똑같은 심정**으로 왕위에 오를 것입니다'라고 말할 때, 그 것은 이 나라에서 가장 겸손한 사람에게조차 아주 과도한 말이 다. 그가 날마다 하는 노동의 일부가 일 년에 100만 파운드를 만 드는 데 기여하고, 나라에서는 왕이라 부르는 개인에게 그것을 바치기 때문이다.

오만한 정부가 전제주의 정부다. 그런데 여기에 경멸이 더해 지면, 그것은 더욱 나쁜 정부가 된다. 또한 그 경멸 때문에 치러 야 하는 대가는 도를 넘어선 노예제다. 이러한 종류의 정부는 독 일이 원산지인데, 최근 전쟁에서 미국인들에게 포로로 잡힌 브 라운슈바이크 출신의 병사 한 사람이 내게 들려준 이야기를 떠오 르게 한다. 그 병사는 이렇게 말했다. '아! 미국은 훌륭하고 자유 로운 나라이고, 국민이 충성을 바쳐 싸울 만한 나라입니다. 내 나 라는 내가 알기 때문에 나는 두 나라의 차이를 압니다. 내 나라에 서는 **만일 왕자가 지푸라기를 먹으라고 하면 우리는 지푸라기를 먹습니다.' 영국이 됐든, 다른 나라가 됐든, 독일식 정부 원리와 브라운슈바이크 왕자들**에 의해 그들의 자유가 지켜져야 하는 저 나라를 신께서 구원하시기를! 하고 나는 생각했다."[33] (강조는 버크 가 한 것임-옮긴이)

---

33 『인권』 1부의 '잡록' 장에 나오는 한 단락을 그대로 인용하고 있다. - 역주

"영국 사람들은 왕에 관해 말하는 습관이 있어왔지만 그것은 항상 외국 혈통의 왕에 관한 것이었다는 사실, 그리고 외국인을 싫어하면서도 그들에 의해 통치된다는 사실을 알아차리는 것은 별난 일이다. 그것이 지금은 독일의 하찮은 종족 중 하나인 브라운슈바이크 혈통이다."[34]

"만일 정부가 버크가 설명하는 대로 '인간 지혜의 고안물'이라면, 나는 그에게 이렇게 물을 수 있다. 영국의 지혜가 형편없는 상태에 있어서 네덜란드나 하노버로부터 지혜를 수입하는 것이 필요했다는 말인가? 그러나 나는 그것이 사실이 아니었다고 말해야 이 나라를 공정하게 보는 것이 된다. 또한 설사 상황이 그랬다고 할지라도, 그것은 사태의 본질을 잘못 파악한 것이었다. 모든 나라의 지혜는, 적절히 발휘되기만 하면, 그 나라가 이루고자 하는 모든 목적을 충분히 감당할 수 있다. **또한 영국이 네덜란드 총독이나 독일의 선거후를 불러들일 만한 실질적 상황이 있을 수 없었던 것은** 미국이 그와 비슷한 상황을 맞아보지 않았던 것과 **마찬가지다.** 만일 어떤 나라가 자국의 공무를 이해하지 못한다면, 그 나라의 법률도 관습도 언어도 모르는 외국인이 어떻게 그것을 이해한다는 말인가? 만일 다른 모든 이들을 훨씬 뛰어넘을

---

34 『인권』 1부의 '잡록' 장에 나오는 한 단락을 그대로 인용하고 있다. - 역주

만큼 지혜로운 어떤 사람이 있어서 그의 지혜가 한 국민을 다스리는 데 필요하다면, 군주제의 존재 이유가 있을지도 모른다. 그러나 우리가 한 나라로 눈을 돌려서 그 나라의 모든 부분에서 그 자체에서 해야 할 일을 어떻게 이해하고 있는지 살펴보면, 그리고 우리가 세계를 두루 보면서 그 안의 모든 사람 가운데 왕들의 족속이 능력 면에서 가장 보잘것없는 축에 속한다는 사실을 알게 되면, 우리의 이성은 스스로에게 이렇게 묻지 않을 수 없다. 무엇 때문에 저 인간들을 저 자리에 계속 두는가?"[35](강조는 버크가 한 것임-옮긴이)

이것이 바로 휘그 원칙의 이념 하에서 몇몇 개인이, 그리고 그 중에서도 꽤 대단한 몇몇 저명인사가 선전에 가담해온 관념들입니다. 저는 그들에게 일말의 반박도 할 생각이 없습니다. 이 논박은 아마도 (만일 그러한 글이 사법 제도에 의한 반박 이외에 조금이라도 할 만한 가치가 있다고 생각된다면) 버크 씨와 의견을 같이하는 사람

---

35 몇몇 단체에서 추천한 『인간의 권리 옹호(Vindication of the Rights of Men)』.

메리 울스턴크래프트(Mary Wollstonecraft, 1759-1797)의 저서(1790)를 지칭하는데 울스턴크래프트의 위 저서에는 이 인용문 내용이 없다. 버크가 착각한 것으로 보인다. 이 역시 『인권』 1부의 '잡록' 장에 나오는 한 단락을 그대로 인용한 것이다. 메리 울스턴크래프트는 영국의 작가, 철학자이자 여권 운동가로 『여성의 권리 옹호(Vindication of the Rights of Woman)』(1792)가 대표 저서이다. - 역주

I. 신 휘그가 구 휘그에 올리는 호소

들에 의해 이루어질 것입니다. 버크 씨는 자기 몫의 일을 수행했습니다.

# 5.
## 프랑스혁명의 다수 개념과
## 국민 개념의 올바른 이해

저는 이 생산적 주제에서 사방팔방으로 가지와 잔가지를 치는 다양한 토론들 모두에 깊이 들어가고 싶지는 않습니다. 그러나 제 계획을 넘어서서 조금 깊이 들어가는 것을 양해받고 싶은 토론 주제가 한 가지 있습니다. 우리 가운데에서도 현재 아주 분주한 당파들은 사람들로부터 그들의 나라에 대한 모든 사랑을 빼앗고 그들의 마음에서 국가와 관련된 모든 의무를 제거하기 위해 **국민**(people)이 그들의 국가(commonwealth)를 형성할 때 그것에 대한 그들의 지배권을 내어준 적이 전혀 없다는 견해를 기를 쓰고 선전하고 있습니다. 이것은 난공불락의 요새여서 이 신사 분들은 법률과 관습과 실제적 관례의 공격을 받을 때마다 이곳으로 퇴각합니다. 참으로 이것은 그만큼 아주 엄청난 힘을 지닌 것이어서 그들이 자신들의 바깥쪽 보루(outworks)를 지키면서 해온 일이란 아주 많은 시간과 노동을 허비하는 것이었습니다. 그들의 계획 중 어떤 것에 관해 토론하든 그들의 대답이란 그것이 **국민**의 행동이라는 것이며, 그게 다입니다. 만일 그렇게 하는 것이 그들의 기쁨이라면, 국민 **다수**에게 심지어 그들 사회의 전체 틀을 바꾸는 권리를 허락하지 않을 수 있겠습니까? 그들은 오늘 그것을 군주국에서 공화국으로, 내일은 공화국에서 군주국으로 바꿀 수 있고, 그들이 바라는 대로 그렇게 빈번히 어느 쪽으로든 바꿀 수 있다고 말합니다. 그들이 국가의 주인이고, 실질적으로 그들 자신이 국가이기 때문이라는 것입니다. 프랑스혁명은 국민 다수의 행동이었고, 만일 다른 어떤 국민의 다수가, 예컨대 영국 국민이 그와 똑같은 변화를 원한다면 그들 역시 똑같은 권리가 있다고 그들은 말합니다.

의심할 바 없이 그렇기도 하지만, 전혀 그렇지 않기도 합니다. 임무, 신뢰, 약속, 의무와 관련된 문제는 어느 것에서나, 소수든 다수든 그저 자기 마음대로 행동할 권리가 없습니다. 한 나라의 헌정 체제는 암묵적으로든 명시적으로든 어떤 계약에 의해 일단 결정되면, 그 약속의 파기나 모든 정당의 동의 없이는 그것을 변경할 수 있는 힘을 지닌 권력은 없습니다. 이러한 것이 바로 계약의 본질입니다. 또한 그들의 악명 높은 아첨꾼들이 그들의 마음을 타락시키기 위해 무엇을 가르치건 간에 국민 다수의 투표가 도덕률을 바꿀 수 없는 것은 그들이 사물의 물질적 본질을 바꿀 수 없는 것과 마찬가지 이치입니다. 국민은 그들의 통치자들에 대한 그들의 약속을 가벼이 여기라고 배워서는 안 됩니다. 그렇지 않으면 그들은 통치자들에게 그들에 대한 약속을 통치자들이 가벼이 여기라고 가르치는 꼴이 됩니다. 그런 종류의 게임에서는 결국 국민이 반드시 패배자가 됩니다. 국민에게 신의와 진실과 정의를 경멸하라고 아첨을 떠는 것은 그들을 망쳐놓는 것입니다. 이 덕성을 통해 그들의 안전이 온전히 보장되기 때문입니다. 어떤 사람에게든, 또는 어떤 부류의 사람에게든 다른 어떤 사람은 약속에 얽매여 있는 반면에 그나 그들은 그것에서 자유롭다고 아첨을 떠는 것은, 결국은 도덕의 규칙을 도덕의 규칙에 엄격히 복종해야 하는 사람들의 쾌락에 가져다 바치는 것이고, 세계의 지고의 이성을 유약하고 경박한 사람들의 변덕에 복종시키는 것입니다.

그러나 우리 가운데 아무도 공적이거나 사적인 신의 또는 도덕적 의무의 다른 모든 유대 없이는 살 수 없습니다. 우리 중 얼마나 많은 사람이 됐든 그것은 마찬가지입니다. 그런데 그 많은 수의 사람이 죄악에 관여했고, 그 죄악을 칭찬받을 만한 일로 전환하기는커녕 그 죄악의 양과 강도를 증가시키기만 합니다. 저는 사람들이 자신의 권력에 관해 듣는 것을 좋아하지만 자신의 의무에 관해 듣는 것을 아주 싫어한다는 것을 잘 알고 있습니다. 이는 말할 필요도 없습니다. 모든 의무는 어떤 권력을 제한하는 것이기 때문입니다. 실제로 방자한 권력은 천박한, 모든 종류의 천박한 사람들의 저열한 취향에 아주 잘 영합하기 때문에 국가를 갈기갈기 찢어놓는 거의 모든 알력은 그 권력이 행사되는 방식과 관계되어 있지 않고 그 권력을 소유한 주인과 관계되어 있습니다. 그들이 그 권력을 다수에게 귀속시킬 것인지 소수에게 귀속시킬 것인지 원하는 것은, 그들 자신이 이런저런 방식으로 그 방자한 권력의 행사에 참여할 수 있는지를 상상하는 가능성에 대부분 달려 있습니다.

사람들에게 권력을 갈망하도록 가르칠 필요는 없습니다. 그러나 사람들이 도덕적 가르침에 의해 교육받고, 국가의 사회제도에 의해 권력의 과도한 행사와 과도한 욕망에 많은 제한을 가하도록 강제되는 것은 매우 적절한 일입니다. 이 두 가지 중대한 점을 성취하는 가장 좋은 방법은 진실한 정치인에게 중요하면서도 어려운 문제를 만들어줍니다. 그는 다름 아닌 정치권력의 유익한 제한과 사려 깊은 방침을 다소간 현실화하는 데 주의를 기울이면서 정치권력이 놓여야 할 자리에 관해 생각합니다. 이러한 이유 때문에 세계의 모든 시대의 어떤 입법자도 실제 권력의 자리를 다수의 지배하에 선뜻 놓아두지 않았습니다. 그 자리에서는 권력이 어떤 통제도, 어떤 규제도, 어떤 한결같은 방침도 받아들이지 않기 때문입니다. 국민은 권위에 대한 자연적 통제 주체입니다. 그러나 권력을 행사하면서 동시에 통제하는 것은 모순된 일이고 불가능한 일입니다.

대중의 지배 하에서는 과도한 권력 행사가 효과적으로 제한될 수 없는 것과 마찬가지로 정치제도의 다른 큰 목적, 즉 권력에 대한 과도한 욕망을 경감시키는 수단을 그러한 상태에서는 훨씬 더 마련하기가 어렵습니다. 민주주의 국가는 음식을 많이 가지고 야망이라는 아이를 돌보는 유모입니다. 다른 형태의 국가 하에서는 야망이 많은 제한을 당합니다. 민주주의의 토대를 지닌 국가에서는 입법자들이 야망에 제한을 두려고 했을 때마다, 그들이 쓰는 방법이 결국 효과적이지 않은 만큼이나 폭력적이었고, 자기 것을 지키는 데 더없이 급급한 전제주의가 만들어낼 수 있는 것만큼이나 참으로 폭력적이었습니다. 배척은 아주 오랫동안 스스로를 지킬 수 없었고, 그것이 지키려고 한 국가를, 강력한 민주주의가 근친교배로 낳을 수밖에 없었던 불치의 급성 전염병[1] 중 하나인 야망에서 비롯한 살해 기도로부터 지킬 수 없었던 것은 말할 것도 없습니다.

이 여담은 이제 그만할 터이지만, 이것은 그들 단체의 형태나 존재에 기반을 둔 다수 의지의 영향력 문제와 완전히 동떨어진 일은 아닙니다. 저는 시민사회가 도덕적 지배의 영역 안에 있다고 생각하면서 모든 사람에게, 만일 우리가 시민사회에 어떤 의무를 지고 있다면 그것은 우리의 의지에 달려 있는 것이 아니라

---

1   급성 전염병(distemper) : 특히 개와 고양이가 잘 걸리는 전염병을 말한다. - 역주

는 사실을 진지하게 숙고해줄 것을 천만 번이라도 권고하고 싶습니다. 의무는 자발적으로 하는 것이 아닙니다. 의무와 의지는 모순되는 말이기조차 합니다. 그렇다면 시민사회가 처음에는 자발적 행동에서 비롯되었다 할지라도 (많은 경우에 의심할 바 없이 그랬습니다) 그것이 계속되는 것은 그 사회와 공존하는 영속적 계약 하에서 가능합니다. 또한 그 계약은 개인 스스로의 어떤 공식적 행동 없이도 그 사회의 모든 개인에게 적용됩니다. 이것은 인간의 보편적 양식으로 만들어지는 일반적 관행에 의해 정당화됩니다. 사람들은 스스로 선택하지 않고도 그러한 유대로부터 이득을 취하고, 스스로 선택하지 않고도 이 이득의 결과로 의무에 복종하며, 스스로 선택하지 않고도 실재하는 다른 어떤 것만큼이나 현실적인 의무에 구속받게 됩니다. 삶의 전체 모습과 의무의 전체 체계를 잘 살펴봅시다. 대개 가장 강력한 도덕적 의무는 우리의 선택의 결과가 아니었습니다. 만일 도덕률을 만들어내고 강제할 만큼 강력한 최고 통치자가 존재하지 않는다면, 우세한 권력의 의지에 맞서 사실상의 또는 실제적인 어떤 계약을 재가하는 것은 불가능하다는 것을 인정합니다. 그러한 가정 위에서는, 자신의 의무를 무시할 만큼 강력한 사람들에게는 그 의무가 더는 의무이지 않을 것입니다. 우리는 이 막강한 권력에 다음과 같은 한 가지 호소를 할 수밖에 없습니다.

만일 그대들이 인간 종족과 치명적 무기를 우습게 본다면,

옳고 그름을 잊지 않으시는 신들을 생각하십시오.

(Si genus humanum et mortalia temnitis arma,

At sperate Deos memores fandi atque nefandi.)[2]


저는 파리 철학(the Parisian philosophy)의 신봉자들에게 이 글을 쓰지 않는다는 점을 당연히 전제하면서, 우리의 경외로운 창조주가 바로 존재의 질서 안에서 우리가 머무는 장소의 창조자이고, 그분이 우리의 의지가 아니라 그분의 의지에 따라서 성스러운 방책으로 우리에게 알맞은 자리를 배분하고 우리를 안내하며, 그 처분 안에서, 그리고 그 처분에 의해 우리에게 할당된 그 자리에 해당하는 역할을 우리가 하도록 사실상 복속시켰다고 생각합니다. 우리에게는 인류 전체에 대한 의무가 있는데, 그것은 어떤 특수한 자발적 계약의 결과가 아닙니다. 그것은 인간과 인간의 관계, 그리고 인간과 신의 관계에서 비롯되는 것이며, 이 관계는 선택할 수 있는 것이 아닙니다. 그와는 반대로 우리가 인간

---

2 베르길리우스, 『아이네이스』 1권, 542-543행.
베르길리우스(푸블리우스 베르길리우스 마로 : Publius Vergilius Maro, 기원전 70년-기원전 19년)는 로마의 국가 서사시 『아이네이스』의 저자이다. 로마의 시성이라 불릴 만큼 뛰어난 시인이자 전 유럽의 시성으로 추앙받게 되는 시인으로 단테가 저승의 안내자로 그를 선정할 만큼 위대한 시인이었다. - 역주

가운데에서 어떤 특정 개인이나 여러 사람들과 온갖 계약을 맺게 하는 힘은 그러한 우선적 의무에서 나옵니다. 어떤 경우에는 그 종속적 관계가 자발적이지만, 다른 경우에는 그것이 필연적입니다. 그러나 의무는 모든 경우에 강제적입니다. 우리가 결혼을 할 때 그 선택은 자발적이지만, 그에 따르는 의무는 선택의 문제가 아닙니다. 그 의무는 그 상황의 본질의 지시를 받습니다. 우리가 이 세상으로 들어오는 길은 신비스럽고 불가사의합니다. 자연의 이 신비스러운 과정을 낳는 천성은 우리가 만들어내는 것이 아닙니다. 우리에게 알려져 있지 않은, 아마도 우리가 알 수 없는 물질적 원인으로부터 도덕적 의무가 발생합니다. 우리는 그 의무를 완전히 이해할 수 있기 때문에 반드시 수행해야 합니다. 부모는 자신의 도덕적 관계에 동의하지 않을 수도 있지만, 동의하건 하지 않건 간에 그들은 자신이 어떤 종류의 관련된 관습도 만든 바 없는 사람들에게 길게 이어진 힘든 의무의 유대 관계에 묶여 있습니다. 아이들 역시 자신이 맺은 관계에 동의하지 않을 수 있지만, 그들이 맺은 관계는 그들의 실제 동의 없이도 그들을 그 관계의 의무에 묶어둡니다. 달리 말하자면 그 관계가 그들의 동의를 암시하는 것인데, 모든 합리적 존재의 추정된 동의는 미리 만들어져 있는 사물의 질서와 일치하기 때문입니다. 사람은 그러한 방식으로, 모든 혜택을 부여받고 자신의 상황에 따른 모든 의무를 짊어진 자기 부모의 사회적 상태를 지닌 채 공동체에 들어옵니다. 만일 국가의 기본 요소인 그러한 물질 관계에서 만들어지는 사회적 유대와 결속이 우리의 의지와 무관하게, 그래서 우리가 만드는 어떤 계약도 없이 대부분 경우에 시작되고 항상 계속된다면, 우리는 우리의 나라라 불리는 그 관계에 매여 있게 되고, 우리의 나라는 (이제까지 적절히 언급된 바처럼) '모든 사람에 대한 모든 자선 행위[3]'를 의미하게 됩니다. 그렇지 않다면 이 의무는 끔찍하고 강압적이기 때문에 우리는 이 의무를 우리에게 소중하고 감사한 것으로 만드는 강력한 본능을 상실하게 됩니다. 우리나라는 단지 물질적 장소인 것만은 아닙니다. 우리나라는 우리가 태어나 속하게 되는 유구한 질서로 대부분 이루어져 있습니다. 우리는 똑같은 지리적 환경을 가질 수는 있지만, 다른 나라를 가질 수는 없습니다. 이것은 우리가 같은 나라에서 서로 다른 토양을 가질 수 있는 것과 마찬가지입니다. 우리나라에 대한 우리의 의무를 결정하는 장소는 사회적·시민적 관계입니다.

이것은 제가 그 대의명분을 옹호하는 바로 그 저자의 견해입니다. 저는 논쟁을 통해 그것을 다른 사람들에게 강요하기 위해서가 아니라 그가 지금 하고 있는 일을 설명하기 위해 그것을 제시합니다. 그 견해에 입각하여 그는 행동합니다. 또한 그 견해로부터 그는 모든 사람이 자기 부모의 몸에서 나옴으로써 그 특정

---

3  Omnes omnium charitates patria una complectitur. 키케로.

부모에 대한 의무를 약속하는 것과 마찬가지로, 그가 어떤 공동체에 태어남으로써 그 공동체와 맺게 되는 그 최초의 약속을 벗어던질 수 있는 권리를 (모든 규칙을 초월하는 필요성이 부여가 아닌 부과를 하는 경우를 제외하고는) 그도 다른 어떤 사람도 다른 다수의 사람들도 갖지 못한다는 사실을 확신합니다. 모든 사람이 놓인 장소가 그의 의무를 결정합니다. 만일 당신이 **"신이 네게 무엇이 되라고 명했는가?**(Quem te Deus esse jussit?)"라고 묻는다면, 당신은 이 다른 의문을 해결할 때 그 답을 들을 것입니다. **"인간 세상의 어느 곳에 네가 배치되어 있는가?**(Humana qua parte locatus es in re?)"**[4]**

---

4  페르시우스(Aulus Persius Flaccus, 34~62) 『풍자시(Satires)』 속의 몇 구절은 도덕에 관한 연구의 모든 목적을 훌륭하게 요약하고 있고, 우리의 탐구 결과를 암시해줍니다. 즉, 거기에 인간의 의지는 있을 자리가 없습니다.

  "우리가 누구인지, 어떤 삶을 살기 위해 태어났는지, 어떤 장소가 애초에 우리에게 배정되었는지, 어떻게 반환점을 부드럽게 돌아야 하는지, 그리고 어떤 지점에서 방향 전환을 시작해야 하는지, 어떤 한계까지 부를 누려도 되는지, 어떤 기도를 마땅히 드려야 하는지, 새로 주조된 동전에 무슨 장점이 있는지, 시골과 네 친절한 친척 집에서 얼마나 많은 시간을 보내야 하는지, 신이 네게 무엇이 되라고 명했는지, 그리고 인간 세상의 어느 곳에 네가 배치되어 있는지 알아야 한다."

  ("Quid sumus? et quidnam victuri gignimur? ordo
  Quis datus? et metae quis mollis flexus et unde?
  Quis modus argento? QUid fas poptare? Quid asper
  Utile nummus habet? Patriae charisque propinquis

저는 다른 모든 일과 마찬가지로 도덕 문제에서도 어려운 일이 때때로 일어난다는 것을 참으로 인정합니다. 의무는 때때로 서로서로 교차되곤 합니다. 이때 그중 어떤 것이 하위에 놓이고 어떤 것은 다른 것으로 완전히 대체되어야 하는가 하는 문제가 발생합니다. 이러한 의문이 도덕학에서 **결의론**이라 불리는 분야를 낳습니다. 이 학문은 제 생각에 키케로가 어디선가 **의무의 기술자**(artifices officiorum)라 부르는 사람이 되는 것을 목표로 하여 이 분야의 전문가가 되고자 하는 사람들이 잘 공부할 필요가 있지만, 이 분야는 아주 견실하고 분별력 있는 판단력, 대단한 겸손과 주의력, 그리고 문제를 다루는 무척이나 냉철한 사고방식이 필요합니다. 그렇지 않으면 그것은 계통을 세우고 조화시키는 것이 유일한 목적인 그것의 임무를 완전히 망쳐놓을 위험성이 있습니다. 그렇게 되면 의무는 그 극단의 한계까지 아주 미세하게 쪼개져 거의 사라질 지경이 됩니다. 그러한 상태에서는 일말의 의문이 항상 이 문제에 남게 되고, 그러면 그 문제들은 아주 섬세

---

Quantum elargiti debeat?--Quem te Deus esse
Jussit?--et humana qua parte locatus es in re?")

---

이것은 고대 로마의 시인 페르시우스의 『풍자시』 3편 67-72행이다. 페르시우스는 스토아 사상을 신봉하여 신이나 영혼의 관념을 조소하고 인간의 예지와 덕을 강조했으며, 6편 650행으로 이루어진 풍자시를 남겼다. - 역주

하게 탐구됩니다. 그러나 이러한 극단적 경우에 관해 말하는 습관은 아주 칭찬할 만하거나 안전한 것이 아닙니다. 일반적으로 말해서 우리의 의무를 의문으로 만드는 것은 옳지 않기 때문입니다. 우리의 의무는 우리의 기발한 재주를 발휘하게 하는 것이 아니라 우리의 행동을 통제하도록 되어 있습니다. 따라서 그것에 관한 우리의 견해는 불안정한 상태가 아니라 꾸준하고 확실하며 단호한 상태에 놓여 있어야 합니다.

이렇게 좋지만, 그래서 위험한 결의론의 논점 가운데에서 국민이 관습적 위임에 의해 자신들의 본래 권력을 내어준 뒤에 그것의 회복을 정당화할 만한 기회가 아마도 오지 않을 것이라는 의구심이 오늘날 아주 많이 부추겨지고 있다고 여겨집니다. 이 정도의 의구심은 긍정하기도 부정하기도 아주 힘듭니다. 그러나 저는 어떠한 기회도 그러한 회복을 정당화할 수 없고, 그러한 회복이 다른 어떤 도덕적 의무도, 아마도 모든 도덕적 의무에 대한 면제도 똑같이 인정하지 않을 것이라는 것에 만족합니다. 하지만 만일 언제든 죄악이 될 수밖에 없는 그러한 그릇된 행위의 적법성을 판단하는 것이 일반적으로 쉽지 않다면, 국민에게 그러한 권력을 회복해주는 것의 위태로운 결과를 예견하는 것은 전혀 어렵지 않습니다. 모든 정치적 신조의 실제 결과는 그 가치를 결정하는 데에 크게 도움이 됩니다. 그 결과는 선 또는 악에 관계되어 있습니다. 결과적으로 악을 생산할 것 같은 것은 정치적으로 잘못된 것입니다. 즉, 선한 것을 만들어내는 것이 정치적으로 참된 것입니다.

따라서 그것이 이론상으로는 적어도 아주 어렵고 실제상에서는 아주 중대한 문제라고 믿는다면, 우리는 우리의 주문이 오랜 어둠과 잠에서 불러내게 될 것이 어떤 형태의 것일지 확신할 수 있게 될 것입니다. 우리가 그것을 확장하거나 제한하려 하기도 전에 국민의 지고의 권위가 의구심의 대상이 되면, 우리는 우리가 국민이라 말할 때 의미하는 바의 개념을 우리 마음속에서 어느 정도 명확하게 확립해야 합니다.

**미개한** 자연 상태에서는 국민과 같은 것은 존재하지 않습니다. 다수의 인간 그 자체만으로는 집단적 능력이 없습니다. 국민이라는 개념은 법인 개념입니다. 그것은 전적으로 인공적인 개념이며, 다른 모든 법적 의제[5]와 마찬가지로 공동의 합의에 의해 만들어집니다. 그 합의의 특정한 성격은 그 특정 사회의 형성 결과인 그 형태로부터 추론할 수 있습니다. 다른 어떤 것도 **그들의** 계약이 아닙니다. 따라서 인간이 국가에 법인의 형태와 능력을 부여하는 본래의 계약이나 합의를 깨어버리면 그들은 더는 국민

---

5　법적 의제(法的 擬制, legal fiction) : 본질은 같지 않지만 법률에서 다룰 때는 동일한 것으로 처리하여 동일한 효과를 주는 일. 민법에서 실종 선고를 받은 사람을 사망한 것으로 보는 것 또는 회사를 인격화하여 법인으로 하는 따위를 말한다. – 역주

이 아니고, 더는 법인이 아니며, 그들에게 귀속되어 있던 법의 효력도, 외국에 인정을 요구할 권리도 더는 갖지 못합니다. 그들은 성격이 불명확한 다수의 개인일 뿐입니다. 이런 사람들과는 모든 것을 다시 시작해야 합니다. 아아! 그들은 자신들이 진정한 정치적 개성을 지닌 하나의 무리로 형성하기까지 얼마나 많은 고단한 단계를 거쳐야 했는지 거의 알지 못합니다.

우리는 자신들의 사고의 심오함으로부터 주장의 견고함을 획득하지 못한 사람들에게 프랑스에서 벌어진 유구한 사회의 파국에서와 같은 **다수**의 전능함에 관해 많은 말을 듣습니다. 그러나 그렇게 해산된 사람들 가운데에는 다수나 소수 같은 것 또는 어떤 한 사람이 다른 사람을 모을 수 있는 권력은 있을 수 없습니다. 그 이론가 신사 분들이 그 권력의 원천인 계약을 (만일 그 계약이 존재하기라도 한다면) 어긴 뒤에 아주 주저 없이 당연시하는 것으로 보이는, 다수에 의해 실행되는 권력은 두 가지 가정 위에 놓여 있어야만 합니다. 첫째, 만장일치에 의한 결합이라는 가정, 그리고 둘째, 단순 과반수(한 무리의 다수를 말합니다)의 행동이 그 다수뿐만 아니라 다른 사람들에게도 전체의 행동으로 통할 것이라는 가정.

우리는 습관적인 것에 충격을 거의 받지 않기 때문에 **다수결**이라는 이 개념을 마치 우리 원래의 본성(nature)의 법칙인 것처럼 생각합니다. 그러나 한쪽에만 존재하는 그러한 추정은 모두

인위적 결합의 원리 위에 만들어져 왔고 만들어질 수 있는 실정법의 가장 폭력적인 허구 중 하나입니다. 시민사회를 벗어나면 우리의 본성은 다수결을 모릅니다. 심지어 시민 질서에 따라 이루어진 사회에서도 아주 오랫동안 훈련받지 않으면 인간은 다수결에 전혀 승복하지 않습니다. 사람의 마음은 모든 사람이 숙의에 참여하는 의회에서 승리하는 다수에게 투표할 때보다 국가에 대한 전반적 위임 권한을 가지고 행동하는 한 사람 또는 소수의 일련의 행동을 훨씬 더 쉽게 묵인하게 됩니다. 왜냐하면 다수결을 통해 패배한 정당은 앞선 논쟁 때문에 몹시 짜증나고 언짢은데다 결정적 패배 때문에 굴욕감을 느끼기 때문입니다. 이 다수결이라는 결정 방식은 대립하는 의지가 아주 거의 호각인데, 상황에 따라 소수가 더 강한 세력이며, 분명한 근거가 완전히 한쪽에만 있고, 다른 쪽에는 충동적 욕구밖에는 없을 경우에 성립할 수 있습니다. 이 모든 점을 충족해야 하는 다수결은 오랜 복종의 습관에 의한 일종의 사회 기율에 의해, 그리고 이런 종류의 추정적[6] 일반 의지를 집행하기 위한 불변의 영구적 권력을 부여받은 강력한 지도자에 의해 사후 승인을 받는 매우 특수하고 특별한 관습의 결과일 수밖에 없습니다. 법인의 정신은 적극적 조정과

---

6   추정(推定) : 확실하지 않은 사실을 그 반대 증거가 제시될 때까지 진실한 것으로 인정하여 법적 효과를 발생시키는 일. - 역주

I. 신 휘그가 구 휘그에 올리는 호소

아주 긴밀히 연관된 것이어서 몇몇 국가에서는 그들의 몇몇 법령의 효력을 보장하기 위해 단순 과반수의 목소리보다 훨씬 더 높은 지지율을 필수화했다고, 과연 어느 기관에서 단언할 수 있겠습니까. 이 비율은 아주 전적으로 관습에 지배받는 것이어서 일부 경우에는 소수가 결정권을 갖습니다. 많은 나라에서 **유죄 선고**에 관한 법률은 단순 과반수 이상을, **무죄 선고**에는 동수 이하를 요구합니다. 우리의 재판에서는 유죄 선고건 무죄 선고건 만장일치가 필요합니다. 일부 단체에서는 한 사람이 전체를 대표해서 발언하고 다른 단체에서는 소수가 대표합니다. 최근까지도 폴란드 헌정 체제에서는 그들의 대단한 국회의 어떤 법령에건 효력을 부여하기 위해서는 만장일치가 요구되었습니다. 이것은 다른 어떤 나라의 제도보다도 미개한 자연 상태에 훨씬 더 가까운 것입니다. 그렇기 때문에 실제로 모든 국가에서는 전체의 의지를 특정 숫자로 인정하는 실정법을 가지고 있어서는 안 되는 것입니다.

만일 인간이 자신들의 공동체를 새로 만들기 위해 예로부터의 결합을 해체한다면, 그러한 상태에서는 각자가 원하기만 한다면 개인으로 존재할 수 있는 권리를 갖습니다. 그러한 상태에 동의할 수 있는 개인이라면 그 수가 얼마가 됐든 스스로 완전히 독립된 상태가 될 수 있는 권리를 틀림없이 갖습니다. 만일 이들 중 누구라도 다른 사람과 친분을 맺도록 강요당한다면, 그것은 정복이지 계약이 아닙니다. 사회가 자유로운 계약에 의해 존립한다고 생각하는 모든 원리에서 볼 때, 이 강제 결합은 무효일 수밖에 없습니다.

국민이 보편적 동의 없이 법인 지위의 권리를 가질 수 없듯이, 법인의 이름으로 어떤 국토도 배타적으로 소유할 권리를 갖지 못합니다. 지금처럼 다시 만들어진 우리의 이웃 나라의 현재 통치자들의 책략 위에서는 그들이 프랑스라 불리는 영토에 대한 권리를 갖지 못하는 것은 제가 그러지 못하는 것과 마찬가지입니다. 저는 제가 찾아내는 아무 주인도 없는 장소에 제 천막을 칠 권리가 있습니다. 또한 저는 그들의 소유가 아닌 땅의 어떤 부분에 대해서도 제 소유를 주장할 수 있습니다. 저는 새로운 결합에 대한 동의를 거부하는 어떤 개별 소유주의 (그리고 대부분 소유주들은 그들이 할 수 있는 한 그것을 거부했습니다) 집이나 포도밭을 구입할 수 있습니다. 저는 그런 사람의 독립된 장소에 자리 잡습니다. 스스로를 프랑스 국민이라 부르면서 자연의 이 공정한 영토를 독점하려 하는 이 오만한 사람들은 누구입니까? 그들이 어떤 은어를 말하기 때문입니까? 그것은 제가 알아듣지 못하게 그들이 제 땅의 소유권을 주장하면서 수다를 떠는 방식일까요? 저는 들어볼 수도 없었고 그들 100명 중 99명도 필시 들어본 적이 없었을, 프랑크족이니 부르고뉴족이니 서고트족이니 하는 특정 도적떼로부터 내려오는 오랜 관행과 세습에 의한 권리를 주장하면서, 동시

I. 신 휘그가 구 휘그에 올리는 호소

에 제게는 오랜 관행과 세습이 소유권을 만들어내지 못한다고 말하는 사람들은 과연 누구일까요? 허구적 존재가 아닌 자연인인 개인에게 제가 구입한 땅이, 그들이 주장하는 바로 그 능력 면에서 상상의 존재로서만, 그리고 그들이 거부하고 부정하는 바로 그 관행에 의해서만 존재할 수 있는 자신들의 것이라고 주제넘게 주장하는 그들은 과연 누구입니까? 이러한 주장 방식이 모든 세부에까지 밀어붙여지면, 그들의 원칙과 그들 스스로 적절한 위치에 서 있다고 생각해온 토대 위에서는 뻔뻔하게도 스스로를 국민이라 부르는 도버 해협 건너편 사람들의 무리가 그 땅의 적법한 배타적 소유자가 될 수 없다는 사실을 전혀 의심하지 않게 됩니다. 그들이 편견 없는 추론이라 부르는 것에 의해 그들은 인간 사회의 구조 속에서 하나의 돌 위에 다른 돌을 얹어놓지 못합니다. 그들은 자신들이 파괴한 것뿐만 아니라 자신들이 지니고 있는 모든 권위를 뒤집어엎습니다.

이상의 개괄에서 보듯이, 시민사회의 상태를 벗어나면 다수와 소수는 존재할 수 없는 관계이고, 시민사회에서는 각각의 결합의 특정 관습이 국민을 구성하는 요소를 결정하여 그들의 행위가 보편 의지의 의미가 되도록 만든다는 것이 지극히 분명합니다. 특정 지역을 들어 말하자면, 프랑스에서나 영국에서도 명시적으로건 암묵적으로건 본래의 또는 차후의 어떤 국가 계약을 통해 **국가의 우두머리가** 몇몇 공동체의 능동적 국민이 될 것을 **명하는**

**다수의 인간을** 구성한 바가 없었다는 사실 또한 분명합니다. 또한 저는 그 책임자의 명을 받은 다수의 인간이 국민으로 간주되어야 하고 그들의 의지가 곧 법이어야 한다는 원칙을 세우는 데 어떤 현명함이나 효용성 또는 권리도 있다고 보지 않습니다. 모든 정치적 원칙에 대한 반항 속에서 만들어진 제도에서 무슨 정책이 발견될 수 있겠습니까? 사람들을 국민의 무게와 성격을 가지고 활동할 수 있게 해주기 위해서는, 그리고 그들이 그러한 지위로 통합되도록 하는 목적에 부응하기 위해서는 더 현명하고 더 전문적이며 더 부유한 사람들이 더 약하고 지식이 부족하고 재산이 풍족하지 못한 사람들을 안내하고 그 안내를 통해 일깨우고 보호하는 관습적 사회 기율의 상태에 (즉각적이거나 중대한 수단에 의해) 그들이 놓여 있다고 우리는 생각해야 합니다. 일반 대중이 이러한 기율 하에 놓여 있지 않으면, 그들은 시민사회에 있다고 말할 수 없을 것입니다. 한 나라 안에 다양한 조건과 환경을 낳는 어떤 사물의 구조를 일단 부여하면, **덕과 명예가 더 높은**(virtute et honore majores) 사람들보다 **머릿수가 더 많은**(numero plures) 사람들의 이익이 아닌 판단력을, 자연과 이성이 자기 이익을 위해 뒤로 돌리는 원리가 자연과 이성에는 있습니다. 한 나라에서 다수는 (프랑스의 경우가 아닌 어떤 나라가 존재한다고 가정할 때) 항상 중요하지만, 그것이 고려의 대상 전체는 아닙니다. '**신사들이 내게 갈채를 보내는 것으로 충분하다**(satis est equitem mihi plaudere)'

는 것은 연극보다 실제에서 더 진심을 담아 말할 수 있습니다.

진정하고 자연스러운 귀족은 국가 안에서 독립되어 있거나 국가와 별개의 관심사가 아닙니다. 그것은 올바르게 구성되어 있는 모든 다수 사람의 필수적 구성 부분입니다. 그것은 실제의 진실 때문에 일반론으로 틀림없이 인정받는 정당한 신념을 지닌 계급에서 형성됩니다. 존경받는 곳에서 자라고 어릴 때부터 저급하고 지저분한 것을 보지 않고, 자기 자신을 존중하도록 가르침을 받고, 대중의 눈으로 검열과 감사를 받는 것에 익숙해지고, 일찍부터 여론에 주의를 기울이고, 그러한 수준 높은 토대 위에 서 있음으로써 큰 사회의 인간과 공적 문제의 광범하고 무한히 다양한 조합 양상을 폭넓게 볼 수 있는 능력을 갖고, 읽고 성찰하고 대화할 수 있는 여유를 갖고, 어디에 있건 지혜롭고 학식 있는 사람들의 경의와 관심을 끌 수 있는 능력을 갖고, 군대에서 명령하고 복종하는 데 익숙해지고, 명예와 의무를 추구할 때 위험을 무시하도록 배우고, 어떤 잘못도 처벌 없이 넘어가지 못하고 가장 사소한 실수도 가장 파멸적인 결과를 가져오는 상태에서 최고 수준의 조심성과 통찰력과 신중함이 몸에 배도록 교육받고, 동료 시민이 가장 염려하는 문제들의 교사로 여겨지고 신과 인간의 중재자로 행동한다고 생각하면서 신중하고 단정한 행동을 하고, 법과 정의의 집행관으로 채용되어 인류에게 처음으로 자선을 베푸는 사람 중 하나가 되고, 과학과 인문학과 순수예술의 스승(professor)이

되고, 사업에 성공하여 예리하고 원기왕성한 이해력이 있고 근면, 질서, 꾸준함, 조화로움의 미덕을 지니고 있으며 교환의 정의에 대한 배려가 몸에 배어 있다고 여겨지는 부유한 상인이 되는 것, 바로 이러한 것들이 제가 말하는 **자연적**(natural) 귀족을 형성하는 상황이며, 이런 자연적 귀족이 없는 국가는 없습니다.

이러한 귀족을 필연적으로 낳는 시민사회의 상태는 자연의 상태이고, 야만적이고 뒤죽박죽인 삶의 방식보다 훨씬 더 진정으로 자연스러운 상태입니다. 왜냐하면 인간은 천성적으로(by nature) 합리적이어서 완전히 자연 상태에 있는 법은 없고, 이성이 가장 잘 길러져서 이성이 가장 우세한 곳에 놓일 때 합리적이기 때문입니다. 예술도 인간의 본성(nature)입니다. 우리는 미성숙하고 무력한 어릴 때와 적어도 같은 정도로, 어른이 되어서도 자연 상태에 있습니다. 제가 방금 묘사한 방식으로 자격을 갖춘 사람들은, 자연이 인간 사회를 공통적으로 변화시키면서 사회를 이끌고 안내하며 통치하는 부분을 작동시킴에 따라 자연스럽게 형성됩니다. 이것은 육체에 깃드는 영혼으로서, 그것 없이는 인간이 존재하지 못합니다. 따라서 사회질서 속에서 수많은 장삼이사들보다 그러한 부류의 사람들을 중시하지 않는 것은 끔찍한 권리 침해입니다.

대다수 사람이 그러한 자연의 기율 하에서 함께 행동한다면, 저는 그 국민은 인정합니다. 저는 관습의 통치권에 필적하면서도 그것을 항상 이끌지 않으면 안 되는 것의 존재를 인정합니다. 만사에서 국가의 조화라는 이 장대한 합창의 목소리는 강력하고 결정적인 영향력을 가져야 합니다. 그러나 누군가 이 조화를 방해하면, 누군가 일련의 습관과 선입견뿐만 아니라 이 아름다운 질서와 이 일련의 진실과 본성을 파괴하면, 누군가 보통 사람들을 반역의 군대로 만들기 위해 그들의 참된 지휘자와 분리하면, 저는 그렇게 해체된 탈영병과 부랑자들의 종족 속에서 국민이라는 이름의 그러한 존경스러운 대상을 더는 알아볼 수 없습니다. 당분간은 그들이 참으로 무서울 수 있지만, 그것은 야생동물이 무서운 것과 마찬가지입니다. 사람들의 마음은 그들에게 어떤 복종심도 가지지 않습니다. 그들은 그들의 평판이 줄곧 그래 왔듯이 반란자들입니다. 그들은 어떤 이익이 생길 때마다 법적 투쟁에 직면하여 굴복당할 것입니다. 불법과 폭력에 의해 사람들이 법에 의거하여 가지고 있는 이익을 빼앗고 자연스러운 삶의 질서를 파괴하려 하는 자들은 사람들에게 선전포고를 합니다.

우리는 **자크리의 난**[7]이라 불리는 프랑스에서의 보통 사람들의 광포한 폭동을 역사에서 읽었습니다. 국민이 반란과 살해와 약탈을 하도록 일깨워진 것이 이번이 처음이 아니라는 것입니다. 그 목적은 신사 계급을 없애는 것이었습니다. 당시의 한 유명한 군인인 **싸움 대장**(The Captal de Buche)은 그 망상에 사로잡힌 반란 군중이 저지른 잔학 행위에 똑같이 잔인하게 복수함으로써 신사와 인간의 명예를 더럽혔습니다. 하지만 그들과 싸우고, 나중에는 적절히 농민반란이 처벌받도록 한 것은 그의 권리이자 그의 의무였습니다. 비록 프랑스혁명과 우리의 몇몇 단체가 쓰는 의미에서 그들이 **국민**이었다 해도 말입니다. 또한 만일 그것이 **지도자가 부르는 어떤 다수 사람**의 호칭이라면 더더욱 그러했습니다.

그 시대에서 아주 멀지 않은 때에 (이 이상한 행동들은 다른 나라에 영향을 미치지 않을 수 없었기 때문에) 영국에서도 하층 계급 보통 사람들의 봉기가 몇 차례 일어났습니다. 이 반란자들은 그들이 살고 있었던 지방 주민들 가운데 확실히 다수였습니다. 또한 케이드와 켓과 스트로는 국가방위군(national guards)의 선두에서, 그리고 높은 지위의 몇몇 반역자에게 선동되어, 우리와 파리의 단체들의 신조에 따르자면 다수에게 본래 주어져 있는 주권을 행

---

7   자크리의 난(the Jacquerie) : 1357-1358년에 북부 프랑스에서 농민이 귀족에게 저항하여 일으킨 반란. 백년전쟁 중 프랑스 북부 지방에서는 페스트가 빠른 속도로 번져 가고 있는 가운데 강간과 살인이 마구 자행되고 있다는 소문이 나돌자 귀족 계급은 '자크리'(귀족들이 농민을 '바보 자크' 라고 부른 데서 유래)라고 알려진 농민 봉기를 잔인하게 진압하기로 한다. 군중이 귀족의 집에 쳐들어가 음식과 포도주를 훔치고 방화를 일삼았다. 마을들은 모두 농민에게 볼모로 잡혀 있고, 늘어나는 농민 군대를 위해 억지로 축제를 열어주어야 했다. 그런 축제가 한 마을에서 열리고 있을 때 소규모 군대를 대동한 두 명의 기사가 마을로 침입하여 자크리를 학살하기 시작했다. 다른 곳에서도 똑같은 일이 벌어지면서 농민 봉기는 끝나버렸다. 도시는 약탈당했고, 농경지는 황폐하게 내버려져 있었으며, 2만 명의 폭도가 살해당했다. 『옥스퍼드 영어사전』에 따르면 버크는 더 일반적인 의미로 농민 집단 봉기를 지칭하여 이 용어를 사용한 최초의 인물이다. - 역주

사했을 뿐입니다.[8]

우리는 그러한 사건들이 일어난 때를 암흑의 시대라 부릅니다. 참으로 우리는 우리 자신의 능력에 너무나 관대합니다. 존 볼 사제는 앙리 그레구아르 사제[9]만큼 인간의 권리를 잘 이해했습니다. 폭동을 선동한 원로 사제이자 오늘날 설교가의 원형인 이 인물은 국민의회와 함께 인간에게 떨어진 모든 악은 그들이 '권리 면에서 평등하게 태어나 계속해서 그것을 누렸다는 것'을 모르는 데 기인했다는 견해를 가지고 있었습니다. 대중이 이 심오한 금언을 반복해서 읊조렸다면 모든 것이 그들과 완전히 조화를 이루었을 것입니다. 어떤 독재도, 어떤 괴로움도, 어떤 억압도, 어떤 근심도, 어떤 슬픔도 세상에 존재할 수 없었을 것입니다. 이것은 치통에 대한 주문처럼 그들을 치료했을 것입니다. 그러나 가장 무지한 상태에 있었던 최하층의 가엾은 사람들은 그러한 주문을 언제라도 외울 수 있었지만, 치유의 능력과 덕을 지닌 이 주

---

8 버크는 중세와 르네상스 시대의 몇몇 반란을 언급하고 있는데, 그중 가장 유명한 것이 존 볼(John Ball)의 반란(1381)이다. 존 볼은 요크와 콜체스터에서 성직자로 활동하던 1366년경 무계급사회를 주창하는 선동적 설교를 하여 파문당하고 자주 투옥되었다. 1381년에 농민반란이 일어났을 때 켄트주의 반란자들에 의해 메이드스톤 감옥에서 구출되어 그들과 함께 런던으로 갔다. 반란이 진압된 후 그는 재판에 회부되어 세인트앨번스에서 교수형을 당했다. 윌리엄 모리스는 그를 주인공으로 하여 소설 『존 볼의 꿈(The Dream of John Ball)』을 썼다. - 역주

9 앙리 그레구아르 사제(Abbé Henri Grégoire, 1750-1831) : 프랑스혁명 당시의 정치인. - 역주

문이 국민의회에 의해 다시 공포되기 전이나 후에나 수많은 악행과 수많은 억압을 당했습니다. 깨달음을 얻은 존 볼 박사가 자신의 청중에게 이 핵심에 관한 깨달음의 등불을 다시 켜주고자 했을 때 아래의 두 줄 말씀을 그 가르침으로 설파했습니다.

아담이 땅을 일구고 이브가 길쌈할 때
도대체 누가 양반이고 누가 백성이었습니까?
(When Adam delved and Eve span,
Who was then the gentleman?)

하지만 저는 그가 이 현명한 금언을 만든 사람이라고 말씀드리지 않습니다. 이 말은 전통으로 전해져 내려와 유명해진 것이 확실해 보입니다. 그러나 그가 당시에 이 금언을 만든 것이건 있는 말을 그냥 사용한 것이건 간에 학식과 지각과 활기와 이해력 면에서 이 말이 인간 평등에 관한 오늘날의 모든 논설과 충분히 맞먹으며, 이 말은 운율이 있다는 점에서 오늘날의 논설을 넘어서는 장점도 한 가지 갖고 있다는 것만큼은 인정되어야 합니다.[10]

---

10 블랙히스에 모인 (바스티유 감옥 함락 1주년인 1790년 7월 14일에 파리의 마르스 광장 (Champs de Mars)에 모인 장엄하고 위풍당당한 전국연맹의 인원과 아마도 맞먹는) 20만 국가방위군에게 행해진 이 계몽적이고 철학적인 설교 전체가 보존되어 있지 않다는 것은 세상에 작은 손실이 아닙니다. 하지만 그 짧은 요약문을 월싱엄에서

찾아볼 수 있습니다. 저는 오늘날 휘그당원들의 교화를 위해 그것을 여기에 덧붙이는데, 그들은 이 얼마 안 되는 소중한 글귀를 오래된 학문에 대한 그들의 경멸 대상에서 제외할지도 모릅니다.

그는 자신의 교의를 더욱더 강조하기 위해 (20만의 평민이 모인) 블랙히스에서 이런 유의 설교를 했다.

아담이 땅을 일구고 이브가 길쌈할 때, 도대체 누가 양반이고 누가 백성이었습니까?

자신이 시작한 설교를 계속하면서 그는 자신의 설교 주제로 삼은 격언 구절에 의지하여, 태초부터 만물이 본래 평등하게 창조되었고, 만일 노예를 창조하는 것이 조물주를 기쁘게 했다면 조물주가 세상을 창조할 때 노예가 될 사람과 주인이 될 사람을 결정했을 것이기 때문에 노예제도는 조물주의 의지에 반하는 부당한 억압을 통해 만들어진 것임을 설명하고 증명했다. 따라서 그들은 자신들이 원한다면 (예속의 멍에를 벗어던지고) 자유를 즐길 수 있는 때가 신에 의해 자신들에게 주어졌다고 생각했다. 그러므로 조물주는 자기 소유의 밭을 경작하고 자신의 작물에 해를 끼치는 풀을 뽑고 잘라내는 좋은 가장의 사랑으로 인간이 하나가 되어야 하고, 지금 당장 서둘러서 먼저 왕국의 가장 지체 높은 귀족을, 그다음에는 지방의 판사와 법학자와 공증인을 죽이고, 마지막으로는 미래 사회에 해가 될 것이라 생각하는 자는 누구든 자기 땅에서 없애버려야 한다고 명한 것이었다. 이렇게 해서 결국 그들은 자신들을 위한 평화와 미래에 대한 보장을 얻게 될 것이다. 이렇게 해서 지체 높은 사람들을 없애고 나면, 사람들 사이에 공평한 자유와 고귀함과 존엄과 권력이 생길 것이다.

(Ut suâ doctrinâ plures inficeret ad le Blackheth (ubi decenta milia hominum communium fuêre simul congregata) hujuscemodi sermonem est exorsus.

Whan Adam dalfe, and Evé span, who was than a gentleman?

Continuansque sermonem inceptum nitebatur per verba proverbii quod pro themate sumpserat, introducere & probare, *ab initio omnes pares creatos à naturâ*, servitutem per injustam oppresionem nequam hominum introductam contra Dei voluntatem, quia si Deo placuisset servos creásse, utique in pricipio mundi constituisset, quis servus, quisv dominus futurus fuisset. Considerarent igitur jam tempus à Deo datum eis, in quo (deposito servitutis jugo diutius) possent si vellent, liberate diu concupitâ gaudere. Quapropter monuit ut essent viri cordati, & amore boni patrisfamilias excolentis agrum suum & extirprantis ac resecantis noxia gramina quae fruges solent opprimere, & ipsi in praesenti facere festinarent; primò *majores regni dominos occidendo; deindè juridicos, juriciarios & juratores patriae perimendo*; postremò quoscunque scirent *in posterum communitati nocivos* : tollerent de terrâ suâ : sic demum & *pacem sibimet parerent & securitatem* in futurum; *si sublatis majoribus seet inter eos aequa libertas, eadem nobilitas, pas dignitas, similisque potestas.*)

여기에는 미래의 행복과 평화와 평온을 보장하기 위해 국민의회에 의해 발견된 것처럼 위장된 장엄한 불가사의의 전체가 한꺼번에 드러나 있습니다. 하지만 이 존경스러운, 철학의 초기 순교자가 자신의 인권 선언을 국민의회 의원들보다 더 확고하게 실행에 옮길 마음이 있었는지는 약간 의문의 여지가 있어 보입니다. 만일 우리가 역사가가 추가 보충한 것을 믿을 수 있다면, 그는 자기 자신의 권력을 획득하기 위해 국민의회 의원들과 마찬가지로 대중에게 불법을 설교하고 있었을 뿐입니다.

이 늙다리 얼간이가 프랑스 학술원의 망상(deliramenta)에서 나온 온갖 지혜의 금언을 불러내는 것에 관해 생각해보십시오. "그가 **이에 더해 훨씬 더 많은 광기의 말로** 설교하자⋯⋯, 평민 무리가 열광하며 그를 추종하여 **그를 왕국의 대주교이자 대신이라고 선포했다**(Cumque haec & plura alia deliramenta praedicâs-set, commune vulgus cum tanto favore prosequitur, ut acclamarent eum archiepiscopum futurum, & regni cancellarium)." 그가 이 호칭 하에서 당시의 상황을 맞이하려 했을지, 아니면 프랑스혁명에서 이해된 대로 국가와 교회의 명명법 전체를 바꾸려 했을지 아주 확실치는 않습니다. 호칭은 바꾸고 권력의 본질은 그대로 유지했을 법합니다.

우리는 또한 당시 사람들이 헌정 체제 정보협회(Society for constitutional information)를 운영했고, 거기서 존 볼 목사가 때로는 자기 본명으로, 때로는 존 스켑(John Schep)이라는 가명으로 저명한 회원이었다는 사실도 알 수 있습니다. 그 말고도 이 단체는 잭 밀너, 톰 베이커, 잭 트루먼, 잭 카터, 그리고 아마도 그 밖의 많은 실명과 가명의 인물로 구성되어 있었습니다. 그에 관한 간행물 가운데 자선용으로 쓰이고 무료로 배포된 가장 훌륭한 어구의 일부가 월싱엄과 나이튼에 기록되어 있습니다. 그런데 저는 오늘날의 헌정 체제 정보에 관한 공시의 늘어지면서도 혼란스러운 장황함보다 이 오래된 반란 **회보**의 함축적 훈계조의 간결함에 마음이 더 끌립니다. 그것이 더 선한 도덕성과 덜 나쁜 정치학을 담고 있고, 실제적 억압에 훨씬 더 많이 근거를 두고 있으며, 가르침을 주는 사람들의 능력에 훨씬 더 잘 부응하는 장점을 가지고 있습니다. 오늘날 지도자들이 아무리 칭찬받을 만큼 노고하는 것처럼 보인다 할지라도, 저는 그들이 잭 카터와 존 볼 목사가 지닌 능력의 반만큼이라도 **군주의 신민**인 자기 학생들의 수준에 맞게 눈높이를 낮추어 글을 쓰는 데 성공했는지에 관한 한 그들을 칭찬할 수 없습니다. 제 독자들이 스스로 판단할 수 있도록 제가 한두 가지 실례를 제공하고자 합니다.

우선 존 스켑이라는 **가명**으로 쓰여 있는 존 볼 목사의 연설입니다. 저는 어떤 '자치도시의 간교한 속임수'에 대항하여 필자가 사람들에게 경고를 주고 있는 것인지 알지 못합니다. 그것은 **'부패한 자치도시'**에 대한 일반적 절규였을 것이고, 이것은 지금과 마찬가지로 당시에도 앞에 내세우는 구실로 삼아서 불만 사항의 맨 앞에 놓는 것이 적절하다고 생각되었습니다.

존 스켑

한때 요크의 세인트 메리 교회의 사제였고 지금은 콜체스터 교회의 사제인 존 스켑이 존 아무개와 방앗간 주인 존(John the Miller)과 존 카터를 반갑게 맞이하면서 **그들이 자치도시의 간교한 속임수에 주의할 것**과 하느님의 이름으로 대동단결할 것을 **명하고**, 피어스 플라우먼(Piers Ploweman, 'plowman'은 '농부'라는 뜻-옮긴이)에게는 일하러 가라고 명하고, **시골뜨기 강도**[아마도 왕일 것임]를 호되게 꾸짖으며, 존 트루먼과 그의 모든 동료들을 여러분과 함께 데려간다.

방앗간 주인 존이 잘게, 잘게, 잘게 갈았네
하느님의 아들이 값을 모두 치러주시리.

조심하지 않으면 네가 불행해지리,

너의 친구와 너의 적을 분간하라,

배불리 먹고 소리 높여 외쳐라

그리고 잘하고 더 잘하여 죄에서 벗어나라

그리하여 평화를 찾아 그 안에 머물라.

(John the Miller hath yground smal, smal, smal:

The King's Sonne of Heaven shal pay for all.

Beware or ye be woe,

Know your frende fro your foe,

Have enough and say hoe:

And do wel and better, and flee sinne;

And seeke peace and holde you therein;)

또한 존 트루먼과 그의 모든 동료들에게 이렇게 명한다.

독자는 이 신기한 국가 공문서의 마지막 몇 행에서, 온 나라에서 살해와 혼란을 자행하고 조장하며 폭동을 선동하는 요란한 나팔 소리를 울리면서 보편적 평화를 선언한 동맹을 국민의회가 얼마나 잘 모방했는지 알아챘을 것입니다. 아래의 합법 문서에서는 그들의 수수께끼 같은 문체에서 국민의회와 그 선동자들처럼 이 옛 철학자들이 얼마나 철저히 모든 세습적 구별을 금하고 덕과 지혜에 대한 평가에 따라서 이 두 가지 면만을 구별하도록 했는지 보게 될 것입니다.

잭 밀너

잭 밀너는 풍차가 잘 돌아가게 도와달라고 한다.

그는 잘게, 잘게 갈았으니,

하느님의 아들이 모두 값을 치러주시리.

(Jakke Mylner asketh help to turne his mylne aright.

He hath grounden smal, smal,

The King's Sone of Heven he shall pay for alle.)

그대의 방앗간 풍차가 네 개의 날개로 잘 돌아가고 기둥은 굳건히 서 있는
모습을 보라.

올바르게 그리고 힘 있게,

솜씨 좋게 그리고 의지에 차서,

힘이 올바름을 돕게 하고,

솜씨가 의지를 앞서가게 하고,

올바름이 힘보다 먼저 가게 하여,

우리의 풍차가 잘 돌게 하라.

허나 힘이 올바름을 앞서가고,

의지가 솜씨를 앞질러 간다면,

우리의 풍차가 고장이 나리.

(Loke thy mylne go a ryyt with the four sayles, and the post stande in
steadfastnesse.

With ryyt & with myyt,

With skill & with wylle,

Lat myyt help ryyt,

And skyl fo before wille,

And ryyt before myght,

Than goth our mylne aryght.

And if myght fo before ryght,

And wylle before skylle;

Than is our mylne mys-a-dyght.)

잭 카터

인권에 관한 이 위대한 교사가 런던의 해크니 자치구에 있는 신병기창에서 공급받을 수 있을 것만큼이나, 존 볼 목사가 배출된 신학자들의 교조적이고 논쟁적인 무기고와 기병대 조병창에서 만들어져 매우 풍부하고도 완벽하게 공급된 부명제(副命題), 정리(定理), 주석, 추론, 그 밖의 온갖 학문적 장치를 가지고 이 귀한 문서에 관한 자신의 담론을 장식했다는 것은 틀림없습니다. 틀림없이 이것은 (저는 공손히 이 말씀을 드립니다) 그 옛 사령관들이 오늘날의 엄격한 군인들만큼 잘할 수 있었던 정의와 구분의

---

잭 카터는 **수단**에는 무관심하면서 **목적**에 집중하는 교의, 그리고 거대한 악에서 많은 이익이 생겨날 가능성을 완벽하게 이해했습니다.

잭 카터는 여러분 모두가 여러분이 시작한 것의 목적을 훌륭하게 이루고, 잘하고 더욱더 잘하여 평범한 사람도 이 시대를 칭송하도록 만들기를 기원한다. **목적이 좋으면 모든 것이 좋기 때문이다.** 내 형제 피어스 플라우먼이 집에 살면서 우리에게 곡식을 마련해주도록 하라. 그러면 나는 여러분과 함께 가서 여러분 모두를 위해 고기와 마실 것을 마련하도록 도울 것이다. 저 시골뜨기 강도가 여러분의 호의를 저버려 호되게 꾸지람당하는 모습을 보라. 여러분은 모든 행동을 할 때 항상 하느님과 함께 해야 하기 때문이다. 지금은 바짝 경계해야 할 때이기 때문이다.

(Jack Carter prayes yowe alle that ye make a gode ende of that ye have begunnen, & doth wele and ay bettur & bettur, for at the even men heryth the day. For if the ende be wele than is alle wele. Lat Peres the plowman my brother dwelle at home and dyght us corne, & I will go with yowe & helpe, that Imay, to dyghte youre mete and youre drynke, that ye none fayle. Lokke that Hobbe robbyoure be wele chastysed for lesyng of your grace; for ye have gret nede to take God with yowe in all your dedes. For now is tyme to be war.)

보좌를 받아 배치되었습니다. 우리는 그 철학의 청중이 일단 이러한 지식을 획득하자 이전 자신들의 무지로 되돌아갈 수 없었을 뿐만 아니라, 그렇게 교훈적인 강연을 들은 뒤에 마치 그것을 들은 적이 없었던 것과 같은 마음 상태에 있을 수 없었다는 것을 부인할 수 없습니다.[11] 그러나 그들의 지식 때문에 부러움을 산 것이 아니라 그들의 미혹 때문에 동정심을 살 만했던 이 가엾은 사람들은, 그들의 관점에 의해 조리 있게 사고한 것이 아니라 그것에 기만당했습니다. 그들의 교사와 함께 그들은 법률가들에게 넘겨졌고, 그 법률가들은 그들의 핏속에 그들과 그들의 교사들이 인권을 써넣었을 때와 마찬가지로 그렇게 거칠게, 그리고 그때와 똑같은 잉크로 토지의 법령을 써넣었습니다.

오늘날 우리의 박사들은 자신들이 그의 행동을 흉내 내고 있는 것만큼 이 옛 현자의 견해를 인용하는 것을 좋아하지는 않습니다. 첫째로는 그들은 생각되는 것만큼 위대한 창조자들이 아

---

11  이 단체들이 배포하고 있는 『인권의 옹호(The Defence of Rights of Man)』에 적혀 있는 이 주제에 관한 현명한 발언을 보십시오.

버크는 메리 울스턴크래프트가 쓴 『존경스러운 에드먼드 버크 선생에게 드리는 인간의 권리 옹호 서한(A Vindication of the Rights of Men, in a Letter to the Right Honourable Edmund Burke)』을 언급하고 있는데, 실수로든 의도적이든 울스턴크래프트의 저서명을 잘못 쓰고 있다. 토마스 페인의 『인권』을 언급한 것이라 해도 오류는 마찬가지다. - 역주

닌 것으로 보일 수 있기 때문이고, 둘째로는 그가 명성만큼 성공적이지 못했기 때문입니다. 성공한 어리석음에 갈채를 보내고 승리한 죄악을 경모하는 사람들은 그들이 인간의 영고성쇠에 지배받게 되고 권력을 잡는 대신 처벌에 맞닥뜨리게 되면 인간의 약함이나 범죄를 구원한 바도, 심지어 동정한 바도 없었다는 것은 어떤 일반론으로도 거의 예외 없이 할 법한 말입니다. 자기 동료들의 고통에 대한 감수성의 결여로 세력이 약화되고 있기 때문에 그들이 그리 큰 잘못을 저지르고 있지는 않습니다. 광기와 사악함은 본래 더럽고 기형적인 것이고, 그것을 많은 사람에게 권하기 위해서는 행운으로 위장하기 위한 온갖 덮개와 덫이 필요하기 때문입니다. 있는 그대로의 그 본질을 볼 때 아무것도 이러한 면보다 더 혐오스러울 수가 없습니다.

이러한 일탈 행위는 옛것이건 오늘날의 것이건, 성공하지 못한 것이건 성공한 것이건 논쟁의 대상입니다. 그것은 **우두머리에 의해 국민으로 불리는 다수 사람**을 상정하는 어떤 논거도 내놓지 못합니다. 그러한 다수는 지배하거나 주도하는 쪽이 아니라 복종하는 쪽이 되어야 하는 자신들의 사회에서 권력의 자리를 바꿀 수 있는 직함을 가질 수 없습니다. 어떤 권력이 전체 대중의 것이고 어느 대중의 것이고 자연발생적 **귀족**의 것인지, 또는 관습에 의해 누가 그 권력을 대표하고 강화하도록 임명되어 그 적절한 장소에서 적절한 무게를 지니고 폭력에 지배당하지 않으면서 활동하는 것인지는 더욱 심오한 문제입니다. 그러나 그러한 경우에, 그리고 그러한 일들이 동시에 발생할 때, 우리가 프랑스에서 보아온 것과 같은 국가의 무모하거나 절망적인 변화가 이루어질 수나 있는 것인지 저는 심히 의구심이 듭니다.

저는 모든 정치적 문제에서 어떤 가정된 권리도 그 타당성을 판단할 때 그 권리의 결과가 매우 중요하다고 말해왔습니다. 이러한 관점에서 어떤 나라 주민의 단순한 다수의 권리가 그 국가를 **제멋대로** 대체하고 바꾸는 것이 어떤 결과를 낳을지 좀 찬찬히 살펴봅시다.

모든 국민의 총수는 여러 단위로 구성되어 있습니다. 모든 개인은 나중에 다수의 행위가 될 수 있는 것을 처음으로 행할 권리를 가져야 합니다. 그가 합법적으로 처음 하는 일은 무엇이든 합법적으로 달성하기 위해 노력할 수 있습니다. 따라서 그는 자신이 살고 있는 나라와 자신을 묶는 관계 및 약속을 자신의 특수한 사정에 따라 깰 수 있는 권리가 있고, 자신의 견해에 동조하는 수많은 전향자를 만들어내고 자신이 할 수 있는 만큼 자신의 계획에 동조하는 수많은 동료를 획득할 수 있는 권리도 가지고 있습니다. 여러분은 다수가 국가 조직의 일부에 손을 댐으로써 자신들의 국가를 파괴하는 성향에 관해 어떻게 알 수 있습니까? 여러분이 국민 연합에 도달하기 위해서는 비밀스러운 음모로 시작하지 않으면 안 됩니다. 처음 시작하는 사람의 단순한 즐거움이 유일한 안내자가 됨에 틀림없습니다. 다른 사람들의 단순한 즐거움이 그 일이 진전되는 데에 유일하게 작용하는 원리임과 동시에 유일한 궁극적 제재가 됨에 틀림없습니다. 이렇게 해서 (통치 권력의 최후의 타락 형태인) 자의적 의지가 모든 시민의 마음에 점차 해독을 끼칩니다. 만일 이런 일을 시작한 사람이 실패하면, 그는 불운하게도 반역자가 될지언정 죄인은 되지 않습니다. 이러한 교의에 의해 우리나라에 대한 모든 사랑, 우리나라의 법률과 관습에 대한 모든 경건한 존경과 애착이 우리의 정신에서 제거됩니다. 또한 이러한 견해가 불만과 야망과 광신에 의해 고무되어 하나의 원리가 되어버리면, 때로는 그 입안자들을 파멸시키고 국가에는 항상 해가 되는 일련의 음모와 선동 이외에는 그것으로 아무것도 만들어질 수 없습니다. 의무의 감각은 어떤 사람도 그러한 일의 지도자나 추종자가 되는 것을 막을 수 없습니다. 아무것도 그 기분을 억누를 수 없습니다. 아무것도 유혹당한 사람들을 보호할 수 없습니다. 그러한 기교로 날조된 새로운 국가는 오래된 국가보다 더 안전하지도 않습니다. 오로지 국가를 전복하기 위해 다른 사람들의 의지를 자신의 의지와 통일하고자 하는 사람의 단순한 의지를 도대체 무엇이 막을 수 있겠습니까? 그러한 사업에 명칭을 부여하는 데에는 확립되어 있는 질서를 어지럽히는 성향이 필요할 뿐입니다.

확립되어 있고 나쁘지 않은 질서의 관행을 임의로 바꾸는 권리라는 이 원칙과 프랑스 의회의 이론과 경험을 결합하게 되면 정치적·사회적·도덕적 불규칙성이 기껏해야 악화될 뿐입니다. 프랑스 의회는 그들이 국민이라 부르는 다수의 선행한 의지를 통하기보다는 오래된 국가를 파괴하고 새로운 국가를 합법적으로 만들기 위한 또 다른, 그리고 훨씬 더 넓쩍한 길을 발견했습니다. 그들은 이렇게 말합니다. 여러분이 손에 넣을 수 있는 어떤 수단을 써서라도 권력을 가져라. 그러면 그 뒤에 잇따르는 동의가 (즉, 그들이 **찬동 연설**이라 부르는 것이) 마치 여러분이 그들의 허락 없이 손에 넣은 종류와 정도의 권력을 그들이 애초부터 여러분에게 수여한 것처럼 많은 사람의 행동으로 여러분의 권한을 뒷받침해줄 것이다. 이것은 사기, 위선, 서약의 파기, 그리고 인간과 인간 사이에 존재할 수 있는 가장 신성한 신뢰의 파기를 직접적으로 지지하는 것입니다. 도덕의 귀에 이러한 입장만큼 끔찍한 불협화음으로 들릴 수 있는 것이 과연 무엇입니까. 제한된 권력을 위임받은 대표자가 자신의 유권자와의 맹약을 깨뜨릴 수 있다는 것은 자신에게 맡겨진 바 없는 권한을 가지고 임의로 모든 것을 바꿀 수 있다고 생각하는 것입니다. 그런데 그때 만일 그가 자신이 찬탈한 권력으로 수많은 사람이 자신에게 아첨하도록 만들 수 있다면, 그것으로써 그는 자신의 양심으로 용서를 받고 인간의 눈으로 볼 때 무죄 선고를 받아야 하는 것입니까? 이러한 계획 위에서라면 이 실험을 하는 사람은 서약의 파기를 단호히 결심하고 시작해야만 합니다. 이 점은 분명합니다. 그는 속죄의 연설을 위한 기회를 가져야만 합니다. 이것은 극악의 성공을 무죄의 기준으로 만드는 것입니다.

따라서 **단순한 추정된 다수**의 사전 동의나 사후 재가에 의하지 않는 아주 충격적인 결과에 의지하지 않고도 어떤 일군의 사람도 그들의 임의대로 국가를 해체하려고 할 수 있습니다. 이것을 우리의 현재 주제에 적용해봅시다. 자신들의 대표자를 뽑아 그들을 조직하여 행동하도록 지도하기 위해 (왜냐하면 그들은 자신들을 국민으로 만든 관습에 따라서 조직되고 행동했기 때문입니다) 과거에 평화적이고 합법적으로 모였던 것처럼, 몇몇 대법관 관할구에서 몇몇 계급의 사람들이 1789년에 만났을 때,[12] 그들은 프랑스의 **국민**이었습니다. 그들은 이 나라의 국민으로 간주될 만한 합법적이고 선천적인(natural) 능력을 지니고 있었습니다. 그런데 보십시

---

12  삼부회 소집을 말한다. 삼부회는 구체제(ancien régime) 시기 프랑스 왕국에서 프랑스의 세 신분, 즉 성직자와 귀족과 평민의 대표자가 만나 국가의 중요 사안에 관해 토론한 일종의 신분제 의회. 형태는 의회의 그것과 비슷했지만 영국과 달리 실질적인 권한은 거의 전무했으며 사실상 국왕의 자문기관 정도의 역할을 수행하는 데 그쳤다. 이러한 한계로 인해 정기적으로 개최되지 못한 채 국왕이 필요할 경우에만 개최되다가 프랑스의 중앙집권이 강화된 1614년 이후로는 160년 넘게 아예 개최조차 되지 않았고 1789년 프랑스혁명 직전, 즉 왕정 멸망 직전에 마지막으로 열리게 되었다. 그러나 개혁을 위한 노력이 두 특권층에 의해 번복될 것을 우려한 제3신분(평민) 대표들은 혁명적 국민의회를 소집했다. 이로써 전통적 사회 계급을 토대로 한 대표제는 종식되었다. 그런데 역설적이게도 삼부회가 역사적으로 유명해진 것은 이 마지막 회의 때문이다. - 역주

오. 그들이 이러한 상태에 있었던 동안에는, 다시 말해 그들이 국민이었던 동안에는 어떤 지침을 통해서도 그들은 의회와 그 지지자들을 강탈하고 인간의 합리적 사유 능력을 혐오하라는 그 어떤 것을 명령한 바도, 암시조차 한 바도 없었습니다. 저는 당시의 프랑스 국가에 관해 아는 어떤 사람에게도 반박당할 것이라는 우려를 전혀 하지 않으면서 감히 이렇게 단언하겠습니다. 만일 그들의 혁명의 근본적인 부분을 만들어내고 그 혁명의 가장 두드러진 행동을 구성하는 어떤 변화라도 제안되었다면, 그것은 어떤 계급에서도 20만 명 가운데 한 표도 얻지 못했을 것입니다. 그들의 지침은 이 나라 국민의 행동으로 옹호되고 있는 그 모든 유명한 일련의 과정에 정면으로 반하는 것을 꾀하고 있습니다. 만일 그러한 일련의 과정이 예상되었다면, 이 나라 국민이 그 과정을 막기 위해 마지막 한 사람까지 들고 일어났을 가능성이 큽니다. 이러한 일이 일어날 겨를도 없이 의회 조직 전체가 바뀌었고, 이 왕국의 전체 틀이 변화되었습니다. 음모자들의 어떤 사악한 기술에 의해, 그리고 합법적 정부의 어떤 극단적 허약함과 안정성 결여에 의해 프랑스 왕자와 국민에 대한 폭력을 처음에는 속이고 그 다음에는 권하면서 이 나라 왕자와 국민의 권리를 이렇게 똑같이 강탈하는 일이 승리하고 그 승리를 등에 업은 채, 투옥된 군주의 위조 서명과 받아 적은 연설의 위조된 목소리를 사용하여 일반적으로건 특수하게건, 명시적으로건 암묵적으로건 (이 말을 사용하는 어떤 의미에서긴) 국가로부터 또는 국가의 어느 부분으로부터 이전에 어떤 승인도 받은 적이 없었던 사항들에 대한 비준을 노린 과정을 말하는 데에는 시간이 많이 필요합니다.[13]

국민 가운데 비중 있고 존경받는 사람들이 살해되거나 살해 위협으로 자기 집에서 쫓겨나거나 유럽의 모든 나라로 망명하여 뿔뿔이 흩어진 뒤에, 병사들이 장교들에 의해 타락한 뒤에, 재산이 그 안전과 마찬가지로 가치와 중요성을 모두 잃어버린 뒤에, 당파적이고 지조 없는 임의의 단체와 협회가 자의적으로 해체된 왕국의 모든 합법적 법인의 자리를 차지한 뒤에, 그 유일한 장점이 바로 자유인 정당의 전당대회에서 자유가 추방된 뒤에, 즉 목숨을 확실히 담보로 하지 않고는 그들에게 어떤 반대도 할 수 없는 일이 벌어지게 된 뒤에, 반대가 예상되었을 때조차 그러한 의심만 들어도 곧바로 암살이 자행된 뒤에, 연설에 의한 그러한 가장된 비준은 국민을 사랑하는 사람이라면 그 어떤 사람도 국민이라는 이름을 쓸 수 없는 행동이었습니다. 이것은 우리 앞에 놓인 이 사태와 마찬가지로 모든 성공한 찬탈이 부패한 일부 시민이 다른 시민들을 타락시켜서 (이 독재자들이 한 것처럼) 기부금을 내지 않고도 획득할 수 있는 목소리입니다.

---

13  루이 16세는 새로운 프랑스 헌정 체제를 받아들였다가 나중에 그것을 부인하고 1791년 6월에 프랑스에서 달아나려 했다. - 역주

I. 신 휘그가 구 휘그에 올리는 호소

이러한 대혼란을 초래한 가장된 **인권**은 국민의 권리일 수 없습니다. 국민이 되는 것과 이러한 권리를 갖는 것은 양립할 수 없는 것이기 때문입니다. 전자는 시민사회 국가의 존재를, 후자는 부재를 상정합니다. 프랑스 공화국의 토대 자체가 허위이고 자기 파괴적입니다. 또한 그 원리는 어떤 나라에서도 채택될 수 없는데, 프랑스가 서 있는 똑같은 조건에 그 나라를 놓이게 할 보장이 없기 때문입니다. 그것을 유럽의 모든 국가에 도입하려는 시도가 이루어지고 있습니다. 가장 큰 영향력을 지니고 있는 이 나라를 그들은 가장 타락시키고 싶어 하는데, 그렇게 함으로써 그 부패가 유럽 전역에 틀림없이 확산될 것이라고 그들은 확신하기 때문입니다. 따라서 공공연하게건 암묵적으로건 아주 사소하게라도 그들에게 지지를 보내는 것의 위험성을 사정이 허락하는 한 가장 요약해서 제가 제시하고자 한다 하더라도 여러분이 양해해 주시기를 바랍니다.

# 6.
# 혁명적 사고방식의
# 극단주의 분석

공개적으로 말하지 않는 것이 적어도 묵인하는 꼴이 되는 때와 상황이 있습니다. 많은 사람이 그들 나라와 그 헌정 체제의 적인 이 단체와 집단들에 의해 선전되는 원칙이, 버크 씨와 그의 저서, 그리고 물론 이 왕국의 과거의 합헌적 휘그의 모든 원칙을 아주 열렬히 비난하고 있는 **의회의 신 휘그**에 의해 공유되고 있지 않다고 말하는 것으로 족하다고 생각합니다. 확실히 오늘날 휘그가 그들의 원칙을 공유하고 있지는 않습니다. 그러나 버크 씨와 그의 저서가 비난당하고 있는 것과 같은 열성으로 그 원칙이 비난받고 있습니까? 그 원칙이 비난받고 있기나 합니까? 그 원칙이 어떤 식으로건 거부당하거나 지지를 못 받고 있습니까? 그 집단들의 행태와 원칙을 공정하게 검토하고자 하고, 그것도 아주 온전하게, 그리고 처벌보다는 경고의 방식으로 접근하고자 하는 사람이 공손한 대접을 받기나 합니까? 그런 사람은 그러한 원칙을 비난할 때 마치 자신이 현재 비난하고 있는 것과 유사한 원칙에 의해 그의 생애가 지배당해왔다는 것을 드러내 보이면서 그의 전 생애 동안의 행동을 스스로 배반한 것이라는 식으로 비난당하고 있지 않습니까? 프랑스 체제는 지금 한창 집 밖으로 나와 열심히 활동하는 수많은 사람에 의해 열광적으로 찬양받는 반면에 영국 헌정 체제는 냉담하게 용인되는 정도입니다. 그러나 이 두 헌정 체제는 토대와 상부구조의 두 가지 면 모두가 서로 다릅니다. 또한 둘 중 하나의 폐허 위에서가 아니고는 다른 하나를 세우는 것이 불가능하다는 것이 명확합니다. 결국 만일 프랑스의 것이 더 우월한 자유의 체제라면, 왜 우리가 그것을 채택하지 말아야 합니까? 무엇 때문에 우리가 그것을 찬양해야 합니까? 우리가 그것을 따라 하지 말아야 한다는 이유만으로 그 우월성을 우리에게 주장하는 것입니까? 또한 그러한 종류의 공화국이 그들에게는 적합하고 우리에게는 적합지 않게 하는 프랑스 국민의 풍습이나 프랑스 기후에는 과연 무엇이 있을까요? 우리가 거듭되는 가장된 찬사와 지속되는 연례 기념식을 인정할 수 있으려면, 양국 사이의 강력하고도 뚜렷한 차이를 예증하기 힘들다는 사실이 제시되어야만 합니다.

그러나 당의 지도자들이 그 선동적 단체들이 가르치는 신조를 받아들이는 데까지 나아가려 하지는 않습니다. 저는 그들이 그렇게 하려 하지는 않을 것이라 확신합니다. 신께서 금하시기를!

아마도 이 사악한 외국 당파의 일을 직접 수행하고 있는 사람들조차도 그들이 벌이는 일의 모든 성공에 불가피하게 뒤따를 수밖에 없는 온갖 해악을 그들 모두가 만들어내려 하지는 않을 것입니다. 정당 지도자들에 관해 말하자면, 그들이 맹목적 방향으로 나아가고 있는 것을 보는 것보다 더 흔한 일은 없습니다. 세상은 뚜쟁이들에 의해 통치되고 있습니다. 이 뚜쟁이들은 그들이 그 교류를 수행하는 개인들에게 자신의 감각을 다른 사람의 감각인 양 말함으로써 그 개개인에게 영향을 미칩니다. 또한 이렇게 해서 그들은 양쪽 사람들 모두를 지배합니다. 정당 지도자들의 귓전에서 우선 이런 말이 윙윙거립니다.

"문호를 활짝 열어놓은 여러분의 친구들이 어떤 조치를 매우 갈망하고 있거나 어떤 견해에 자주 열광하고 있으니, 여러분은 그들에게 지나치게 엄격해서는 안 됩니다. 그들은 쓸모 있는 사람들이고 그 대의에 열성적입니다. 그들이 약간 잘못됐을 수는 있지만 자유정신의 기를 꺾어서는 안 됩니다. 또한 여러분이 그들과 어느 정도 의견이 일치하여 얻을 수 있는 영향력에 의해 여러분은 지금부터 그들을 바로잡아줄 수 있을 것입니다."

이런 식으로 해서 그 지도자들은 처음에는 자신의 진지하고 사려 깊은 생각과 종종 완전히 다른 감정과 일의 진행을 묵인하게 됩니다. 그러나 그들의 묵인이 모든 목적에 부합합니다.

다름 아닌 이러한 권력을 갖고서 그 뚜쟁이들이 새로운 대표

ⅠⅠ. 신 휘그가 구 휘그에 올리는 호소

자의 성격을 띱니다. 기껏해야 묵인에 불과하던 것이 믿을 만한 근거로 과장되고, 그러고 나서는 그 지도자들이 바라는 것으로 되어버립니다. 이러한 책략에 의해 그들은 처음에는 아마도 그들 중에 원하는 사람이 거의 없었거나, 적어도 열정적으로나 체계적으로는 바라지 않았던 조치를 취하게 됩니다.

모든 당에는 의회의 주요 지도자들과 의회 밖의 가장 낮은 지위의 추종자들 사이에 일종의 중간 계층 사람들이 있습니다. 이들은 그 중간 위치의 정신으로 모든 것이 과도하게 치닫지 못하게 하는 데 가장 적합한 일종의 기사단 같은 사람들입니다. 그러나 우유부단은 완전히 다른 성격의 악덕이라 할지라도 폭력의 자연스러운 공범입니다. 이러한 중간 계층을 구성하는 사람들의 결단력과 소심성은 종종 그들이 상황을 통제하는 효과를 방해합니다. 한편에서는 지도자들의 권위와 의견이 다른 것, 그리고 다른 한편에서는 다수의 바람과 상충하는 것을 두려워하게 되면, 그들은 자신들이 고려한 바가 없는 조치에 경솔하게 수동적으로 동의하게 됩니다. 그래서 이렇게 일종의 타성의 활동으로 일이 진행되면 마침내 집단 전체, 지도자들, 중간 계층 사람들, 그리고 추종자들 모두가 모든 외양과 수많은 효과 면에서 만장일치가 되어 그들 중 단 두 사람도 그 대부분을 완전히 동의한 바 없고 이러한 회람 방식의 의사소통에서는 그들 중 누구도 그 출처와 창안자를 추적할 수 없는 정책 계획으로 내몰립니다. 제 경험으로는 여러 사건에서 이런 경우를 많이 보았는데, 오늘날과 비교해서는 사소하다 할지라도 정당에는 상당히 중요한 문제였고 정당들이 그 문제 때문에 시달린 일을 알고 있습니다. 냉철한 사람들이 처음에는 부주의와 경솔함 때문에 승인을 하지만, 나중에는 필요에 의해 승인을 합니다. 폭력의 정신이 고양되는데, 주도하는 사람들이 일정한 시간이 지난 뒤에는 자기 마음대로 그것을 멈추는 것도, 통제하는 것도, 관리하는 것도, 심지어 지침을 주는 것도 할 수 없는 것을 알게 됩니다.

제 생각에 이것은 사회의 토대에 영향을 줄 수 있는 교조가 전파되고 계획이 추진될 때, 대중에게 존경받고 대중의 신뢰를 받을 만한 사람이라면 여론에 경악을 끼치지 않도록 하는 데 얼마나 기민하고 각성되어 있어야 하는지를 보여줍니다. 그들이 자기 나라 정부를 온건하게 개조하는 데조차 귀를 기울이기 전에 그 개조의 대상에 비해 지나치게 큰 목적을 위한 원칙이 선전되지 않도록 주의해야 합니다. 현재 적용하고 있는 것으로 제한되어 있지만 일반 원칙 면에서는 광범위한 영역을 포괄하는 정책은 처음에 그것이 가장하는 것에서 그치지 않을 것입니다. 만일 제가 현재의 헌정 체제 하에 그들이 겪는 불만감에서 현재 국민에게 자행되고 있는 교묘한 술책이 낳을 결과의 조짐을 뚜렷이 알 수 있다면 제 마음이 편하겠습니다. 그러나 다중이 불만감에서 또는 어떤 견해에 대한 열렬한 지지로부터 자기 정부에 적대적으로 행동할 때 그 다중 안에는 다양한 차이가 있습니다. 사람들이 그러한 열의를 철두철미하게 지니고 있을 때, 그 힘을 헤아리기는 어렵습니다. 그 힘이 그 합리성과 전혀 정확히 비례하지 않는다는 것은 확실합니다. 국가에 관한 이론은 종교의 **교조**와 마찬가지로 많은 경우에 광신의 원인이 될 수 있다는 것은 성찰하는 사람들에 의해 항상 틀림없이 발견되어왔지만 지금은 만천하에 명백히 알려져 있습니다. 사람들이 느낌으로 행동할 때는 그 열정적 활동에 한계가 있지만, 상상력의 영향을 받으며 하는 활동에는 한계가 없습니다. 불만거리를 없애고 나서 사람들이 느낌으로 행동하면 소란을 진정시키는 쪽으로 큰 진전을 보게 됩니다. 그러나 국가의 좋거나 나쁜 행위, 사람들이 향유해온 국가의 보호 또는 국가 아래에서 겪을 억압은 사변적 근거 위에서 활동하는 어떤 당파가 그 겉모습과 다르게 완전히 흥분되어 있을 때 전혀 중요성을 갖지 못합니다. 어떤 사람이 군주제나 주교 제도에 격하게 반감을 느낄 때는 군주나 주교의 선한 행위가 상대방을 더 짜증나게 할 뿐입니다. 그 사람은 그 선한 행위를, 자신이 파괴하기 바라는 것을 지켜달라고 간청하는 것으로 받아들여 화를 냅니다. 그의 마음은 홀(笏)과 직장[1]과 권표[2]를 보면서, 마치 자신이 이 권위의 상징에 의해 날마다 마음이 상하고 몸이 상한 것처럼 느끼며 흥분할 것입니다. 그저 그 장면을 보고 그저 그 이름을 듣는 것만으로도 사람들이 전쟁과 소동을 일으키기에 충분할 것입니다.

몇몇 신사 분들은 그렇게 손쉽게 프랑스에서 국가가 전복된 것에 공포를 느끼지 않습니다. 그들은 프랑스 국민이 나쁜 헌정 체제를 파괴함으로써 잃은 것은 없다고 말합니다만, 최선은 가능하지 않다 할지라도 우리는 우리를 절망적 위험으로부터 막아줄 밑천을 우리의 헌정 체제 속에 여전히 가지고 있습니다. 이로써 우리의 헌정 체제가 애초부터 강탈에 의한 것이었고, 계획 면에서 지혜롭지 못하며, 그 효과 면에서도 해를 끼치고 있고, 인권에 반하며, 모든 면에서 완전히 골칫거리라고 스스로를 설득하고 있는 것으로 보이고, 다른 사람들도 열심히 설득하고 있는 사람들에 맞설 만큼 충분한 보장이 됩니까? 합리적인 사람이라면 그 누가 무슨 동기로 그렇게 생각하면서 자신의 피를 흘리거나, 자신의 운수를 거는 위험을 감수하거나, 여가의 한순간을 낭비해가면서 우리의 헌정 체제를 보존하려 하겠습니까? 만일 그가 우리의 헌정 체제와 관련된 의무를 지니고 있다면, 그의 의무란 그것을 파괴하는 일입니다. 눈감아주는 덕분에 존재하는 헌정 체제는 비난받는 헌정 체제입니다. 그것에 대한 사형 언도가 이미 내려져 있는 것입니다. 사형 집행이 연기되어 있을 뿐입니다.

---

1  직장(職杖, mace) : 시장 등의 공직자가 권위의 상징으로 들고 다니는 장식용 지팡이. - 역주
2  권표(權標, verge) : 장원 영주가 토지를 대여할 때 차지인에게 손에 들게 하여 충성을 맹세시킨 막대기. - 역주

Ⅰ. 신 휘그가 구 휘그에 올리는 호소

이 신사 분들의 원칙 위에서는 우리의 헌정 체제에는 어떤 보장도 없고 있을 필요도 없는 것입니다. 그들과 관계되어 있는 한 그것은 친구도, 열렬 지지자도, 주장자도, 보호자도 없이 무방비 상태로 됩니다.

더욱 냉철한 사람들, 즉 자기 나라의 헌정 체제를 비난하는 데 더 열정적인 정치인들의 정도까지는 가지 않고, 프랑스의 헌정 체제가 더 낫거나 적어도 영국의 헌정 체제만큼 좋다고 실제로 생각하는 사람들의 원칙 위에서 이 보장의 가치를 검토해봅시다. 그들이 생각하는 보장이란 결국 실제로는 다음과 같은 것, 즉 공화국 체제와 영국의 제한된 군주제 사이의 차이는 내전을 할 만한 이유가 못 된다는 것일 뿐입니다. 이러한 견해는 본성이 아주 모험적이지 않은 사람들이 영국의 헌정 체제에 대항하는 능동적 활동에 적극적으로 나서는 것을 막는다는 것을 저는 인정합니다. 그러나 그것은 적극적으로 나서려 하는 사람들의 시도에 맞서서 사람들의 마음에 불어넣는 가장 형편없이 방어적인 원칙입니다. 그것은 우리의 유일한 보장으로 제시되는 내전의 공포 자체를 그들의 마음에서 완전히 제거하는 경향이 있습니다. 프랑스 헌정 체제를 아주 좋게 생각하는 사람들은 자신들이 아주 큰 이익, 또는 최악의 경우에 공평한 교환을 막기 위한 전쟁을 수행하는 사람들은 분명히 아닐 것입니다. 그들은 자신들의 패배가 자신들의 승리보다 대중에게 더 이로울 수도 있는 대의명분을 위해 전쟁을 치르려 하지 않을 것입니다. 그들은 적어도 건전한 견해로 전환하려 애쓰는 사람들을 선동해야 합니다. 그들은 그 선동을 반대할 사람들에게 찬성하지 않아야 합니다. 이러한 수단에 의해 그 모험적 정당이 강화되는 데 비례하여 투쟁에 대한 두려움은 약화됩니다. 이것이 헌정 체제의 적들에게 얼마나 용기를 불어넣어주는지 보십시오! 몇 건의 암살, 그리고 아주 엄청난 재산 파괴를 그들은 장엄한 정치적 변화 과정을 방해하는 현실적 장애로 보지 않는다는 사실을 우리는 알고 있습니다. 또한 그들은 여기서 만일 프랑스에서 그랬던 것처럼 반군주제의 견해가 더 강력해진다면, 자신들이 프랑스에서처럼 전쟁 없이 혁명을 성취할 수 있기를 바랄 것입니다.

프랑스 헌정 체제를 아주 좋게 생각하는 사람들은 그 열렬 지지자들이 추진하는 어떤 사태의 추이에도 별로 놀라지 않습니다. 위험이 없다고 생각하는 사람들에게 안전을 위한 대비책을 기대할 수는 없습니다. 아니, 우리와 똑같은 두려움을 품고 있는 사람들이 아니고는, 그리고 안전이 보장되는 것은 아주 큰 축복이며 우리가 그것을 안전하게 지키고자 저항하는 대상은 아주 큰 해악이라고 생각하는 사람들이 아니고는 아무에게도 안전 보장에 관한 이야기를 들을 수가 없습니다. 서로 다른 견해를 지니고 있는 모든 개인은 안전에 관해 부주의할 수밖에 없습니다.

저는 『고찰』의 저자가 그럴 만한 이유를 가진 저 일군의 사람들의 계획을 그가 두려워하건 않건 간에 그들을 경멸하도록 스스로를 설복하지 못할 것이라고 믿습니다. 그는 그들의 숫자 때문에 그들을 경멸할 수는 없는데, 공동체의 건전한 구성원들에 비해 아무리 적은 수라 할지라도 중요치 않은 것은 아니기 때문입니다. 즉, 그가 그들이 하고 있는 일에 아주 적합한 그들의 영향력, 그들의 활기, 또는 그들이 지닌 재능과 천성의 특질, 그리고 그들이 주로 의뢰하는 지성인들을 경멸의 눈으로 볼 수는 없습니다. 우리는 그들의 가장 저명한 파견 공사와 그들 당에서 비중 있는 지위의 몇몇 인사들이 해로운 견해를 전파하고 선동적인 글을 재가하며 선동적인 기념일을 조장하는 데 열성인 것을 보고 있지 않습니까? 또한 그들 부류 가운데 어떤 구성원들이 그들 또는 그들이 행하는 일과 절연했습니까? 이와 같은 상황에 놓인 사람들이 공개적으로 외국의 헌정 체제를 그렇게 찬양하고 우리의 헌정 체제를 그렇게 경멸하면, 『고찰』의 저자가 보기에 그것은 그가 프랑스의 헌정 체제에 관해 생각하고 있는 바와 마찬가지로, 아무런 위험도 없다고 말하면서 국민 가운데 나머지 사람들을 파렴치하게 기만하여 파멸에 빠뜨리는 결과가 됩니다.

위험을 헤아릴 때에는 우리가 그 손아귀에 잡힐 수 있는 적의 성격과 기질을 고려해야만 합니다. 이 당파의 천재성은 그들이 얼마나 다른 눈으로 최근의 외국 혁명들을 보았는지를 주목함으로써 쉽게 알아볼 수 있습니다. 두 번의 혁명이 그들의 눈앞에서 벌어졌습니다. 프랑스혁명과 폴란드혁명입니다. 폴란드는 그 안에 두 가지의 견해도 존재할 수 없을 만한 상태였지만, 그 헌정 체제의 구조는 심지어 피의 대가를 치른다 할지라도 많은 반감이 존재하지 않는 것처럼 보일 수도 있었습니다. 그러한 모험적 계획 속에서는 어떤 혼란도 두려워할 수 없었습니다. 제도 개혁의 방향이 혼란 상태 그 자체였기 때문입니다. 권한이 없는 왕, 동맹이나 복종이 없는 귀족, 예술과 산업과 상업 또는 자유가 없는 국민, 내부의 무질서, 외부에 대한 무방비, 무방비 상태의 나라에 마음대로 들어와 모든 것을 제멋대로 처리하는 외세 이외의 실질적 공권력의 부재. 이곳에서는 주제넘은 모험적 계획과 극단적 실험을 불러들여서 정당화하는 듯한 사태가 벌어졌습니다. 그런데 어떤 방식으로 이러한 혼돈에 질서가 부여되기 시작했을까요? 그 수단은 이성에 만족감을 주고 도덕감각을 위무하는 만큼이나 상상력에는 충격적인 것이었습니다. 그 변화에 관해 고찰해보면, 모든 것이 인간에게 대단히 기뻐할 만한 것이지 부끄럽거나 고통스러운 것은 없습니다. 이제까지 벌어진 일에 관한한, 그것은 아마도 인류에게 이제까지 주어진 가장 순수하고 정화된 공익일 것입니다. 우리는 무정부 상태와 노예 상태가 한꺼번에 제거되는 것을 보았습니다. 국민을 보호하기 위해 그들의 자유를 잠식하지 않고도 왕권이 강화되었습니다. 왕위 계승을 선출에서 세습으로 바꿈으로써 모든 외국의 비밀 도당이 추방되었고, 기분 좋은 경이감의 문제였습니다만, 우리는 한 군림하는 왕이 자기 나라에 대한 영웅적 애정에서 온갖 노고와 솜씨와 관리 능력과 음모로써 이방인들의 가족을 위해 애쓰는 것을 보았는데, 이것은 사실 야심에 가득 찬 사람들이 자신의 권력을 강화하기 위해 일하는 방식입니다. 1,000만 명의 사람들이 점차로, 그래서 자기 자신과 국가에 안전하게, 아무리 나쁜 것이라 할지라도 정신을 구속할 뿐인 사회적이거나 정치적인 족쇄가 아니라, 실질적인 개인적 속박에서 해방되는 과정에 있습니다. 도시 주민들은 특권이 없어지기에 앞서 사회생활의 그 개선된 상호 연결의 환경 속에서 존중받고 있습니다. 이제까지 세상에 알려진 가장 자부심 높고 다수이며 사나운 귀족과 신사 계급 집단들이 자유롭고 관대한 시민들 가운데 가장 앞자리에만 배치되었습니다. 단 한 사람도 손실을 입거나 수모를 겪지 않았습니다. 왕에서 날품팔이꾼에 이르기까지 모든 사람의 생활 조건이 개선되었습니다. 모든 것이 자기 자리와 순서에 그대로 놓였지만, 그 자리와 순서에서 더 나아졌습니다. 이러한 행복한 경이로움에 (즉, 지혜와 행운의 이러한 전대미문의 결합에) 단 한 방울의 유혈도, 배반도, 잔학 행위도, 검보다 더 잔인한 비방 조직도, 종교와 도덕이나 관습에 대한 학습된 모욕도, 약탈도, 압수도, 빈털터리가 된 시민도, 투옥된 사람도, 추방된 사람도 덧보태지지 않았습니다. 이것은 모두 이제까지 어떤 경우에도 알려진 바 없는 정책과 신중함과 만장일치와 비밀 유지의 결과였습니다. 그러니 이러한 놀라운 행위는 인간의 참된 권리와 이익을 지지하는 이러한 영광스러운 음모를 위해 예비된 것이었습니다. 자신들이 시작한 대로 진행하는 법을 알고 있다면 그들은 행복한 국민입니다! 영예롭게 시작하거나, 영광과, 애국자와 왕의 종족과 함께 끝맺음하고 그만둘 만한 가치가 있다면 행복한 왕자입니다.

이름이여, 하늘로 오르는 모든 바람이 품을,
인간은 입에 올리고, 천사는 즐거이 들을.

마무리 삼아 말하자면, 이 엄청난 복리는 지금 당장 그러한 것처럼 지금 이상의 온갖 개선의 씨앗을 품고 있습니다. 또한 그것은 질서정연한 발전 과정으로 간주될 수 있는데, 영국의 헌정 체제에서 안정된 탁월함을 지향하는 것과 유사한 원리에 토대를 두고 있기 때문입니다.

오랜 세월을 두고 축하하고 즐겁게 기억할 만한 일이 이곳에 있었습니다. 여기에서는 도덕주의자와 성직자들도 그들의 절제를 조금 늦추고 자기 본연의 인간성을 참으로 북돋울 수 있었습니다. 그런데 우리 당파를 주목해보십시오. 그들의 모든 열정은 프랑스혁명을 위해 남겨져 있습니다. 그들은 프랑스에 폴란드만큼의 변화가 필요했던 것처럼 가장할 수 없습니다. 그들은 폴란드가 이전에 향유한 것보다 더 나은 자유나 국가 체제를 성취하지 못한 것처럼 가장할 수 없습니다. 그들은 폴란드혁명이 프랑스혁명보다 대다수 인간의 이익과 감정에 더 값비싼 대가를 치르게 했다고 주장할 수 없습니다. 그런데 한쪽 혁명에 대해 그들이 취하는 냉담하고 깔보는 관점과 다른 한쪽 혁명을 추어올리면서 들이는 수고를 보면, 우리는 그들의 동기에 관해 판단할 때 선택의 여지를 갖지 못합니다. 두 혁명 모두 자유가 목적이라고 천명하지만, 이 목적을 획득하는 데 한쪽은 무정부 상태에서 질서로 나아가고 다른 한쪽은 질서에서 무정부 상태로 나아갑니다. 전자는 왕위를 확립함으로써 자유를 확보하고 후자는 군주제의 전복을 토대로 하여 자유를 세웁니다. 전자에서는 그 수단이 범죄에 의해 더럽혀지지 않고 그 해결 과정에서 도덕성을 선호합니다. 후자에서는 악행과 혼란이 그들이 추구하는 것과 향유하는 것의 핵심입니다. 이 두 사건에서 차이를 보이는 상황 때문에 우리는 두 사건에서 나타나는 판단상의 차이를 볼 수 있는 것이 틀림없습니다. 이러한 사정이 결정적으로 앞서 말한 단체들로 하여금 프랑스를 지지하는 쪽으로 만듭니다. **검이 바로 그들이 사랑하는 것이니**(Ferrum est quod amant). 사기, 폭력, 신성모독, 가족의 대대적인 파괴와 몰락, 한 위대한 나라의 자부심과 정수의 이산과 망명, 무질서, 혼란, 무정부 상태, 재산 침해, 잔인한 살해, 비인간적 몰수, 그리고 마침내 잔학하고 흉포하며 무감각한 사교 단체들의 무례한 지배. 이것이 바로 그들이 사랑하고 탄복하는 것입니다. 사람들이 탄복하고 사랑하는 것을 그들은 분명히 행동에 옮기려 합니다. 프랑스에서 벌어지고 있는 것을 봅시다. 그리고 나서 이러한 무자비하고 야만적인 권력의 손아귀에 들어갈 최소한의 위험성을 과소평가해봅시다!

"그러나 그 당파적 단체들의 지도자들은 너무나 거칠어서 착수한 일에 성공하지 못할 것이다."

저도 그러기를 바랍니다. 그러나 그들이 거칠고 불합리하다고 치더라도, 현명하고 성찰하는 사람들이 저지를 위험밖에는 없는 것일까요? 아마도 이제까지 세상에서 벌어진 가장 큰 해악은 우리가 가장 거칠다고 생각하는 사람들만큼 거친 개인들이 저질렀을 것입니다. 사실 그들은 온갖 아주 큰 변화들을 시작하는 데 가장 적합한 사람들입니다. 사람들의 불합리함이 그들의 악의를 좌절시킬 수 있을 때 왜 사람들은 해로운 일을 저지르는 데 고무될까요?

"그러나 그들을 주목하는 것이 그들에게 결과를 낳게 해줄 수도 있다."

물론입니다. 그런데 그들이 주목받고 있습니다. 또한 그들은 비난을 받는 것이 아니라, 그들이 모방하려고까지 하는 대상을 칭송할 때 아주 큰 정당의 (제가 확신하기로는 **실제의** 것이 아니라) **외견상의** 의견 일치에 의해 주어지는 것과 같은 종류의 지지를 받으며 주목받고 있습니다.

그런데 저는 훨씬 더 이상한, 그리고 우리를 그들의 손아귀에 있다고 생각하거나 맡겨버리는 것이 틀림없는 성격의 말을 듣습니다. 그것은 이렇습니다.

"여러분은 그들이 글을 쓸 때의 기민함, 그들이 음모를 꾸밀 때의 부지런함을 알고 있다. 그들에게 반하는 글을 쓰거나 말을 하거나 행동을 하는 것은 그들이 새로운 일에 착수하도록 자극할 뿐이다."

그들의 행동 원칙에 관해 이런 식으로 생각하는 것은 이 신사분들에게 형편없는 칭찬을 보태주는 것일 뿐입니다. 그들은 자신들의 원칙이 인간에게 대단히 이로운 것인 것처럼 주장하지만, 만일 그들이 아주 크게 자극받지 않는다면 그 원칙을 비밀로 간직할 것으로 보입니다. 그들의 자비는 악의에서 나오는 것입니다. 그들이 권위로 내세우는 발언은 (어떤 사람들은 많은 세부 특질에서도 서로 닮았다고 생각하는데) 자신을 가능한 한 나쁘게 이용하지 않으면 절대로 응답하려 하지 않았던 **프로테우스**[3]의 말과 비숫합니다. 이 고양이들은 자기 등을 잘 문질러주지 않으면 자신의 전깃불을 내놓으려 하지 않는 것 같습니다. 그러나 이렇게 말하는 것은 그들을 완전히 정당하게 평가하는 것은 아닙니다. 그들은 충분히 속을 잘 털어놓습니다. 만일 그들이 침묵했다면, 그들의 사적 감정에 반대되는바 국가의 기원과 기본적 권리에 관한 주제를 선동하는 것은 무엇이든 그 타당성이 의심받았을 것입니다. 그러나 그들이, 때와 상황이 허용하는 한, 자신들의 토론과 음모 모두에서 할 수 있는 만큼 빠르고 할 수 있는 한, 더 많이 일을 진척시키고 있었다는 사실이 악명 높은 것처럼, 즉 그들이 이제까지 사람들이 본 것 중에 가장 사악한 외국 당파와 서신 교환을 시작했고, 그 당파가 진행하고 있는 모든 일 가운데 가장 기괴망측하고 잔인하며 신뢰할 수 없는 것을 기념하는 행사를 만들었기 때문에, 의문점은 바로 우리의 간섭이 그들을 포학하게 만들지 않기 위해 그들의 행위를 조용히 바라보아야 하는가 하는 점입니다. 만일 그렇다면 그들이 원하는 대로 헌정 체제의 문제를 처리하도록 내버려두어야 합니다. 강간범이 폭력을 쓰도록 내몰리지 않으려면 당사자 여성이 가만히 있어야 한다는 뜻입니다. 저항은 그의 욕망을 더 부추길 뿐입니다. 만일 그 저항이 하는 시늉만 하

---

3   프로테우스(Proteus) : 그리스신화에서 자유자재로 변신하고 예언의 힘을 가졌던 바다의 신. - 역주

고 연약한 것이라면 분명히 그렇습니다. 그러나 헌정 체제 문제에 몰입하는 사람들은 아내의 부정을 묵인하는 남편처럼 행동하지 않습니다. 그들은 불륜의 연서와 밀회의 제안이 처음 나타나자마자 그러한 유혹자들을 집안에서 몰아낼 것입니다. 그런데 만일 『고찰』의 저자가 헌정 체제의 파수꾼이긴 하지만 신중한 수호자는 아니었다면, 그 헌정 체제에 똑같은 관심을 가진 사람들이 유혹과 폭력의 공격을 격퇴하는 데 마찬가지로 경계하고 더 솜씨가 있다는 것을 스스로 보여주도록 해줍시다. 그들이 시기심에서 자유로운지는 불확실합니다. 그러한 자유로움은 대상의 미덕에 대한 신념만큼이나 그것에 대한 무관심에서도 생깁니다.

그들의 원칙 위에서 보자면, 위험을 낳는 것은 저항이 아니라 공격입니다. 만일 그 글들의 가치로 위험을 측정한다면, 그것은 우리가 주의할 만한 것이 아니라는 것을 저는 참으로 인정합니다. 그 글들은 모든 의미에서 경멸을 받을 만하기 때문입니다. 그런데 그 글들은 위험의 원인에 해당하는 것이 아니라 무시무시한 사회 불안의 역겨운 징후입니다. 그것은 그것이 비롯된 단체들의 나쁜 습성을 보여준다는 점 말고는 중요치 않습니다. 그런 관점에서 보자면 그 가운데 가장 비열한 것은 심각한 글입니다. 제가 아무리 그 글들을 과소평가한다 한들, 만일 그 글들이 제가 말하고 있는 무질서의 결과가 아니라 원인인 것이 진실이라면, 효력이 있는 해독을 퍼뜨리고 그들이 본디 지니고 있는 모든 힘에 자신들의 권한과 선택의 효력을 더 많이 부여하는 사람들은 분명히 질책받고 감시받고 가능하다면 억압도 받아야 합니다.

이러한 당파들에 의한 직접적 위험이 얼마나 멀리 떨어져 있는 일인지 판단하기는 쉽지 않습니다. 상황을 계획과 원칙에 맞추는 것은 필요합니다. 그러나 이 세상사가 통상 진행되는 과정에서 이러한 것은 오랜 시간 동안 필요한 일이 될 수는 없습니다. 아주 큰 불만은 가장 잘 구성되어 있는 국가에서 인간의 지혜가 내다보지 못하고 인간의 힘이 막지 못하는 원인 때문에 자주 발생합니다. 그러한 불만은 불특정하지만 보통은 서로 멀리 떨어지지 않은 시기에 나타납니다. 모든 종류의 국가가 인간에 의해서만 운영되기 때문에 이러한 불만에 불을 붙이기 쉬운 아주 큰 실수가 동시에 발생할 수 있습니다. 중대한 시기에 우연히 통치를 하게 되는 사람들의 우유부단, 그들의 게으름에 기인하는 소홀함, 또는 그들의 경솔하고 무분별한 흥미가 대중의 불운을 악화시킬 수 있습니다. 그러한 형국에서는 지금은 씨가 뿌려졌을 뿐인 원칙이 싹이 터서 아주 무성하게 자라날 것입니다. 그러한 상황에서는 사람들의 마음이 고통스러워지고 부패합니다. 사람들은 모든 공인과 모든 공당과 함께 분노하고, 자신들 사이의 알력 때문에 지칠 것이며, 자신들 사이의 정치적 연합체들에 짜증이 날 것이고, (자신들이 그렇게 믿는 데에 아무리 많은 고통이 뒤따른다 할지라도) 모든 반대는 당파적인 것이고 모든 궁정 신하는 비열하고 비굴하다고 쉽게 믿게 됩니다. 인간에게 역겨움을 느끼게 되면서 그들은 곧바로 자신들의 국가라는 틀을 문제 삼게 되고, 그 국가가 그 안에서 관리를 담당하는 사람들에게 실제의 것이든 추측에 의한 것이든 악행의 자양분을 제공한다고 여깁니다. 악의를 현명함으로 오해하여 그들은 곧 선한 행정에서 모든 희망을 거두게 되고, 모든 개혁은 행위자의 변화가 아니라 조직의 변경에 달린 것이라고 생각하게 됩니다. 그렇게 되면 시민들로 하여금 자신들의 헌정 체제를 경멸하도록 부추기는 교조들의 완전한 효과가 체감됩니다. 그렇게 되면 사람들에게 모든 오랜 제도는 무지의 결과이고, 모든 오랜 관행의 국가는 그 본질상 찬탈에 의한 것이라고 믿게끔 가르치는 해악이 팽배함을 느끼게 됩니다. 그렇게 되면 의심을 품기는 쉽지만 그 의심의 해결은 할 수 없도록 만드는 데 기여하는 미성숙하고 불완전한 지식을 지닌 사람들 속에서 논쟁의 기분을 부추길 위험이 총력을 다해 몰려오는 것을 느끼게 됩니다. 그렇게 되면 이 모든 악화 속에서, 정치 이론의 미로 속에서 스스로 빠져나가는 길을 찾아내도록 교육받지 못했고 그 활로의 실마리를 거부하고 그 안내자를 경멸하도록 조작당한 사람들의 마음속에서, 모든 온순함을 파괴하는 치명적 결과가 느껴집니다. 그렇게 되면 국가에서 종교를 분리시키고, 정책에서 도덕성을 분리시키고, 모든 사회적 유대의 대부분의 재료와 국가에 대한 우리의 의무라는 원칙 속에 있는 관심과 강제적 또는 강압적 힘을 양심에 부여하지 않는 데 따르는 파멸을 느끼게 되고, 그것을 너무도 뒤늦게 인정하게 됩니다.

저는 또한 일부 사람들이 이 헌정 체제에 대한 사람들의 습관적 애착으로부터 이끌어내지만, 동시에 일종의 장난스러운 묵인과 함께 자신들의 면전에서 그 애착이 모욕을 당하도록 내버려두는, 이런 허망하고 모순적이며 자기 파괴적인 안전 이외에도 자신들의 마음에서 모든 염려를 제거하는 다른 이유들도 그들이 가지고 있음을 알고 있습니다. 그들은 프랑스에서 벌어진 균등화 체제의 수립을 견뎌야 할, 엄청난 세습 재산과 영향력을 지닌 너무도 많은 사람이 이 왕국에 있다는 견해를 가지고 있습니다. 만일 현재 그들의 재산에 수반하는 권력을 지도하기 위해 이 사람들이 예전의 두려움과 관련된 지혜를 지니고 있다면, 이것은 매우 맞는 생각입니다. 그러나 만일 그러한 재산이 특히 면할 수 없는 무기력한 안전 때문에 그들이 권력을 잡았을 때 사회가 최초로 혼란을 겪을 즈음에 자신들의 영향력을 사용하는 데 소홀하다면, 그들의 힘이 지닌 활기는 삭감될 것입니다. 그들의 재산이 안전의 수단이 되기는커녕 바로 그들에게 위험의 원인이 될 것입니다. 그들의 재산이 영향력을 부여해주기는커녕 탐욕을 불러일으킬 것입니다. 그들의 재산은 먹잇감으로 보이게 될 것입니다.

이러한 것은 현재 진행되고 있는 계획을 참으로 혐오하지만 그 혐오는 자기 몫의 파국에 관심이 있는 정당들의 혐오라기보다는 방관자의 혐오인, 엄청난 세습 재산을 지닌 사람들의 무기력한 상황일 것입니다. 그러나 부는 어떤 경우에도 무기력하고 수동적인 저항조차 지켜주지 않습니다. 이러한 부류 가운데에는, 그들의 마음이 열정에 의해서건 사악한 원칙에 의해서건 일단 오염되면, 그들의 재산은 그들이 실제로 공공의 평온을 해치는 역할을 하지 못하도록 하는 안전 보장이 전혀 되지 못하는 사람들이 항상 있습니다. 우리는 그 부류의 수많은 온갖 사람들의 저급하고 비열한 열정이 아무 거리낌 없이 조상 전래의 재산을 희생시키는 것에 주목하는데, 그 토지는 영광스럽게, 그리고 인류에 대한 세습적 후원자의 명예를 지닌 채 대대손손 그들 가문 내에서 영속될 수도 있는 것이기 때문입니다. 자기 재산이 도박의 열정에 지배당할 때 사람들이 그 재산을 얼마나 가볍게 다루는지 우리는 보지 않습니까? 야망 또는 원한이라는 도박판은 다른 어떤 도박과 마찬가지로 절망스럽게, 그리고 결과에 아주 맹목인 채로 부유하고 위대한 수많은 사람에 의해 벌어질 것입니다. 프랑스를 파멸시킨 소동을 최초로 벌인 사람이 지위나 재산이 보잘 것없는 사람이었습니까? 결과가 자기 자신과 관계되어 있는 한, 열정이 그를 결과에 맹목이 되도록 만들었습니다. 그러나 타인에 관한 결과에 관해서는 그는 조금도 배려하지 않았고, 저 고결한 애국자이자 인권 애호가와 조금이라도 유사성을 지닌 사람들에게서도 그러한 배려는 찾아볼 수 없을 것입니다.

온갖 종류의 이익이 투기의 대상이 되는 불안정한 시기 또한 있습니다. 그런 때에는 부와 중요 지위에 대한 집착 자체가 부를 지닌 몇몇 개인을 출세의 유혹으로 이끌어 그들이 어떤 새로운 질서 또는 무질서 속에서 중요한 자리를 독차지하기 위해 자신들이 생각하기에 가장 우세할 것 같은 당과 함께 주도해나가는 일도 벌어질 것입니다. 그들은 이런 식으로 행동하면서 자기 재산의 일부분을 안전하게 지키려 하고, 아마도 자신의 질서를 파괴하는 데 참여하는 사람이 될 것입니다. 변화에 투기하는 사람들은 지위가 낮고 궁핍한 사람들뿐만 아니라 지위가 높고 재산이 많은 사람 사이에서도 아주 많은 수가 항상 나타납니다.

이 모든 상황에 맞서서 무슨 안전을 도모할 수 있겠습니까? 인간의 모든 안전 조치는 불안정하기 십상입니다. 그런데 만일 무엇이든 그렇게 엄청난 재앙을 방지할 가망이 있으려면, 그것은 사회에서 정당한 영향력의 정상적 수단을 사용하는 것이어야 하고 그 수단은 손상되지 않은 채 지속되어야만 합니다. 대중의 판단력이 적절한 지도를 받아들여야 합니다. 모든 설득력 있는 인물이 아주 선한 일에 참여할 수 있어야 합니다. 아직까지는 허풍쟁이 철학의 거들먹거리는 거짓된 독립성에도 불구하고 자연이 자기 권리를 지키고 있고, 위대한 명사들이 큰 우세를 지니고 있습니다. 다른 모든 일에서는 의견이 합치하지 않지만 동의하는 한 가지 점에서 자신의 권위를 더하고 있는 피트 씨와 폭스 씨 같은 그러한 두 인물은 이 왕국에서 나오고 있는 이러한 사악한 견해들에 눈살을 찌푸릴지도 모릅니다. 그런데 만일 이 두 사람 중 어느 한쪽의 영향력이, 또는 이 두 사람과 유사한 사람들의 영향력이 그들의 진지한 의도에 반하게도 다른 점에서는 왜곡되어 있다면, 그들은 (제가 앞서 말했고 거듭해서 강조하고 싶었던 것처럼) 그들이 헛되이 통제하고자 하는 견해들을 지지할 수도 있습니다. 그들의 이론에서 이러한 정책은 어떠한 한계도, 어떠한 조건도 인정하지 않습니다. 가장 극단적인 데까지 가겠다고 공언하는 사람들과 합류한 사람이 어디까지 갈지 아무도 말할 수 없습니다. 이러한 무모한 독단이 횡행하는 가운데 사태를 일거에 중단시키기 위한 무슨 안전 조치가 있겠습니까? 아니, 이렇게만 되어도 좋겠습니다. 그들 가운데 몇몇 사람의 도덕감각이 그들의 야만적 이론을 조금이라도 살펴보아주기를 말입니다. 그러나 조심합시다. 선현의(early) 선입견과 아주 긴밀히 결합되어 그것과 거의 똑같은 것이 된 도덕감각은, 모든 선입견을 파괴하고 그들 철학의 가르침을 받은 가장된 진실에서 흘러나오는 결과를 전혀 두려워하지 않도록 사고방식을 조작하는 것을 토대로 가진 원칙 하에서는 틀림없이 오래 살아남지 못할 것입니다.

이 학파에서는 도덕감각이 틀림없이 날마다 점점 더 약화됩니다. 이 교사들을 더 조심해서 대하는 사람들은 이들의 금언을 규정할 때 그들의 전제가 아닌 그들의 정책과 일치하는 결론을 가능한 한 많이 도출합니다. 나머지는 그 문하생들의 총명함에 맡깁니다. 그런데 다른 사람들은, 그리고 이것이 바로 그들의 정신에 대해 가장 과도하게 칭송하는 점인데, 똑같은 전제를 제시할 뿐만 아니라 교회와 국가에서 우리의 헌정 체제 전체를 파괴한다는 결론을 뻔뻔스럽게 도출합니다. 그런데 이러한 결론이 정말로 도출되는 것일까요? 그렇습니다. 확실히 그렇습니다. 그들의 원칙은 거칠고도 사악합니다. 그러나 광분과 악행에도 정의가 행해지도록 합시다. 이 교사들은 완벽하게 조직적입니다. 그들의 근거를 자기 것으로 삼는 사람은 아무도 교회나 국가에 있는 영국의 헌정 체제를 용납하지 못합니다. 이 교사들은 모든 평범함을 경멸하고, 완벽함을 약속하며, 가장 단순하고도 빠른 과정으로 일을 진행하는 체합니다. 그들은 자신들의 정치학을 편리함이 아니라 진실 위에 세우고 의심할 바 없는 인권을 주장함으로써 사람들을 확실한 행복으로 이끄는 것처럼 가장합니다. 그들에게는 타협이 없습니다. 이들이 보기에는 다른 모든 국가가 저항을 정당화하고 심지어 요구하는 강탈로 세워진 것입니다.

그들의 원칙은 항상 극단으로 갑니다. 그러나 버크 씨의 책에 담겨 있는 옛 휘그의 원칙과 함께하는 사람들은 절대로 과도하게 멀리 갈 수가 없습니다. 그들은 어떤 유해하고 애매한 탁월함까지는 실제로 가지 않을 수 있는데, 실제로 소유할 수 있는 합리적 수준의 선함보다는 그러한 탁월함의 가치를 하위에 두도록 배울 것이기 때문입니다. 버크 씨의 책에서 주장하고 있는 견해는 극단으로 이끌 리가 만무한데, 그 기초가 극단에 대한 반대에 놓여 있기 때문입니다. 정부의 기초는 (기껏해야 법의 원리와 시민의 원리의 혼동일 뿐인) 상상으로 지어낸 인권이 아니라 정치적 편리함과 인간의 본성에 있는데, 그 본성은 보편적인 것이거나, 지역의 기질과 사회의 습성에 의해 수정되는 것이기 때문입니다. (버크 씨의 저서를 읽은 사람들은 떠올릴 수 있는) 정부의 기초는 우리에게 필요한 것을 준비하고 우리의 의무에 부합하는 것인데, 전자는 공급해주려는 것이고 후자는 강제하려 하는 것입니다. 이 원칙은 저절로 어떤 중심점으로, 또는 중심에 가까운 어떤 지점으로 이끌립니다. 그들은 실제로 자유의 일정 비율이 모든 좋은 정부에 필수적이라고 가정하지만, 이 자유가 그 정부에 섞여 들어가 있어야 하고, 정부의 형태 및 규칙과 조화를 이루어야 하며, 정부의 목적 아래에 있어야 한다고 생각합니다. 버크 씨의 저서를 따르지 않는 사람들은 그 반대자들과 함께하는 사람들입니다. 중용(medium) 자체를 제외하고는 중용이 없기 때문입니다. 그 중용은 그 책에서 찾아볼 수 있기 때문에 중용인 것이 아니라, 그것이 진실과 본성에 부합하기 때문에 그 책에서 찾아볼 수 있는 것입니다. 이런 점에서 볼 때 우리는 그 저자를 따르는 것이 아니라 우리와 그 저자가 같은 안전한 중용의 길(middle path) 위에서 함께 여행하고 있는 것입니다.

# 7.

## 정치적 사실과 인간 본성에 토대한
## 영국 헌정 체제의 이해

그의 저서에 담겨 있는 이론은 새로운 헌정 체제를 만들기 위한 원칙을 제공하는 아니라 이미 만들어져 있는 헌정 체제의 원칙을 설명하기 위한 것입니다. 그것은 우리의 국가를 이루는 사실에서 도출된 이론입니다. 그것에 반대하는 이들은 그의 이론이 그 사실과 싸우고 있음을 보여주어야만 합니다. 그러지 않는다면 그들의 싸움은 그의 저서가 아니라 자기 나라의 헌정 체제와 하는 것입니다. 우리의 복합적 헌정 체제의 제도 전체는 그 원칙 가운데 어느 하나라도 그 자체에 의해, 그리고 이론적으로, 지나치게 멀리 가는 것을 막기 위한 것입니다. 영국 체제의 진정한 정책이 되고자 하면, 그 체제에 책임이 있는 잘못의 대부분이 그 체제가 부주의하게 저지르게 된 불완전함이 아니라 그것이 신중하게 추구한 탁월함으로 보이게 될 것임을 인정합니다. 극단의 완성을 피하기 위해 그 전체 체제를 이루는 몇몇 부분이

I. 신 휘그가 구 휘그에 올리는 호소

그 자체의 목적에 부합할 뿐만 아니라, 그 원칙 가운데 어느 것을 지목해서 보더라도 그 실행이 어떤 지점에서 저지되고 중단되는 것을 알 수 있을 만큼 각각의 부분이 다른 부분들을 제한하고 통제하도록 구성되어 있습니다. 그 전체의 움직임은 어느 부분이든 그 경계를 넘어서 나아가기보다는 조용한 상태에 머무릅니다. 거기서부터, 영국의 헌정 체제에서는 때로는 공개적으로, 때로는 덜 주목받으며 진행되는 하나의 영구적 조약과 타협이 결과로 나타납니다. 하급의 물질계를 고찰하는 사람과 마찬가지로 영국의 헌정 체제를 고찰하는 사람에게는, 이 상호 제약의 비밀을 발견하는 것이 언제나 그가 가장 면밀히 조사하는 문제가 될 것입니다.

 - 만물의 능력과 궁극의 한계는 어떻게 설정되었는가?

 (- Finita potestas denique cuique Quanam sit ratione, atque alte terminus haeresn?)[1]

---

1  루크레티우스, 『사물의 본성에 관하여(De Rerum Natura)』, 1권 76-77행.
   루크레티우스는 에피쿠로스의 사상과 철학을 다룬 장시 『사물의 본성에 관하여』로 유명한 그리스의 시인·철학자이다. 이 작품에서 그는 에피쿠로스의 윤리학설과 논리학을 언급하고 있고, 자연과 본질에 대한 무지 때문에 생긴 영혼과 신들에 대한 편견을 비판했으며, 고대 원자론적 입장에 기반하여 유물론적 세계관을 전개했다. 시를 제외하고는 생애에 대해 알려진 바가 거의 없다. - 역주

프랑스에서 그들이 했던 것처럼 전혀 다른 제도 위에서 행동해왔고, 대중의 편에서 추상적이고도 무제한적인 권력의 완성을 목표로 삼는 사람들은 우리의 정치제도 가운데 어느 것에서도 우리에게 도움이 될 수 없습니다. 앞뒤를 가리지 않는 질주 속에서 그 목표를 벗어나버린 사람들은 한계를 벗어나지 않는 것을 목표로 삼는 사람들에게 본보기를 제공할 수 없습니다. 그러한 공론가들의 무모함이 본보기가 될 수 없는 것은 다른 이들의 소심함이 본보기가 될 수 없는 것과 마찬가지입니다. 전자는 올바른 것을 경멸하고 후자는 그것을 두려워합니다. 양자 모두 그것에 미치지 못하는 것입니다. 그러나 폭력에 의해 장애물을 넘어서는 사람들이 의심할 바 없이 가장 해롭습니다. 그 장애물을 넘어서기 위해 그들은 그것을 전복하고 파괴하기 때문입니다. 그들에게 기개가 있다고 말하는 것은 그들을 칭찬하면서 아무 말도 하지 않는 것입니다. 광기, 맹목성, 부도덕, 그리고 불경이라는 조절되지 않은 기개는 칭찬받을 만한 것이 아닙니다. 자기 손가락이 동상에 걸렸다고 해서 자기 집을 불더미 위에 올려놓는 사람은 우리의 거주지에 유쾌하고 유익한 온기를 공급하는 방법을 쓰는 건강한 교사가 될 리 만무합니다. 우리는 우리 안에 자유의 불꽃을 다시 피우기 위해 외국의 본보기를 원하지 않습니다. 우리의 조상이 남겨준 본보기만으로 자유의 정신을 온전히 살아 있도록 유지하고 그 정신이 온 힘을 발휘하도록 만들어주기에 더없이 충분합니다. 현명하고, 도덕적이며, 좋은 본성의 온후한 자유 정신의 본보기만이 우리에게 쓸모가 있거나 최소한 존경할 만하 거나 안전할 수 있습니다. 우리 사회의 구조는 그 한 부분이 다른 부분들을 근거로 하여 아주 많은 것을 지니고 있고, 그 부분들은 서로서로를 위한 것으로 만들어져 있고, 그 밖의 다른 것을 위해 서는 만들어져 있지 않기 때문에 그 구조 속으로 어떤 것이든 외 국 것을 도입하는 것은 그것을 파괴하는 것입니다.

로마제국에 관해 다음과 같이 한 말은 적어도 영국의 헌정 체 제에 관해서도 맞는 말입니다. **"이 강대한 구조는 800년간의 행 운과 좋은 원리 덕분에 이루어졌고, 따라서 이것을 뿌리 뽑으 면 그 뿌리 뽑는 자들이 파멸할 것이다**(Octingentorum annorum fortuna, disciplinaque, compages haec coaluit; quae convelli sine convellentium exitio non potest)."[2] 이 영국의 헌정 체제는 파리에

---

2 　타키투스(Publius Cornelius Tacitus, 55년경-117년경), 『역사』 4권 74행.
　　타키투스는 고대 로마의 역사가·웅변가·정치가다. 뛰어난 저술가로 유명하지만 그 자신에 대한 기록은 많지 않다. 베스파시아누스 황제(재위 69-79) 때부터 공직을 시 작하여 88년에는 법무관을 지냈고 97년에는 집정관에 선임되었다. 그 뒤에는 아 시아 속주의 총독을 역임하고 117년경에 사망한 것으로 추정된다. 타키투스는 역 사에 대한 예리한 정치적 분석을 제공할 수 있는 심오한 사상을 지녔다는 점에 서 당대의 위대한 역사가로 평가된다. 당대에 문필가로 더 유명했던 타키투스는 진지하고 장엄한 문체로 역사의 비극을 드러낸다. 그의 탁월한 문학성은 그의 저 작이 인류의 고전이 되는 밑바탕이 되었다. 저작으로는 『아그리콜라』, 『게르마 니아』, 『연설가들에 관한 대화』 등이 있다. 타키투스의 가장 주요한 저작은 그의 문필 활동 후반기에 쓴 두 권의 역사서, 『역사』와 『연대기』다. 『역사』는 100에서

서 발광하고 있는 궤변가 집단과 같은 일군의 주제넘은 사람들에 의해 일거에 만들어진 것이 아닙니다.

> 그것은 하루아침에 황급히 만든 것이 아니라,
>
> 지혜로운 지체로 잘 무르익은 열매이니라.
>
> ('Tis not the hasty product of a day,
>
> But the well-ripen'd fruit of wise delay.)[3]

---

110년 사이에 저술된 것으로 네로 황제의 사망부터 도미티아누스 황제의 사망 (69-96)을 다루고 있다. - 역주

3  존 드라이든(John Dryden, 1631-1700), 『정의의 여신의 귀환(Astraea Redux)』 2장 169-170행.
드라이든은 1631년 노샘프턴셔 주 올드윙클에서 이래즈머스 드라이든과 메리 피커링의 아들로 태어났다. 부모의 가문은 모두 청교도 가문이었고 왕에 반대하는 의회파였다. 1658년 크롬웰이 죽자, 크롬웰의 영광스러운 기억에 바치는 「영웅시」를 썼다. 1660년 왕정복고와 함께, 의회주의자였던 드라이든은 왕당파와 영국 국교도가 되었다. 드라이든은 『정의의 여신의 귀환』이라는 시를 써서 찰스 2세의 왕정복고를 축하하는데, 이 시에서 드라이든은 영국과 로마를 비교하고 찰스를 아우구스투스에 비유했다. 드라이든의 문학적 능력은 풍자시에서 가장 잘 발휘되었다. 휘그파와 토리파 사이의 정치적 갈등이 정점으로 치닫던 1681년 『압살롬과 아히도벨』을 썼다. 이 풍자시로 그는 왕과 정부를 옹호하고 야당인 휘그당을 공격했다. 오렌지 공 윌리엄이 영국 왕으로 즉위하면서 드라이든은 계관시인과 왕실 사료 편찬자의 자리를 잃게 되었다. 드라이든은 새로운 군주에 대한 충성 서약을 거부하고, 명예혁명 뒤 확고한 가톨릭교도이자 제임스주의자로서 인생의 나머지 12년을 보냈다. 1700년 사망해 웨스트민스터 사원에 묻혔다. 드라이든은 영국 문학사상 가장 위대한 풍자시인으로 여겨진다. - 역주

그것은 오랜 세월 동안 수많은 사람의 생각이 만들어낸 결과입니다. 단순하지도 피상적이지도 않은 것이고, 피상적 이해에 의해 평가될 수도 없는 것입니다. 하지만 무지한 사람은 자신의 시계를 분해할 만큼 어리석지는 않아도, 겉모습도 다르고 더 중요하고 복잡하며 전혀 다른 바퀴와 용수철과 균형추, 그리고 길항하고 협력하는 동력 장치로 만들어진 도덕이라는 기계는 자기 마음대로 안전하게 분해했다가 조립할 수 있다고 자신만만해 합니다. 사람들은 이해하지 못하는 것에 성급하게 손을 대면서 자신이 얼마나 부도덕하게 행동하는지 생각하는 법이 거의 없습니다. 그들의 망상에 가까운 선의가 그들의 주제넘음을 덮어줄 구실이 되지는 못합니다. 진정으로 선의를 지니고 있는 사람들은 잘못 행동할 것을 두려워해야만 합니다. 영국 헌정 체제는 지혜롭고 성찰할 줄 아는 지성인들이 알아볼 수 있는 장점을 지니고 있지만, 평범한 사람들에게 맞추기에는 너무나 수준이 높은 탁월한 질서를 지닌 것입니다. 그것은 아주 많은 관점을 수용하고 아주 많은 조합을 만들어내기 때문에 얄팍하고 피상적인 이해력으로는 파악될 수가 없습니다. 심오한 사상가들은 그 이치와 정신을 알 것입니다. 그것을 덜 탐구하는 사람들은 자신의 감정과 자신의 경험 속에서 그것을 인식할 것입니다. 이렇게 엄청나게 중요한 가장 본질적인 점에서 자신들을 가장 현명하고 지적인 사람들과 동등한 위치에 놓이게 해주는 기준이 있다는 것에 대해 그들은 신께 감사할 것입니다.

만일 평판 높고 총명하며 학식 있는 이들의 기왕의 연구에 도움을 청하지 않는다면, 우리는 항상 초보자가 될 것입니다. 사람은 어디에선가 배워야만 합니다. 그런데 새로운 교사들은 그들이 성공적인 한 자신이 달성하는 것 이상을, 다시 말해 사람들로부터 인류의 집적된 지혜의 혜택을 빼앗고, 사람들을 자신의 괴팍한 가정을 추종하는 맹목적 제자로 만드는 것 이상을 꾀하지 않습니다. 자기네가 필요한 물건과 가구를 아주 새롭게 갖추었다고 생각하도록 배운 이 망상에 빠진 중생(그 모든 제자와 대부분의 스승)에게 말을 걸어보면, 그들의 집에 **네이브스 에이커**(Knaves Acre)[4]에서 가져온 쓰레기 말고는 오랜 세월 동안 망상과 폭력 선동에 봉사하느라 닳아빠졌고, 새로이 광택을 내고 깁고 윤을 내서 항상 인간의 분별력과 무분별 사이에서 유지되어온 갈등에 관해 알지 못하여, 바로 그 어리석은 짓이 이전에 존재했으며 아주 오래전에 그에 대한 논파도 있었다는 것을 모르는 사람들에게는 충분히 효력을 발휘하는 썩은 물건들밖에 없다는 것을 알게 될 것입니다. 이러한 야망과 탐욕과 소란의 계책이 낡아빠진 것이라는 사실을 알아온 세월이 거의 2,000년입니다. 그것

---

4 네이브스 에이커(Knaves Acre) : 과거에 공동 쓰레기장이 있었던 런던의 한 거리의 옛 지명. '건달의 땅'이라는 뜻. - 역주

은 모든 진부한 것 가운데 참으로 가장 오래된 것이고, 때로는 좋고 필요한 대의명분을 지닌 것이며, 가장 나쁜 대의명분에서 나올 때가 더 자주 있지만, 둘 중 어느 것으로도 정할 수 없는 진부한 것입니다.

**이유는 항상 똑같다. 욕정과 탐욕, 그리고 자신의 상황을 바꾸려는 욕망뿐. 그러나 자유와 허울 좋은 말은 구실을 만들어낸다. 그럼에도 타인을 예속하고 스스로 지배자가 되고자 한 인간치고 판에 박힌 위선적 언사를 쓰지 않은 자는 없었다.**

(Eadem semper causa, libido et avaritia, et mutandarum rerum amor. Ceterum libertas et speciosa nomina pretexuntur; nec quisquam alienum servitium, et dominationem sibi concupivit, ut non eadem ista vocabula usurparet.)[5]

합리적이고 경험 많은 사람은 진정한 자유와 거짓된 자유, 그리고 진짜 충실함과 진정한 척하는 것을 어떻게 구별하는지를 어지간히 잘 알고 있고 늘 알고 있었습니다. 그러나 아주 박식한 사람들 말고는 사적 자유와 공적 자유를 공권력과 질서와 평화와 정의, 그리고 무엇보다도 값을 매길 수 없는 이 전체의 토대 위에

---

5 타키투스, 『역사』. - 역주

서 오랜 세월을 통해 영구성과 안정성을 부여하기 위해 만들어진 제도들과 결합하는 데 적합한 구조의 정교한 장치를 아무도 이해할 수 없습니다.

예컨대 몽테스키외 같은 사람을 여러분 눈앞에 놓아보십시오. 모든 나라 또는 모든 시대에 태어나지는 않는 천재, 통찰력 있는 독수리 같은 눈, 더없는 박학다식을 갖춘 판단력, 초인적 정신의 강건함, 그리고 힘든 일에도 좌절하지 않는 기개를 타고난 사람, 한 가지를 추구하면서 20년을 보낼 수 있는 사람에 관해 생각해보십시오. (자신의 자손으로 태어날 모든 세대의 목록을 예지의 비전으로 자기 앞에 만들어놓았던) 밀턴의 작품에 나오는 만인 공통의 조상[6]과 같은 사람, 동쪽, 서쪽, 북쪽, 남쪽에서 유래한, 그리고 가장 거칠고 조잡한 야만에서 가장 세련되고 섬세한 문명에 이르는, 인류 가운데에 널리 퍼져 있었던 모든 정부 제도를 한데 모으고, 이 모든 무한한 것의 수집을 토대로 그 모든 것의 가치를 평가하고 판단하고 대조하고 비교하고 사실과 이론을 결합해서 의회 안으로 들여온 뒤에 모든 시대의 논증자들의 사고력을 바닥나게 한 온갖 추론을 검토할 수 있는 사람에 관해 생각해보십시오! 그러고 나서 이 모든 것이 한 사람에게 자격을 부여하는

---

6  『실락원』에 등장하는 아담. 몽테스키외는 『법의 정신』에서 영국의 헌정 체제에 관해 논한다. - 역주

I. 신 휘그가 구 휘그에 올리는 호소

아주 많은 예비 단계에 불과하다는 것, 그리고 그 사람은 영국의 헌정 체제를 인류의 찬양거리로 내세우며 찬양하는 어떤 국민적 편견에도, 어떤 자국 편향의 애정에도 물들어 있지 않은 사람이라는 것을 생각해봅시다! 그런데 우리 영국인이 그런 인물을 일부러 버려야 할까요? 그 사람이 만들어낸 것보다 아주 훨씬 더 많은 것이 여전히 이해되고 칭찬받아야 하는 마당에 우리 스스로 진정한 학문의 학파에 남기는커녕, 배울 줄도 모르고 유일하게 안다고 주장하는 사실이 자신은 의심을 해본 적이 없다는 것이며, 우리가 그들로부터 배울 수 있는 것이란 그들이 가르치기 힘든 사람들이라는 점이고, 고요한 마음으로 흠모해야 할 것을 경멸하도록 우리를 가르치려는 사람들을 우리의 교사로 선택해야 할까요?

모든 위대한 비평가는 그들과 다릅니다. 그들은 우리에게 유일한 본질적 법칙을 가르쳤습니다. 제가 생각하기에는 자연의 완벽한 추종자이자 탁월하고 철학적인 예술가이고 진정한 감정가인 조슈아 레이놀즈 경[7]은 언젠가 바로 그것을 또는 그 비슷한 것을 자신의 일에 적용했습니다. 설사 우리가 우리 자신의 공상

---

7  조슈아 레이놀즈 경(Sir Joshua Reynolds, 1723-1792) : 영국의 초상화가이자 미학자. 18세기 중엽부터 말까지 영국 예술계를 주도했다. 1768년에 왕립 아카데미가 창설되었을 때 초대 원장에 선출되었고, 왕으로부터 기사 작위를 받았다. - 역주

을 좇기 위해서가 아니라 우리가 어떻게 그리고 무엇을 존경해야 하는지 알 때까지 그들에 관해 공부하기 위해 모든 박식한 이들이 존경했던, 예컨대 리비우스[8]와 베르길리우스, 라파엘로와 미켈란젤로 같은 작가나 예술가를 존경하는 마음이 없다는 것을 스스로 알게 된다 할지라도, 또한 설사 이 세상의 나머지 사람들이 속아온 것이라고 믿기보다는 우리가 둔감한 것이라고 믿기 위해 우리가 이러한 존경심과 지식의 결합에 이르지 못한다 할지라도 그것은 변함없는 사실입니다. 그 본질적 법칙은 적어도 이 존경받는 헌정 체제에 관해서는 마찬가지로 선한 법칙입니다. 우리는 우리의 기준에 따라 그것을 이해해야 하고, 우리가 현재 파악할 수 없는 것을 공경해야 합니다.

그러한 숭배자들이 바로 우리가 이 찬란한 유산의 은덕을 입은 우리의 조상입니다. 이 유산을 두려움이 아닌 열의를 가지고 더 좋게 만듭시다. 배타적 자신감을 지니고 있지는 않으나 이론적 근거를 지니고 있고, 타인의 이성을 존중함으로써, 앞을 바라보는 만큼 뒤도 돌아봄으로써, 그리고 정신의 활력에 의해서뿐만 아니라 겸손함에 의해 이 나라의 헌정 체제가 그 근본 원리에서 이탈하지 않게 할 뿐만 아니라, 그 법률과 헌법, 그리고 이 왕국의 관습 속에 일말의 근거도 없는 어떤 수정도 가하지 않음으

---

8  리비우스(Titus Livius, 기원전 59년-기원후 17년) : 로마의 역사가. - 역주

Ⅰ. 신 휘그가 구 휘그에 올리는 호소

로써 이 나라의 헌정 체제를 아주 조금씩 점점 더 완성에 근접하도록 계속해서 이끌어온 사람들인 우리 조상의 길을 따릅시다. 정치적 또는 자연적 권위에 대한 신뢰를 지니고 있는 이들이 혁신이라는 절망적 사업에 맞서 그것을 늘 감시할 수 있도록 해줍시다. 그들의 자비심조차 강화되고 무장되도록 해줍시다. 그들이 자기 눈앞에서, 한 군주가 모욕당하고 비하당하고 갇히고 폐위되고, 그의 가족은 해산되고 흩어지고 투옥되고, 그의 아내는 그의 면전에서 모든 대중 가운데 가장 비도덕적인 인간들에 의해 성적으로 가장 비도덕적인 사람으로 모욕당하고, 그 자신은 악명 높은 승리를 구가한 그 비열한 인간들에 의해 세 차례나 끌려다니고, 그의 자식들은 천부의 제일 권리를 침해당해 그에게서 강제로 떼어내어져 절망적이고 불경한 단체 지도자들 가운데 가장 절망적이고 불경한 자들의 감독에 놓이게 되고, 그의 수입은 탕진되고 약탈당했으며, 그의 치안판사들은 살해되고, 그의 성직자들은 법률의 보호가 박탈되어 박해당하고 아사를 강요당했으며, 그의 귀족들은 지위가 강등되고 재산이 몰수되고 뿔뿔이 도망자가 되고, 그의 군대는 부패하고 파괴되었으며, 그의 온 백성은 곤궁해지고 분열되고 해체되는 실례를 보고 있는 동안, 그 군주는 자기 감옥의 창살을 통해, 그리고 감시인들의 총검 사이로, 원칙과 기질과 목표 면에서는 일치하지만 공통의 목적에 도달하는 가장 효과적인 수단과 관련해서는 서로를 갈기갈기 찢어놓는데, 한쪽에서는 왕의 권위를 더 쉽게 파괴하기 위해 왕의 이름과 왕 개인 자체는 당분간 그대로 놓아두자고 주장하고, 다른 쪽에서는 신성모독의 처형 방법으로 왕의 이름과 그 개인의 목과 군주제를 몽땅 잘라내야 한다고 시끄럽게 떠들어대는, 똑같이 사악하고 파렴치하고 서로 싸우는 두 당파의 소란을 듣습니다. 한 인간에게 닥친 것 가운데 가장 엄청난 이 모든 누적된 재앙이 그의 목을 덮치고 말았는데, 그의 덕은 경고의 보호를 받지 못했고, 권력에 관한 한 덕을 베풀고자 하는 사람은 배은망덕에 맞서 안전을 확보해야 한다는 것을 배우지 못했기 때문입니다.

저는 이제까지 자신들에게 다가오고 있는 위험에 놀라지 않았기 때문에, 그리고 보통 놀란 사람들에게 일어나는 일인바 그들이 그 위험에 사로잡혔을 때 모든 방책을 잃어버렸기 때문에 한 위대한 왕자와 국가에 닥친 재앙에 관해 말했습니다. 제가 위험에 관해 말하는 것은 신 휘그 정책의 우세를 악으로 간주하는 사람들에게 분명히 말을 걸고자 하는 것입니다.

오늘날의 휘그가 존재하기 이전에, 이 『호소』에서 보듯이, 그들에게는 헌정 체제를 만든 조상이 있었습니다. 그들은 현대 학파의 박사들을 가지고 있습니다. 그들 스스로 선택할 것입니다. 『고찰』의 저자도 스스로 선택했습니다. 만일 새로운 질서가 도래하고 있고, 우리 조상이 신의 계시로서 숭배한 정치적 견해가 꿈처럼 사라져야 한다면, 저는 그에게 이러한 말을 바치겠습니다.

그는 우리 헌정사에서 우리 조상의 날인도 받지 않은 채 프랑스의 금형으로 자기들 멋대로 휘그의 원칙이라는 동전을 찍어낸 자들의 첫 번째이자 가장 위대한 인물이 되기보다는, 그 휘그 종족의 (분명히 그는 그 종족 가운데 최연소이기에) 마지막 인물이 되고자 했다고 말입니다.

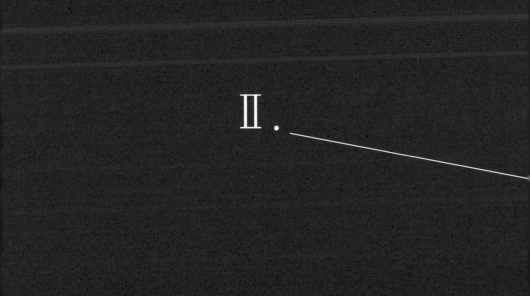

Ⅱ.

궁핍에 관한
소견과
세부 고찰

# 서문

프렌치 로렌스[1]·워커 킹[2]
1800년 11월 1일

 죽음에 의해 정전이 되는 지혜는 일종의 신성한 존경심으로 참고하게 된다. 격식을 차리지 않는 말 또는 어떤 아주 오래전 저자의 말에서 무심코 따오는 금언, 재미나는 서술 기법 또는 과거 시대의 역사에서 가져오는 적절한 일화는, 그것이 우리가 당면한 상황의 긴급한 필요와는 먼 일반적 적용 가능성만을 지니고 있다 할지라도 열심히 찾아보고 즐겁게 기억하게 된다. 그러나

---

1 프렌치 로렌스(French Lawrence, 1757-1809) : 영국의 법학자·문필가로 에드먼드 버크의 가까운 동료이자 추종자였다. 그가 에드먼드 버크와 주고받은 편지를 모은 『에드먼드 버크 각하와 프렌치 로렌스 박사의 서한집(The Epistolary Correspondence of the Right Hon. Edmund Burke and Dr. French Laurence)』이 1827년에 그의 동생인 리처드 로렌스에 의해 출간되었다. - 역주

2 워커 킹(Walker King, 1751-1827) : 영국의 성직자이자 문필가로 1809년부터 로체스터의 주교로 재직했다. 프렌치 로렌스와 함께 에드먼드 버크의 만년 저작을 편찬하여 여덟 권의 책으로 출간했다. 그의 형인 제임스 킹(James King, 1750-1784)은 영국 해군 장교로서 제임스 쿡의 마지막 세계 일주를 보좌했다. - 역주

탁월한 재능과 더욱 폭넓은 지식으로 우리 시대에 아주 저명했고, 우리 자신이 처한 상황과 똑같지만 않을 뿐 아주 유사한 상황을 관찰했지만, 우연과 어리석음이나 악의가 지금 이 순간에 낳을 수 있는 편견과 격분의 영향 없이 들려주는 인물들의 사후의 견해에서 우리가 취할 수 있는 가르침은 얼마나 훨씬 더 중요한 것인가.

고인이 된 버크 씨는 가장 높은 판단력을 지닌 이들의 평가에서, 과학적이면서 실용적이기도 한 농부로 우뚝 서 있었다. 그는 바로 그 통찰력 있고 종합적이고 원기왕성한 사고방식을 자신의 영역으로 가지고 들어왔는데, 그것은 공직 생활의 무대에서 그가 진력하는 모든 일에서 아주 두드러지게 빛을 발했다. 어디에 있건, 무슨 일에 관여하건 간에, 그는 정보를 수집하는 데 근면 성실하면서도 자신이 획득한 것을 일반 원칙과 결합하는 작업 또한 즐거이 했다. 고대 문명인들이 농사에 관해 우리에게 남겨준 것이 그에게는 친숙했고, 그는 그 고귀한 저자들의 글을 새로운 판본으로 편찬하는 일을 한때 고무하고 스스로도 착수했지만, 그 자료들에서도 새로운 조언을 때때로 얻을 수 있을지라도, 헤시오도스[3]나 베르길리우스, 카토[4]나 콜루멜라[5]의 권위보다 자기 농장 일꾼의 권위를 더 선호했다. 그는 다른 주제와 마찬가지로 이 주제에 관해서도 자기 힘으로 생각했다. 또한 그는 나타난 오류들을 건전하게 개혁하기를 거부하지 않았지만, 아버지에서 아들로

II. 궁핍에 관한 소견과 세부 고찰

대를 이어 영국의 토양을 기름지게 만드는 데 진력한 부류 사람들의 전통적 기술과 경험의 지침을 주로 따랐다. 그는 자신이 더 심각하게 염려하는 것에서 벗어나 가장 기분 좋게 취하는 휴식을 농업에서 찾았을 뿐만 아니라, 땅을 경작하는 것과 그로부터 생산되는 모든 것의 이용을 일종의 도덕적이고 종교적인 의무로 생각했다. 인생의 막바지로 향할 때, 자신이 모든 기대를 오랫동안

---

3  헤시오도스(Hesiodos, 기원전 740년경-기원전 670년경) : 고대 그리스의 서사시인이자 작가로 호메로스와 함께 그리스신화, 그리스 문학에서 중요한 역할을 하는 시인이다. 헤로도토스는 헤시오도스와 호메로스가 그리스인들에게 신을 만들어주었다고 했다. 신들의 전설을 다룬 『신통기』와 시골 생활을 묘사한 『노동과 나날』 등의 서사시와 교훈시를 지었으며, 호메로스와 함께 후대 그리스, 로마의 작가들에게 영향을 주었다. - 역주

4  카토(Marcus Porcius Cato, 기원전 95년-기원전 46년) : 카이사르를 비롯한 권력가들에 맞서서 로마의 공화정을 수호하려고 애쓴 보수적인 원로원 귀족들(옵티마테스)의 지도자였다. 기원전 72년 노예인 스파르타쿠스가 반란을 일으키자 군대에 들어가 일반 병사로서 이에 맞서 싸웠다. 카이사르에 맞선 싸움에 실패하자 스스로 목숨을 끊었다. 키케로의 작품으로 카토를 찬양하는 내용의 『카토』는 그를 신랄하게 비난하는 카이사르의 『반카토(Anti-cato)』에 답하여 쓴 것이다. 1세기에 활동한 시인 루카누스는 『내전(Bellum civile)』에서 카토를 덕스러운 인물의 모범으로 그리고 있다. - 역주

5  콜루멜라(Lucius Junius Moderatus Columella) : 1세기경 로마의 군인이자 농부. 농사와 소박한 삶에 대한 흥미를 불러일으킬 목적으로 농업과 농업 관련 주제에 관해 광범위한 저술을 남겼다. 젊었을 때는 시리아에 주둔하고 있는 군단(레기온)의 지휘관으로 있었으나 군대와 법률을 다루는 일에 흥미를 갖지 못하고 이탈리아로 돌아와 농사를 시작했다. 그의 두 번째 책인 『소박한 삶에 관하여(De re rustica)』(12권)는 시골 생활을 자세히 묘사했는데, 초기 저작의 일부인 『나무들에 관하여(De arboribus)』와 함께 현재 전해지고 있다. 『농업에 관하여(Of Husbandry)』(1745)는 『소박한 삶에 관하여』와 『나무들에 관하여』의 영문 번역판이다. - 역주

집중한 아들을 잃고는 우아한 문체로 베르길리우스를 읊으며 오 랜 세월 동안 돌본 나무들이 이제는 그의 후손 누구에게도 그늘 도 줄 수 없음을 한탄하고는, 스스로 마음을 고쳐먹으며 이런 말 을 덧붙인다.

"허나 그대로 놔두라. 그러므로 나는 그 나무들에 관심을 덜 두 어서는 안 된다. 그 나무들은 자라서 신이 된다."

농업, 그리고 농업과 연결되어 있고 농업에 의존하는 상업은 국가 경제(political economy)의 가장 중요한 분야 가운데 하나를 형성한다. 그래서 버크 씨는 이 두 분야를 부지런히 연구했다. 실 제로 그가 나중에 정치인으로서 획득한 높은 지위에 오르기 위 한 자격을 갖추기 시작했을 때 그는 폭넓고 깊은 지식의 토대를 놓았고, 헌법과 법률, 그리고 이 왕국들의 시민사와 전사(戰史) 에 관한 정밀한 연구에 우리 상업 체계의 전 순환 과정에 관한 정 통한 지식을 결합했다. 그가 젊은 시절에 당시에 무역왕(Lord of Trade)이었고 지금은 고인이 된 제라드 해밀턴 씨를 처음 알게 되 었을 때, 해밀턴 씨는 그때 생존해 있었던 한 친구에게, 스스로 조사하고자 애를 썼고 어떤 개인도 접근할 수 없는 공식 문서의 도움을 받았지만 자신이 얼마나 눈에 띌 정도로 열등감을 느끼는 지를 천진난만하게 고백했다. 또한 그는 국부에 관한 유명한 저 작을 쓰고 있었던 애덤 스미스 박사에게 자문 요청을 받기도 했 고 그의 견해에 대해 최대의 경의를 받기도 했다.

의회에서 버크 씨는 이 주제들에서 아주 금세 두각을 나타냈다. 우리의 해외 곡물 무역을 규제하는 최초의 위대한 영구적 법률이 1772년에 하원에서 심의 중이었을 때, 그는 그 탁월함으로 당시에 찬사를 받은 연설을 한, 그 법안의 주요 지지자 중 한 사람이었고, 그가 아주 특히 통달한 철학적 안목이 담긴 경제학 지식을 그 전 영역에 걸쳐 풍부하게 지닌 인물로 일컬어졌다. 그 무렵에 또한 그는 **사재기**를 금지하는 법령의 폐지를 열심히 홍보했다.[6] 이것은 방심한 순간의 방종한 충동에서 가볍게 서둘러서 제안되거나 채택된 조치가 아니라, 6년간의 궁핍과 고물가 시기 동안 하원이나 여러 위원회에서 이루어진 다양한 조사 연구의 결과였고, 서로 상반되는 경향의 두 법안이 그 이전에 제출되었다가 사라진 바 있었지만, 마침내 모든 이의 이성에 그 가치를 입증하여 단 한 명의 이의의 목소리도 없이 도입 명령을 받은 조치였다. 이러한 활동에서 그의 걸출함이 그의 생애의 마지막까지 이어져 그의 명성이 전 유럽에 걸쳐 더욱더 널리 퍼졌지만, 그는 이러한 명성이 그에게 제공한 이점을 이용하여 다른 나라들의 상태에 대한 탐구로 연구 영역을 확장하여 자기 조국의 이익을 도모하고자 했다. 이 모든 연구의 결과는 그가 날마다 더욱 굳게 확신하게 된 바로서, 사고파는 행위에 대한 억제되지 않는 자유가 생산과 공

---

6  1772년까지 사재기는 법으로 금지되어 있었다. - 역주

급을 고무하는 위대한 원칙이라는 것이었다.

이번에 출간하는 글에는 이 흥미로운 주제들에 관한 버크 씨의 매우 성숙한 생각이 담겨 있다. 앞서 언급한 계제에 그가 피력한 소감이 그 자신에 의해서건 타인에 의해서건 우리에게 전해진 바 없었기 때문에 이 글은 더욱 가치가 있다. 그는 1795년에 수확이 이루어지기도 전에 작물의 외관을 보고 놀랐다. 그해 가을에 수확된 생산물의 실상이 알려지기 시작했을 때에는 온 나라가 놀랐다. 그러한 경우에 으레 그렇듯이 다양한 기획안이 정부에 제출되었는데, 그의 견해로는 그것이 아주 지나치게 고분고분하게 받아들여지는 것 같았다. 이러한 인상을 받은 채 은퇴해 있으면서도, 그리고 자신의 사적 고통의 와중에서도 그 어느 때만큼이나 염려하면서 공공의 안전과 번영을 위해 그는 곧바로 피트[7] 씨에게 건의서를 보냈는데, 이것이 바로 이 소논문의 기초가 된다. 나중에 이 문제의 중요성을 고찰하면서, 그리고 다가오고 있는 긴 주기의 궁핍을 우려하면서, 그는 이 주장의 몇 가지 갈래를 자세히 설명하고 자신의 「궁핍에 관한 소견과 세부 고찰」을 더욱 대중적인 형태로 다듬고자 했다. 그는 이것을 그의 친구인 아서 영[8] 씨에게 바

---

7  1784년부터 1801년까지, 그리고 1804년에 다시 수상 겸 국가재정위원장(First Lord of the Treasury)을 맡은 소(小)피트(William Pitt the Younger, 1759-1806). - 역주

8  아서 영(Arthur Young, 1741-1820) : 영국의 작가. 『영국 국민에게 보내는 농부의 편지(The Farmer's Letters to the People of England)』(1768), 『실험적 농사법(A Course

치는, 농촌경제학에 관한 일련의 편지로 쓰고자 했다. 그가 이 계획을 어느 공고에서 발표하기조차 했다는 사실을 기억해둘 만하다.[9] 그러나 그의 관심은 다른 식으로 불리지 않을 수 없었다. 그의 온 사고는 당시에 우리 의회에서 벌어지고 있었던 정책 변화[10]에 쏠려 있었다. 이제까지 위대한 국가들이 중대하고도 의심스러운 분쟁에서 벗어날 수 있게 해준 유일한 수단인 용감한 수완을 망각한 채 우리는 우리 동맹국들의 권고에 반하여 평화를 간청하는 자발적이고 불필요한 굴욕으로 주저앉았는데, 이것은 그가 판단하기에 우리의 오만한 적의 적대감이 허용치 않을 것이었고, 허용된다 할지라도 전쟁을 연기하는 것으로 우리를 위협하는 것보다 훨씬 더 가공할 위험을 틀림없이 초래하지 않고는 우리가 당시에 받아들일 수 없는 것이었다. 그는 조국의 풀죽은 천재성을 고양하고 다시 북돋우는 일을 서둘렀다. 그는 상당히 성공했고, 종교적 공직을 여전히 맡고 있었던 이때 신의 섭리가 덕

---

　　of Experimental Agriculture)』(1770), 『농민의 연중행사(The Farmer's Calendar)』(1771), 『정치 산술(Political Arithmetic)』(1774), 그리고 프랑스혁명에 관한 생생한 묘사로 유명한 『프랑스 여행기(Travels in France)』(1792) 등 농업·정치·경제에 관한 많은 책을 썼다. - 역주

9　1795년 12월에 농업 임금에 관해 버크가 영에게 보내는 편지가 곧 발표될 것이라고 공고되었다. 이 공고가 이 서문에서 부르는 '농촌경제학'이라는 말보다 이 제안서의 주제를 더 정확하게 설명하는 것이었다. - 역주

10　버크로 하여금 『국왕 시해가 가져온 평화에 관한 서한(Letters on a Regicide Peace)』을 쓰게 한 혁명 프랑스에 대한 평화 제안. - 역주

과 종교의 대의명분에 헌신하는 사람들에게 주는 보상을 그가 받도록 했다. 그의 사후에 영 씨에게 보내는 첫 번째 편지에 딸린 두세 편의 미완성 유고만이 그의 글 가운데에서 발견되었다. 이것들은 그 불완전한 상태로 출간될 수는 없었지만 완전히 제쳐놓기에는 너무도 소중한 것으로 보였다. 그래서 그것들을 이 제안서 (the Memorial)에 끼워 넣었는데, 이 글에 담겨야 논리적 일관성이 가장 잘 유지되어 보였기 때문이다. 이렇게 끼워 넣은 글 가운데 첫 번째이자 가장 큰 부분은 6쪽 중간에서 18쪽 맨 아래까지다. 두 번째 부분은 20쪽 맨 아래 근처에서 시작해서 24쪽 중간의 약간 아래에서 끝난다. 그리고 거의 3쪽 반을 차지하는 마지막 부분은 결론 부분이다.[11]

이 제안서는 잘 베껴 쓰기는 했지만 검토나 수정이 된 것 같지 않았는데, 필사자의 몇몇 사소한 실수가 눈에 띄었기 때문이다. 이 유고들의 원고는 저자가 직접 손으로 쓰고 다듬지 않은 초고인 데다 얼룩이 많고 아주 알아보기 힘든 것이었다. 그래서 버크 씨의 필체를 매우 잘 아는 이들에게 자문을 구한 뒤에 가능한 한 원본에 아주 충실하게 복원되었다. 서로 좀 떨어져 있는 두세 개의 중요치 않은 단어들을 무심코 빼먹어서 문법과 의미가 맞지

---

11 이렇게 끼워 넣은 부분은 역주에 표시되어 있다. 물론 여기서 편자들이 제시하는 쪽수는 당시 발표된 책자의 쪽수이다. - 역주

않은 두세 군데에는 추측을 해서 빠진 말을 보충했다. 주요한 수정은 2인칭을 3인칭으로 꼭 바꾸어야 하는 데서 이루어졌는데, 이에 따라 버크 씨가 영 씨에게 통상적으로 쓴 다정한 호칭을 되도록 쓰지 않았다. 어느 정도는 그의 자산이었고, 아무도 그 가치를 더 잘 알아볼 수 없었던 것을 그에게서 빼앗은 것으로 보일 수도 있기 때문에 이렇게 우리가 제멋대로 편집, 수정한 것에 대해 버크 씨는 유일하게 불평할 만한 이유가 있는 분이다. 그러나 버크 씨가 그것을 용서해주기 바라는데, 이런 식이어야만 이 (비평가와 논평자들이 즐겨 쓰는 문구를 빌리자면) **찬란한 미완성 유고**(golden fragments)가 애초에 의도된 대로 대중에게 널리 읽힐 수 있었기 때문이다. 만일 이렇게 편집한 이 논문들이 본래 제안서의 간략한 서술과 약간이라도 부조화를 보일 수 있다면, 독자에게 하는 어떤 변명도 적절치 않다. 이 논문들이 지닌 본래 가치와 아름다움이 그 사소한 변형에 대해 충분한 보상이 될 것이다. 그러한 가치와 아름다움을 전혀 갖지 못하는 이 서문의 고백이 (그러나 이 글의 제목은 버크 씨가 붙인 것이다) 마땅하게도 비정상적 무용지물로 간주될지도 모르는 것처럼, 이렇게 편집된 글에서 이 서문이 버크 씨 자신에 의해 지금 있는 자리에 놓이게 되었다 할지라도 말이다.

국왕 정부(the King's Government)의 몇몇 각료들에게 실제로 전달된 이 제안서는 유익한 것을 전혀 내놓지 못하는 것은 아니라고 당시에는 생각되었다. 실제로 시작되었던, 확보한 곡물의 양에 대한 조사가 슬그머니 중단되었다. 정부의 곡물 저장고 계획은 있기나 했는지 모르지만 포기되었다. 각료들이 의회에서는 신중하고 품위 있는 인내를 주장했고, 다른 사람들에게 억눌려 있거나 그들이 완전히 통제할 수 없는 곳에서는 정당에서 하는 논쟁의 격렬함이 약화됨에 따라 자라나는 것처럼 보이는 해악인 들썩이는 입법의 기운을 누그러뜨리고 그 주의를 딴 데로 돌리기 위해 개입했다. 하원 의원들의 일관성과 양식이 한 특정 품목을 사재기하는 사람들에게 반하는 이미 논파된 법률의 일부를 회기가 끝날 즈음에 되살리려 한 시도를 물리쳤다.

우리가 현재 겪고 있는 곤경이 닥치고 있었던 지난해에는 그와 마찬가지로 탁월한 정신의 기풍이 정부와 의회와 국민 사이에서 지배적이었던 것 같다. 재고 조사를 하자는 제안도, 왕실의 공급업자들이 우리에게 일일 빵 급식을 해주는 새로운 시설을 만들자는 공리공론도 없었다. 곡물상들은 해외시장에서 재무부라는 경쟁 상대와 또다시 다투어서는 안 된다고 일찌감치 확신했다.[12] 버크 씨의 논증과 아주 거의 동시에 하원의 한 위원회에서는 보고서를 통해 양조장의 조업 중단[13]을 만류하는 제안을 과감하게

---

12 영국 정부는 국내의 빈민을 먹여 살리기 위해 해외에서 곡물을 사들였다. - 역주
13 1795년 6월에 사람들을 먹여 살릴 곡물의 공급량을 늘리기 위해 밀과 보리나 엿

내놓았다. '노동하는 빈민'의 불행에 관한 어떤 소규모 연설도, 대중적 연설도 들을 수 없었다. 사재기에 반대하는 단 한 건의 청원도 제기되지 않았고, 어떤 행동도 취해지지 않았다. 공급을 늘리거나 소비를 줄이기 위해 제안된 실험 가운데 조금이라도 불쾌한 것은 채택되지 않았다. 수도에 빵을 공급하는 사업들 간의 협력이라는 개념 위에서 (그런데 그들은 이것을 입증하는 데 대체로 실패했다) 소비량의 거의 10분의 1의 공급을 맡는 데 대한 기부금을 내기 시작한 아주 훌륭하고 선의를 지닌 사람들의 회사에 의회의 특허장이 주어진 것을 예외로 언급할 필요는 별로 없다. 그들은 그저 인도적인 식료품 행상인과 삯일꾼, 자선을 베푸는 제분업자, 감정이 풍부한 곡물 거래인, 그리고 인정 많은 빵 제조업자로서 한정된 이익으로 이 일을 하는 것에 만족했다. 그러나 그들은 새로운 사업에 대한 자신들의 능력을 약간 신뢰하지 않았기 때문에 자연히 파산법의 적용 대상에서 제외되기를 바랐는데, 그들의 의안은 그들 무리의 동업자들 가운데에서 아주 근소한 차의 다수에 의해 승인되었다. 앞선 기근보다 훨씬 더 심한 시련을 겪은 이 오랜 기간 내내 하층 계급 사람들은 이 시련을 인내하고 감수했는데, 이것은 상류와 중류 계급 사람들이 쓸 수 있는 모든 방

---

기름으로 증류주를 제조하는 것이 1796년 2월까지 금지되었다. 1796년 12월에는 이 금지가 1797년 2월까지 연장되었다. - 역주

법을 동원하여 가난한 이웃의 필수품 문제를 덜어주기 위해 도처에서 보여준 민첩함, 열성과 맞먹는 것이었다.

현재는 소요와 폭동의 계절이다. 사재기를 금하는 오랜 외침이 그 어느 때보다도 더 많은 폭력과 함께 또다시 일어났다. 재판관이 그들의 범죄에 품을 만한 생각에 따라, 채찍과 형틀이 쓰이지는 않을지언정, 그들이 관습법에 의해 적어도 벌금과 투옥으로 처벌받을 만한 법적 책임이 여전히 있다는 판결이 1772년의 사재기 금지 폐지 법안 이후 처음으로 내려진 것으로 여겨지고 있다.

이 법안의 해석자들은 그들의 양심의 판단에 따라 이 법을 있는 그대로 상세히 풀이해야 하는데, 그들의 신조는 그리 새로운 것이 아니다. 그것은 폐지 법안 이래로 여러 중요한 책에서 분명하게 제시되었다. 하지만 분별력 있는 사람들은 우리의 조상으로부터 우리에게 전해진 관습과 관례의 규칙 전체 속에 우리 조상의 무역법처럼 이 나라의 현재 상태에 아주 근본적으로 적용 불가능한 부분이 조금이라도 있을 수 있는지 의심해왔고 앞으로도 의심할 것이다. 무역이 정립되기 이전에 만들어진 이 법은 경찰이 절도와 강탈을 방지하고 통행세와 자릿세의 권리를 통해 영주의 이익을 보호하기 위한 복합적 고려 위에서 존재해왔다고 말할 수 있다. 어떤 종류의 상품에서건 홍정과 판매에 대한 제재를 허용하지 않고, 훨씬 더 옛날에는 상설시장이나 정기시장에서 공공연하게, 게다가 치안판사나 목사에 앞선 여러 목격자들과 함께 존재했으며, 무역의 원리가 아니라 모든 경우에 국내와 국외의 재배자와 제조자 또는 수입업자 모두를 소비자의 처분에 맡기는 것에 관해서만 알고 있었고, 그 목적을 위해 모든 중간 이익과, 가격을 올릴 수 있는 행동과 말과 글에 의한 모든 관행을 금했고, 이 법에 의하자면 오래되어 썩어가는 기록들을 당대로 끌고 들어오는 것이 옷좀나방과 벌레를 훔쳐 오는 것일 뿐이라 할지라도, 어떤 신사가 어부와 양조업자와 제빵업자들을 자기 땅에 정착하도록 고무한다면 그것은 이웃 소도시의 **사재기**로 선언될 수 있고, 어떤 비단 상인이 자신의 생사와 꼰 명주실 값을 너무 높게 부르면 (순회재판 명단 가운데에서 유일하게 질문을 받은 그 불운한 롬바르드 사람은 그 생사와 꼰 명주실을 가난한 여자 비단 장수로부터 얻지 않았다) 무거운 벌금으로 처벌받을 수 있으며, 지금은 한 집단의 상인들에 대해 부분적으로도 시행될 수 없고 다른 모든 사람에게도 사용되지 않아 폐지된 것이었다. 만일 이것이 의회의 지혜의 중재 없이 어떤 단일 기간 동안 일반적으로 적용된다면, 그리고 이렇게 관습법에 의존하는 것이 몇몇 사람에 의해 하나의 승리로 간주된다면, 그것은 전 세계가 여러 해 동안 우리에게 대항하여 연합하는 것보다도 더 효과적으로 우리의 해외무역과 국내상업을 방해하고 고통스럽게 하고 파괴할 것이다.

하지만 사재기에 대한 최근의 유죄 판결이, 그것이 무엇이 됐든 간에 법률적 장점을 지니도록 해야 한다. 그 판결의 실제 효과에 대해 많은 비판이 있었다. 비열한 사람들이 그에 관해, 국내에서 풍년이 들었는데 탐욕스럽고 인정 없는 사람들의 술책만이 하늘의 장려금을 가로챘다는 식으로 관계 당국에 왜곡해서 전달했다. 회의가 소집되었고, 의무 가격을 고정하기 위한 비소비(non-consumption) 협정이 조인되었으며, 그들 없이는 도시와 큰 읍들이 규칙적으로 곡물 공급을 받을 수 없는 사람들을 고발하기 위해 주로 도시와 큰 읍에서 단체들이 만들어졌다. 추수 직후의 시장의 몰락과 그에 뒤이은 융성이, 분명한 이유의 자연스러운 효과에도 불구하고 대중의 불안을 증가시켰고, 그 당연한 귀결로 일반 대중은 자신들이 당장 필요한 것을 얻기 위해 가장 빠른 방법으로 공급받거나, 자신들의 억압자로 보아야 한다고 배운 사람들을 위협하거나 처벌하는 길을 가기 시작했으며, 그들이 이런 식으로 해서 지금보다 열 배나 되는 자신들의 미래의 고통을 스스로 마련하고 있다는 것을 의식하거나 염려하지 않았다. 모든 사람들의 눈이 이제는, 만일 가능하다면 이제부터 다시 나라의 생산과 소비를 맞출 수도 있는 분별력 있는 일련의 조치들을 요청하기 위해서가 아니라, 마치 의회의 전지전능함이 더없이 모진 곤충에 의해 피해를 입은 곡식을 한 톨이라도 되살려놓을 수 있기라도 한 것처럼 당장 식량 공급을 해달라고 의회를 향하는 것이었다.

Ⅱ. 궁핍에 관한 소견과 세부 고찰

이러한 위기 때에 이 작은 땅덩어리 안에 사는 사람들에게 아무리 불리한 내용을 담고 있다 할지라도 이 논문을 발표하는 것이 의무로 느껴졌다. 이 논문을 쓴 이는 언제나 이 논문에서 고찰하는 바를 자신의 모든 행동의 첫 번째 동기로 자기 앞에 놓았다. 살아 있는 동안 그는 공적·사적으로 조국과 조국의 통치자들에게 자신의 지혜가 예견한 모든 위험에 주의를 주는 일을 멈춘 적이 없었다. 그는 지금도 자신의 무덤에서 조국과 조국의 통치자들에게 이 엄숙한 경고를 주고 있다.

# 궁핍에 관한 소견과
# 세부 고찰

만사 가운데 식량 거래에 부주의하게 간섭하는 것이 가장 위험한데, 사람들이 그렇게 느끼기가 가장 쉬울 때, 다시 말해 궁핍의 시대에 그것은 항상 가장 나쁘다. 왜냐하면 사람들의 격노가 그처럼 아주 난폭하고, 판단력은 아주 약한 데다, 근거 박약한 대중의 선입견이 그처럼 많은 분야는 없기 때문이다.

정부를 잘 사용하는 것은 자제하는 것과 같다. 그런데 화가 나는 상황에서 투기 행위를 보며 일어나는 격분에 대해서보다, 정부가 타인들에 대해, 그리고 그 정부 자체에 대해 해야만 하는 자제란 없다. 당파의 근면에 의해, 그리고 어리석은 선의의 열성에 의해 전파되고, 인간이 악의로 쉽게 믿는 성질에 의해 탐욕스럽게 열중해서 듣는 수많은 근거 없는 이야기들은 본래 충분히 강한 것 이상인 선입견을 끊임없이 더욱 악화시키는 경향이 있다. 공적 업무, 그리고 공적 업무와 관련되어 있는 대중이 그러한 상태에 있을 때 정부가 우리 국민에게 제공해야 할 첫 번째 것은 **정보**이고, 그다음 것은 시기적절한 강제이다. 전자는 우리의 판단을 안내하고, 후자는 우리의 기분을 조절한다.

우리에게 필수 식량을 공급하는 것은 정부의 권한에 속하는 일이 아니다. 정치인들이 그 일을 할 수 있다고 생각하는 것은 헛된 추측이다. 국민은 정치인을 부양하지만, 정치인은 국민을 부양하지 않는다. 많은 악을 방지하는 것은 정부의 권한에 속하지만, 정부는 이 면에서, 또는 아마도 다른 어떤 면에서도 적극적 선행은 거의 할 수가 없다. 그것은 정부와 정치인뿐만 아니라 모든 계급과 부류의 부자들의 경우에도 마찬가지다. 그들은 가난한 사람을 고용하는 사람들이고 그들의 남아도는 재산에 의해 부양된다. 그들은 노동을 하고 가난한 사람들(the Poor)이라 잘못 불리는 사람들에 대한 절대적이고 세습적이며 몰수할 수 없는 의존 하에 존재한다.

노동하는 사람들은 가난할 수밖에 없는데, 그들은 다수이기 때문이다. 본성상 다수라는 것은 가난을 암시한다. 엄청나게 많은 사람들 사이에 공평한 분배가 이루어질 때는 아무도 많이 가질 수가 없다. 부자라 불리는 그 의존적 고용인 계급은 아주 극히 적은 수이기 때문에 만일 그들의 목이 모두 베이고 그들이 한 해에 소비하는 모든 것이 분배된다면, 그것은 노동하는 사람들, 그리고 실제로는 연금 수급자와 자기 자신 양자 모두를 먹여 살리는 사람들에게 하룻밤 저녁 식사를 위한 한 조각 빵과 치즈도 주지 못할 것이다.

그러나 부자들의 목이 베여서도 안 되고 그들의 창고가 약탈되어서도 안 된다. 개인으로서 그들은 노동을 하는 사람들을 위한 재산 관리인이고 그들의 저장고는 노동하는 이들의 은행이기 때문이다. 그들이 그것을 의도하건 하지 않건 간에 실제로 그들은 그들의 위탁 업무를 수행하고 있는 것인데, 어떤 부자는 더 충실하게 더 잘 판단하면서, 어떤 부자는 덜 충실하게 부족한 판단력을 가지고 그 일을 한다. 그러나 전체적으로는 그 의무가 수행되고 있고, 아주 약간의 수수료와 선이자를 공제하고는 모든 것이 애초에 생겨난 곳으로 되돌아간다. 가난한 이들이 봉기하여 부자들을 말살하는 것은 빵 값을 싸게 만들 목적으로 방앗간을 불태우고 곡식을 강에 내던지는 것과 마찬가지다.

우리가 국민에 관해 알아야 한다고 말할 때, 나는 우리가 아첨하는 말을 들어서는 안 된다는 것까지 포함해서 말하는 것이다. 아첨은 가르침의 정반대이다. 그런 경우에는 **가난한** 이들도 부자들과 마찬가지로 앞일을 생각지 않게 되는데, 이것은 그들에게 전혀 좋지 않다.

'노동하는 **빈민**'이라는 정치적인 위선적 언사보다 더 비열하고 사악한 것은 없다. 모든 사람의 능력에 따라서 더 많을수록 더 좋은 동정심이 행동으로 나타나게 하자. 그러나 그들의 상태를 애

통해하지는 말자. 그것은 그들의 비참한 상황을 완화하지 못한다. 그것은 그들의 비참한 양해에 대한 모욕일 뿐이다. 그것은 자비심의 완전한 결여 또는 사고의 완전한 결여에 기인한다. 한 가지 종류의 결핍은 다른 어떤 종류의 결핍에 의해 경감되지 않는다. 인내, 노동, 냉철함, 검소, 그리고 종교가 그들에게 권장되어야 한다. 나머지 모두는 완전한 사기다. 그들을 "**일찍이 행복했던 노동자**"라 부르는 것은 끔찍한 일이다.

노동하는 계급들의 도덕적이거나 철학적인 행복이라 불릴 수 있는 것이 증가되고 있는지 아닌지를 나는 말할 수 없다. 그러한 종류의 행복의 자리는 마음속에 있다. 어떤 두 시기에 놓인 마음의 상대적 상태를 확인할 수 있는 자료는 거의 없다. 철학적 행복의 상태에서는 결여된 것이 거의 없다. 세속적이거나 저속한 행복의 상태에서는 결여된 것도 많고 즐길 것도 많다.

만일 동물적 인간의 행복이 (이것은 분명히 이성적 인간의 행복을 향한 어딘가로 간다) 우리의 평가 대상이라면, 그렇다면 나는 조금도 주저하지 않고, 더 많고 좋은 음식이 개선의 기준이라 할 때 (모든 종류의 노동에서, 그리고 가장 높은 것에서 가장 낮은 것까지 포함하는 모든 등급의 노동에서) 노동하는 사람들의 상태가 전체적으로 매우 개선되어 있다고 주장한다. 그들이 더 많이 일한다는 것은 분명하다. 그러나 그들은 증가된 노동의 이점을 지니고 있다. 하지만 그 노동의 증가가 전체적으로 **좋은** 것인지 **나쁜** 것인지는 우리를 좋은 방법으로 이끄는 고려 사항이지 우리의 현재의 목적을 위한 것은 아니다. 그러나 그들의 식단 개선이라는 사실에 관해 요구받을 때는 언제든 나는 세부 증거를 제시할 것이다. 그 과정에서 우리가 아는 바와 같이 가장 좋은 밀가루로 만든 빵과 일등급 고기가 아니고는 그들을 만족시키기가 어렵다는 사실이 충분한 증거로서 제시될 것이다.

나아가 나는 지난해의 온갖 고난 하에서조차 노동하는 사람들은 그들의 직접 소득을 통해서건 자선을 통해서건 (이것은 지금 그들에게 모욕이 될 것 같지만) 사실 50년이나 60년 전의 통상적 풍년 때보다, 또는 내가 약 44년간[1] 영국을 관찰한 기간보다 훨씬 더 잘 해냈다고 주장한다. 나는 심지어 이전에 그렇게 했다고 이제까지 알려져 있는 사람들의 수와 맞먹는 충분히 많은 그 계급 사람들이 계속해서 돈을 저축했다고 주장하며, 내 자신의 정보와 경험이 미치는 한 이것을 증명할 수 있다.

시간당 임금이 식량의 명목 가격과 함께 오르지 않았다는 것은 사실이 아니다. 나는 임금이 그 가격과 함께 오르내리지 않았고, 그래야만 하는 것도 아니라는 점은 인정한다. 또한 노퍽[2]의

---

1 1730년에 아일랜드 더블린에서 태어난 에드먼드 버크가 1750년에 영국 런던으로 이주한 때에서 이 글을 쓸 때까지의 기간을 말하는 것으로 보인다. - 역주

2 버크는 서퍽(Suffolk)이라고 쓰려 한 것을 실수로 노퍽(Norfolk)이라고 쓴 것 같은데, 서퍽에서는 치안판사들이 노동자들의 임금이 곡물 가격에 비례하도록 조정

대지주들은 그들의 견해를 내놓을 때, 임금이 식량 수요와 함께 오르내릴 수 있거나 오르내릴 수 있어야 한다는 것이 사실이 아니라고 말했다. 임금은 사실 식량 가격과 **직접적** 관계가 없다. 노동은 다른 모든 것과 마찬가지로 하나의 상품이어서 수요에 따라 올라가거나 내려간다. 이것은 사물의 본성에 속한다. 하지만 사물의 본성은 줄곧 필수품을 마련해주었다. 임금은 내 시대에 두 배가 올랐고, 지난 20년간의 열악한 시대 동안 필수품 마련의 방편에 충분히 비례하거나, 심지어 그 이전보다 더 큰 정도로 올랐다. 임금은 그 노동의 결과에 충분히 비례하는 만큼 올라 있다. 만일 우리가 무턱대고 그 비례를 넘어서 임금을 억지로 올리려 한다면, 우리가 언덕 위로 억지로 올려놓은 돌이 감소된 수요의 형태로, 또는 이것은 실제로는 훨씬 덜한 해악일 터인데, 모든 식량의 가격 상승의 형태로 임금을 덮칠 것이다. 이 모든 것이 육체노동의 고역의 결과가 되는 것이다.

[3]모든 직종의 노동자와 그 고용자 사이에는 협정의 어떤 문서나 조항보다도 훨씬 더 강한 묵시적 계약이 있어서 그 노동에 관한 한 그 노동자는 고용자에게 그 자본에 대한 이익을, 그리고 고용주의 위험 부담에 대한 보상을 지불할 수 있게 된다. 한마디로

---

되어야 한다고 권고했다. - 역주

3   여기서 앞서 이 글의 편집자가 말한 미완성 유고의 첫 번째 글이 시작된다. - 역주

말해서 그 노동은 보수와 맞먹는 이익을 만들어내게 되는 것이다. 그 이상의 것은 무엇이든 직접세(direct tax)이고, 만일 그 세금의 양이 또 다른 사람의 의지나 기호에 맡겨진다면, 그것은 **임의적** 세금(arbitrary tax)이다.

만일 내가 올바로 이해하고 있다면, 이 왕국의 농업 이익에 제안되는 세금[4]은 치안판사의 재량권이라 불리는 것에 의해 부과된다.

임의 과세라는 이 제도에 관해 제기되는 의문은 폭력이나 사기, 결탁이나 단체 행동이 없는 모든 거래를 계약이 이루어지는 사안에 서로 관계되어 있는 개인들에게 완전히 맡겨두거나, 그 사안에 관심을 전혀 갖지 못하거나 아주 먼 관심을 지니고 있고 그에 관한 지식이 거의 없거나 아예 없는 사람들의 손에 그 계약을 맡겨두는 것이 더 나은 것인가 하는 점이다.

이 문제를 해결하는 데에는 어려움이 전혀 없을 것이라고 상

---

4  이것은 버크로 하여금 윌리엄 피트에게 이 제안서를 써 보내도록 고무한 이른바 스피넘랜드 체제(Speenhamland system)를 언급하는 것이다. 1782년에 의회에서는 길버트 법안을 제정했는데, 이것은 지방정부가 농업 노동자의 임금을 보조하기 위한 수당을 지급할 수 있는 권한을 부여한 것이었다. 빈민의 임금에 보조금을 더해주는 것은 당시에도 영국 법에서 새로운 시도는 아니었다. 이러한 토대 위에서 1795년에 버크의 버킹엄셔에 인접한 군(county)인 버크셔의 치안판사들이 스피넘랜드의 펠리컨 인(the Pelican Inn)에서 만나서 노동자에게 생활임금을 보장하는 제도를 채택했다. 곡물 가격에 따라 변동되던 최저임금이 고정되었다. 지불된 임금이 실제로 그 이하로 떨어지면 구빈세에 의해 보충을 받았다. - 역주

상할 수도 있다. 어느 정도 심사숙고할 수 있는 사람이라면, 이 문제를 풀 수 있는 기술의 결여와 밀접히 연관되어 있는바 어떤 문제에 이해관계가 없다는 점이 어떤 사람으로 하여금 최소한의 일에 간섭할 수 있는 자격을 부여해주지만, 이 왕국의 관심사 가운데 첫 번째 것이자 다른 모든 문제 가운데에서도 왕국의 모든 번영의 토대이기도 한 이 왕국의 농업과 불가결하게 연관되어 있는 일에 관해서는 그런 사람에게 간섭 자격이 훨씬 없다고 생각할 수도 있기 때문이다.

이 문제에 관해 항간에 잘못 알려진 것은 본래 서로 아주 다른 것들, 즉 관습에 속하는 것과 사법제도에 속하는 것의 개념 그 자체를 완전히 혼동한 데에 기인한다. 어떤 계약이 만들어질 때, 그것은 당사자 간의 재량권과 이해관계의 문제다. 그러한 상호 관계와 그 상호 관계에서 발생하는 것의 주인은 당사자들이다. 만일 당사자들이 완전히 주인 노릇을 하지 못하면 그들은 자유롭지 못하고, 따라서 그들 간의 계약은 무효이다.

그러나 그 계약이 만들어지면 이러한 자유는 더 이상 효력을 갖지 못한다. 그러면 그들의 재량권은 만료되고, 새로운 사물의 질서가 시작된다. 그때, 그리고 그때가 되기 전에 당사자들 간의 차이에 기반을 두고 재판관의 직무가 시작된다. 그는 그 계약을 명령할 수 없다. 그가 하는 일은 앞서 존재하는 법률에 반하지 않고 폭력이나 사기에 의해 이루어지지 않는다는 조건으로 그 계약이 시행되는지를 보는 것이다. 만일 그가 어떤 식으로든 그 계약을 만들거나 규제하는 사람이라면, 그만큼 그는 재판관의 자격에서 멀어진다. 그러나 (우리가 이미 충분한 만큼, 그리고 충분한 것보다 약간 더 보유하고 있는) 행정부 인물과 사법부 인물을 분배할 때 이런 종류의 혼란이 현재 우리를 괴롭히고 있는 관념과 열망 가운데 유일하게 당혹스러운 것은 아니다.

농부와 노동자가 상반되는 이해관계를 지니고 있고, 농부가 노동자를 억압하며, 치안판사라 불리는 신사가 노동자의 보호자이자 농부를 관리하고 통제하는 사람이라고 추정하거나 가장하는 일이 벌어지고 있다. 그런데 이것이 바로 적당한 정도 이상으로 자신의 능력을 확신하고, 다름 아닌 자신의 개인적 어림짐작에 의해 먹을 것을 얻어먹는 타고난 능력이 성취할 수 있는 것보다 자신의 능력이 더 낮다고 가정하는 신사들이 수행하는 것과는 아주 다른 방식으로 내가 검토하고자 하는 요점이다. 이 분야 경제를 관리하기 위한 입법기관 법령은 다른 어떤 분야와 마찬가지로 실험과 조사의 방향을 잡는 데 필요한 가장 확실한 일반 원칙에 의해 관리되는 가장 정확한 상황의 세부 정보가 필요한데, 그것이 있어야 다시 그 세부 정보로부터 실제 입법 과정을 지휘할 수 있는 확고하고도 선명한 원칙을 끌어낼 수 있다.

그렇다면, 첫째, 나는 다른 어떤 밀접한 관계와 마찬가지로 이 경우에도 계약을 맺는 당사자들이 본래 서로 다른 이해관계를 가지고 있었다고 생각하지 않는다. 우연히 처음부터 의심할 바 없이 그럴 수는 있다. 그러나 그때조차 그 계약은 타협의 본질을 지니고 있고, 타협이란 당사자들의 이해관계가 어떤 중간 지점에서 조화된다고 가정하는 상황에 토대를 두는 것이다. 타협의 원칙을 채택함으로써 이해관계가 더는 상충하지 않게 된다.

그러나 농부와 노동자의 경우에는 이해관계가 항상 같기 때문에 그들의 자유로운 계약이 어느 한편에 번거로울 리는 만무하다. 자신의 일이 효과적이고 민첩하게 행해지는 것이 농부의 이익이다. 그런데 만일 노동자가 몸은 충만한 기력을 유지할 수 있고 마음은 흥겹고 즐거울 수 있도록 영양을 충분히 공급받거나, 아니면 그 습성에 따라 동물의 생태에 꼭 필요한 것을 얻지 못한다면, 그 이익은 있을 수 없다. 인간의 모든 사업 수단에 관해 말하자면, 인간의 노동이 (즉, 옛 저자들이 **말을 할 줄 아는 도구**(instrumentum vocale)라 부른 것이) 자신의 자본의 가치를 회수하기 위해 가장 의존하는 것이다. 다른 두 가지, 즉 고대의 분류법에서 **무의미한 소리만 낼 줄 아는 도구**(semivocale)인 일을 하는 가축, 그리고 수레, 쟁기, 삽, 기타 등등처럼 **말을 할 줄 모르는 무생물 도구**(instrumentum mutum)는 본디 전혀 중요치 않은 것은 아니라 할지라도 효용 면이나 비용 면에서 훨씬 낮은 등급의 것이고, 첫 번째 것이 일정 정도 있지 않으면 무용지물인 것이다. 그 어떤 것 가운데에서도 사람이 가장 가치 있고 가장 중요한 것이다. 그리고 이 척도에서 볼 때 농업 전체가 자연스럽고 정당한 질서 속에 있다. 짐승이 쟁기와 수레에 대해서는 지식을 주는 원칙과 같은 존재이다. 노동자는 짐승에 대해 이성과 같은 존재이다. 그리고 농부는 노동자에게 생각하고 통솔하는 원칙과 같은 존재이다. 어떤 부분에서건 이 일련의 복종 체계를 깨뜨리려 하는 것은 모두 터무니없는 것이다. 그러나 이 터무니없는 행동이 실제 과정에서 가장 해로운 것이고 가장 벌어지기 쉬운 일이다. 다시 말해, 잘못된 판단이 가장 일어나기 쉬운 일이다.

자신의 말이 잘 먹어 살이 쪄서 포동포동해지고 쓸모 있게 되거나 자신의 우마차와 쟁기가 잘 수리되어 튼튼해서 잘 써먹을 수 있는 것보다 자신의 노동자가 잘되는 것이 농부에게 분명히 더 이익이다.

다른 한편, 만일 농부가 노동자를 통해 더는 이익을 얻지 못해서 그의 자본에 계속해서 거름이 주어져 열매를 맺지 못한다면, 농부는 자신이 고용하는 도구들을 보호하는 데 적합한 풍부한 음식과 옷과 집을 유지하는 것이 불가능해진다.

따라서 농부가 노동자의 노동 생산물에서 충분한 수익을 얻는 것이 노동자에게 첫 번째의 기본적 이익이다. 이 명제는 자명하다. 그런데 다름 아닌 악의와 비뚤어진 마음과 인간에 대한 잘못된 격노, 그리고 특히 상대방의 성공에 대한 시기심이, 사람들이 자신의 이기적 이익을 추구할 때 그들에게 의지가 있든 없든 간

II. 궁핍에 관한 소견과 세부 고찰

에 자신의 개인적 성공과 공공의 이익을 결합하도록 강제하는, 어질고도 지혜롭게 만사를 처리하는 사람에 대한 감사의 마음을 지니고서 진실을 보고 인정하지 못하게 할 수 있다.

그러나 그 이익과 장점이 무엇인지를 과연 누가 판단해야 하는 것일까? 분명히 세상에 그런 일을 하는 당국은 존재하지 않는다. 그것은 당사자 상호 간의 편익에 의해, 그리고 참으로 그들 상호 간의 필요에 의해 좌우되는 관습의 문제이다. 그런데 만일 농부가 지나치게 욕심을 부린다면 어떨 것인가? 그 편이 훨씬 더 나은 이유는, 그가 자신의 이득을 늘리기를 바라면 바랄수록 그는 자신의 이익이 주되게 의존해야 하는 사람들의 노동의 좋은 상태에 더 많이 관심을 두게 되기 때문이다.

나는 규제를 주장하는 당파의 열성당원들에게도 노동자가 한창 젊은 시절에 건강과 원기가 최고조이고 풍요로운 삶을 누리는 평상시에는 이것이 사실일 수 있고, 농부와 노동자의 관습에 안심하고 맡길 만한 문제일 수도 있다는 말을 듣게 된다. 그러나 재난이 들이닥치는 시절에 뜻하지 않게 질병이 휩쓰는 상황 하에서 점점 더 어려워지는 생활을 하고 있는데, 아주 많은 자녀들 때문에, 즉 미래에는 공동체에 영양분을 공급할 사람들이지만 현재는 그들을 낳는 사람들의 고혈을 짜내는 사람들로 인한 압박이 존재할 때는 무엇을 할 것인가? 사람이 자신의 노동을 자연스럽게 빌려주어 스스로 생존하고 가족을 부양할 수 없을 때, 당국이 그 문제를 제기하지 말아야 할까?

이 문제에 관해 내가 생각해온 바를 피력하고자 한다.

첫째, 이미 암시한 바와 같이 나는 노동이 하나의 상품이며, 보통 말하는 의미의 거래의 품목이라고 전제한다. 만일 내가 이 개념을 옳게 사용하는 것이라면, 노동은 거래에 관한 모든 법률과 원칙에 복종해야지 그 법률 및 원칙과 동떨어져 있고, 그래서 그것과 완전히 모순될 수 있는 규제를 따라서는 안 된다. 어떤 상품이든 시장에 나오면, 그것은 행상인에게 필요한 것이 아니라 그 값을 부르는 구매자에게 필요한 것이다. 판매자의 극단적 결여는 오히려 (우리의 논쟁이 허사가 되게 하는 사물의 본성에 의해) 그 정반대의 효과를 낳는다. 만일 시장의 상품이 수요를 넘어서면 그 가치는 떨어지고, 수요에 못 미치면 그 가치는 오른다. 자신의 노동을 시장에 가지고 나오는 사람의 생존이 불가능하다는 것은 이런 식으로 그 문제를 볼 때 완전히 논외이다. 유일한 문제는 그것이 구매자에게 무슨 가치가 있는가이다.

그러나 만일 당국이 개입하여 그 구매자에게 지금의 경우로 말하자면 열 명이나 스무 명의 노동자와 서너 명의 기술자의 노동을 구매하는 농부에게 어떤 가격을 강요한다면, 그것은 그의 재산을 그들에게 제멋대로 나누어 주는 게 아니고 무엇이겠는가?

그가 얻는 모든 이익은 내가 가장 분명한 확신을 가지고 말하건대, 가치 면에서 그가 자신의 노동자와 기술자에게 지불할 만큼이 전혀 되지 못하고, 따라서 **한** 사람이 **여러** 사람에게 지불하는 것에 기초한 아주 작은 임금 상승도 그가 가진 것 전부를 잡아먹을 수도 있고, 그 금액이 그들 가운데에서 그가 가지는 모든 재산의 실제 부분에 달할 수도 있다. 완전한 평등, 다시 말해 평등한 결핍, 평등한 비참함, 평등한 구걸, 그리고 분배하는 쪽에서는 통탄할 만하고, 속수무책이며, 극단적 실망이 실제로 생겨나는 것이다. 이러한 것이 바로 모든 강제적 균등화가 낳는 사건이다. 그것은 높은 곳에 있는 것을 끌어내린다. 그것은 낮은 곳에 있는 것을 들어 올리지 않는다. 또한 높은 것과 낮은 것을 본래 가장 낮은 것의 수준 아래로 함께 떨어뜨린다.

만일 어떤 상품이 당국에 의해 구매자에게 이익을 낳아주는 것 이상으로 가치가 올려 매겨지면, 그 상품은 그만큼 덜 거래될 것이다. 만일 첫 번째 실책을 바로잡기 위해 두 번째 실책이 개입되곤 한다면, 그리고 그 상품(예컨대 노동이라는 상품)의 구매를 강요하는 시도가 벌어진다면, 다음 두 가지 결과 중 하나, 즉 강요된 구매자가 파산하든지 그 노동의 생산물 가격이 그만큼 올라간다. 그렇게 되면 똑같은 일이 반복되어 불만의 대상이 되는 폐해가 그 불만 위에 가중된다. 농사의 모든 과정의 비용의 결과인 곡물 가격이 한꺼번에, 그리고 일정 시간 지속해서 상승하여 소비자로 간주되는 그 노동자에게 요구된다. 최선은 그가 자신이 있던 곳에 계속 남는 것이다. 그러나 만일 곡물 가격이 노동의 가격에 미치지 못한다면, 훨씬 더 두려운 일이자 가장 심각한 폐해로서 농업 그 자체의 파괴가 우려되는 것이다.

정확하지 못한 안목, 그리고 해당 문제가 허용하는 분류와 구분의 결여만큼 판단의 정확성에 대한 적은 없다. 노동자에게 주는 시간당 임금을 올리라고, 규제 기관에서는 마치 노동이 단일한 것이고 단일한 가치를 지니고 있는 것처럼 말한다. 그러나 이 매우 광범위한 일반 용어인 **노동**에는 적어도 두세 가지 특정 종류의 노동이 포함될 수 있다. 또한 이 두세 종류의 노동만으로도 신사 분들로 하여금 경제 가운데 이렇게 매우 확대된 영역에 관해 자신의 판단을 내리는 데 보통 의지하는 것보다는 훨씬 더 나은 구별과 세분화를 준수하는 사람들의 강제적 안내를 받으면서, 주의를 하며 문제를 풀어갈 필요성을 조금은 파악할 수 있게 해주기에 충분할 것이다.

농사에 종사하는 노동자는 다음과 같이 분류될 수 있다. 첫째. 한 사람분의 온전한 일, 즉 21세부터 50세까지 한 사람에 의해 이루어질 수 있는 일을 할 능력이 있는 사람들. 농사에서 이 연령대의 모든 사람이 똑같은 능력을 갖고, 나이가 들어 잃어버리는 활동력을 요령과 습관으로 완전히 벌충하여 더 잘할 수 있는 일을 (곡식을 거두어들이는 일을 극히 예외로 하고는) 나는 알지 못한다. 의심할 것도 없이, 힘과 민첩함과 정직한 근면의 면에서 한 사람과 또 다른 사람의 노동의 가치는 아주 큰 차이가 있다. 그러나 나는 내가 한 최선의 관찰에 근거하여 아주 확신하건대, 어떤 사람이든 다섯 명이 있으면 그들은 통틀어서 내가 말한 생애 주기에 있는 다른 어떤 다섯 사람과 동등한 몫의 노동을 제공한다. 다시 말해, 그 다섯 사람 가운데에는 좋은 일꾼의 모든 자질을 지닌 사람이 한 명, 나쁜 일꾼이 한 명, 그리고 좋은 일꾼 쪽과 나쁜 일꾼 쪽에 가까운 중간 능력의 일꾼 세 사람이 있는 법이다. 따라서 다섯 명 정도의 집단처럼 작은 집단에서는 그 다섯 사람 모두가 벌 **수 있는** 전체의 양을 얻을 수 있을 것이다. 이 왕국 전체를 통틀어 다섯 명을 단위로 해서 보면 그들은 동등하다. 따라서 다섯 명을 고용하는 사람들이 그 다섯 명의 임금을 균등화하는 것과 관련된 오류는 대수로울 리가 없다.

둘째. 일을 할 수는 있지만 날삯꾼의 일을 온전히 할 수는 없는 사람들. 이 부류는 극히 다양하지만, 주되게는 다음과 같이 구분하는 것이 아주 적절할 것이다. 50세가 넘어 해마다 더 쇠약해감을 느끼는 때부터 최후의 죽음에 앞서 오는 노쇠와 노환의 시기까지의 **남자**. 농사에 고용되는 것이 임시이고, 나아지거나 정체되거나 쇠퇴하는 생애 주기 속에서 남자와 마찬가지로 갖는 차이에다가 임신과 육아와 가사 때문에 남자보다도 노동 효과의 차이가 더 많이 나는 **여자**.

더 적은 효용에서 더 큰 효용으로, 정반대 순서로 성장을 진행하지만, 구빈원의 내부 살림에 관해 조사하는 수고를 하고자 하는 사람들이 보게 되는 것처럼 노동의 불균형이 이 세분의 둘째 부류에서 발견되는 것보다 훨씬 더 큰 **아동**.

이러한 하위분류는 법이 정하는바 또는 치안판사가 시행하는 바 매우 경직되어 있고 적용 불가한 경우가 자주 있는 규칙 또는 맹목적이고 경솔한 재량권은 한편으로는 수입과 급여 사이에, 그리고 다른 한편으로는 수입과 제공하는 음식물 사이에 적절한 균형을 제공할 수 없다는 사실을 보여주기 위해 제시되었다. 그런데 사실은 수많은 알려지지 않은 상황에서 생긴 이해관계와 습관과 암묵적 관습이 법과 치안판사가 전혀 통제하지 못하는 것을 어려움 없이 통제하는 요령을 만들어낸 것이다. 노동의 첫째 부류는 노동을 균등화하는 것을 전혀 원하지 않는다. 이 부류는 스스로를 균등화할 뿐이다. 둘째와 셋째 부류는 어떤 균등화도 할 수가 없다.

그런데 만일 노동자 임금이 그의 필수 생계비에 터무니없이 모자라고 시대의 재앙이 기근을 현실화할 만큼 아주 막심하다면 어찌 될 것인가? 가난한 노동자가 다름 아닌 농부들의 탐욕이 정부의 오류와 함께 대지에 기근을 가져왔다고 추정할 만한 이유가 특히 있을 때, 법이라는 칼의 지원을 받는 비열한 사리 추구의 냉혹한 마음과 학내의 손길에 내던져져야 할 것인가?

그런 경우에 내 견해는 이러하다. 어떤 사람이든 상업의 규칙과 사법의 원칙에 따라 아무것도 주장할 수 없는 일이 발생하게

II. 궁핍에 관한 소견과 세부 고찰

되면, 그 영역에서 빠져나와 자비의 관할권 안으로 들어온다. 이 영역에서는 치안판사가 할 일이 없다. 그가 간섭한다면, 그것은 자신이 직무 대상으로 삼는 재산권 보호에 대한 침해가 된다. 의심의 여지가 전혀 없이, 가난한 이들에 대한 자비는 순서 면에서 빚을 갚는 일 다음일 만큼 아주 강력하고 본질 면에서는 우리에게 극히 더욱 즐거운 것으로서 모든 기독교인에게 직접적이고 필수적인 의무이다. 내가 생각하기에 푸펜도르프[5]와 그 밖의 궤변가들이 그것을 불완전한 책임의 의무라 부를 때 아주 적절히 명명한 것은 아니다. 그러나 방법, 양식, 시간, 대상의 선택, 비율은 사적 재량에 맡겨진다. 또한 아마도 바로 그 이유 때문에 그것은 더 큰 만족감과 함께 수행될 터인데, 그 의무의 수행은 오히려 자유의 모습을 하고 있을 것이고, 그 의무 자체의 약점을 알고 있는 존재에게 가장 적합한 덕을 실행하는 것으로서, 신성한 은전을 베풀 것을 우리에게 아주 특별히 권장하는 의미가 있

---

5   푸펜도르프(Samuel Freiherr von Pufendorf, 1632-1694) : 독일의 법학자이자 역사학자로 자연법사상의 옹호자이다. 그의 『인간의 모든 의무(The Whole Duty of Man)』는 버크가 더블린의 트리니티 칼리지의 학생 시절에 교재로 사용되었다. 이것은 푸펜도르프의 『자연법 하에서의 인간과 시민의 의무(De Officio Hominis et Civis Juxta Legem Naturalem Libri Duo)』(1673)의 번역서였는데, 이 저서는 그가 앞서 낸 『법과 국가의 본질에 관하여(De Jure Naturae et Gentium Libri Octo)』(1672)를 스스로 발췌·요약한 것이었다. - 역주

기 때문이다.[6]

도시와 읍내에 사는 사람들의 울부짖음은, 불운하게도 (그들의 많은 수와 단결에 대한 두려움 때문에) 최대한 주목받는다 할지라도, **사실**은 이 문제를 놓고는 **최소한**의 주의만 기울여질 것이다. 왜냐하면 시민들은 자신들이 먹을 것을 공급받는 수단에 관해 아예 무지한 상태에 있고, 극히 우회적인 방식으로밖에는 자신들의 생활 수단에 기여하는 바가 없거나 거의 없기 때문이다. 그들은 참으로 **"지상의 열매를 먹어치우기 위해 태어났다**(Fruges consumere nati)."[7] 그들의 영역 안에 있는 문제에 관해서는, 즉 상업과 수공업에 관해서는 아주 큰 존경과 관심을 가지고 그들의 말을 경청해야 한다. 그러나 농업에 관련된 어떤 문제에서도 다른 무지하고 주제넘은 사람들의 교조에 바치는 것과 똑같은 **경의**를 가지고 그들의 말을 귀담아들어야 한다.

만일 누구든 그들에게 그들의 상점에 있는 모든 재고품에 관한 설명서를 제출해야 하고, 그들의 이익을 제한하거나, 그들에게 납품하는 제조업자들의 상품 가격을 올리거나, 그들과 경쟁하도록 하기 위해 정부로 하여금 국고 세입으로 조성한 자본을

---

6  여기서 미완성 유고의 첫 번째 글이 끝난다. - 역주

7  로마의 서정시인이자 풍자작가인 호라티우스(기원전 65년-기원전 8년)의 『서간집(Epistles)』에 나오는 구절. - 역주

II. 궁핍에 관한 소견과 세부 고찰

가지고 그들과 똑같은 상품을 취급하는 상점을 세우도록 권고하고, 그들에게 합리적인 거래를 하도록 강제하는 조치가 취해질 것이라고 말한다면, 그들은 그 즉시 그러한 방침의 뻔뻔함과 부당함과 억압성을 보게 될 것이다. 그들이 잘못 이해하지는 않을 터인데, 그들은 농업은 이와는 다른 법률을 따라야 하고 다른 원칙에 지배받아야 한다는 견해를 가지고 있다.

농업과 목축업의 거래가 상업의 통상적 원칙과 다르게 행해질 수 있다는 것, 다시 말해 생산자가 사기나 폭력 없이 만들어낼 수 있는 모든 가능한 이익을 고려해보고, 풍요나 궁핍을 가능한 한 최선의 이점으로 전환하며, 자신의 상품을 자기 마음대로 숨겨두거나 내놓고, 자신의 재고품이나 자신의 이득에 관해 아무에게도 설명하지 않을 수 있도록 허용되거나 심지어 기대되어야 한다는 것보다 더 크고 더 파멸적인 오류에 빠질 수는 없다. 다른 어떤 조건에서도 생산자는 소비자의 노예이다. 그런데 그가 그래야만 한다는 것이 소비자에게는 아무런 이익이 되지 않는다. 어떤 노예도 서로 다투는 이해관계와 이익의 절충에 관한 규칙과 원칙 위에서 형성된 관습에 의해 동등한 입장에서 상대방을 대하는 자유인이 주인에게 아주 이로운 적은 없었다. 소비자는 만일 제멋대로 내버려두어진다면, 결국은 항상 자기 자신의 독재와 불의에 멍청하게 당하는 존재가 될 것이다. 땅을 많이 가진 신사는 농부가 자신의 대변자라는 사실을 잊지 않을 것이다.

[8]농부에게 실험을 시도하는 것은 위험한 일이다. 농부의 자본은 (소수의 사람과 아주 소수의 장소의 경우를 제외하고는) 보통 상상하는 것보다 훨씬 미약하다. 이 사업은 아주 보잘것없는 사업이다. 이 것은 아주 큰 위험과 손실에 직면하기 쉽다. 이 자본은 이렇게 취약하면서도 일 년에 단 한 번 회전된다. 몇몇 분야에서 이 자본은 돈이 회수되기까지 3년이 걸린다. 나는 순무와 목초지 농사의 자본 회수에서는 자그마치 3년이 걸린다고 생각하는데, 이것은 다소 비옥하고 모래가 많고 자갈이 많은 양토[9]에서 일반적인 과정이다. 그런데 이러한 양토는 영국 남부와 남동부의 토양을 이루고 있고 순무 농사에 최적화된, 그리고 아마도 유일한 양토이다.

바로 현금화할 수 있거나 팔리고 남은 재고품의 가치, 그가 회전시키는 돈의 이자와 함께 토지 관리인 또는 지배인으로서의 자기 자신의 임금을 계산하는 가장 성공한 농부도 자신의 자본을 가지고 연간 12 내지 15**퍼센트**를 벌어들이는 일은 매우 드물다. 내 관찰 영역 안에 있었던 영국 대부분 지역에서 본 바로는, 자기 본래의 사업에 더해 다른 어떤 일이나 거래를 하지만, (대부분이 그 자신의 일인) 끊임없는 극도의 절약과 노동, 그리고 오랜 세월

---

8  여기서 미완성 유고의 두 번째 글이 시작된다. - 역주

9  양토(壤土) : 점토가 25~37.5퍼센트 함유된 흙. 물을 빼내고 보존하는 힘과 통기성이 적당하여 모든 작물 재배에 알맞다. - 역주

Ⅱ. 궁핍에 관한 소견과 세부 고찰

동안의 자기 일에서의 인고의 과정을 지난 뒤에 빚을 갚고 남을 만큼을 벌고 죽어서 자신의 후손에게 유산을 남겨, 그 후손이 자신의 마지막 선조뿐만 아니라 오랜 세월을 거슬러 올라가는 선조들이 태어나 죽을 때까지 함께한 근면과 결핍 사이의 투쟁을 거의 똑같이 계속할 수 있도록 해준 농부를 거의 아는 바가 없다.

나는 150에서 300 또는 400에이커[10] 이상을 소유하지 않은 농부들의 일반적 상태에 관해 말하고 있다는 사실에 주목하라. 이 나라의 이 지역에는 전자보다 적은 땅을 소유한 농부가 거의 없고, 후자보다 많은 땅을 소유한 농부는 많다. 의심할 바 없이 다른 곳에는 훨씬 더 많다. 그러나 나는 확신하건대, 영국의 어느 지역이 그 농부의 활동 무대가 됐건 간에 더 큰 농장들이 있다는 것을 알고 있지만, 내가 대농장으로 간주하는 120에이커를 경작하는 농부가 1만 파운드보다 적은 자본을 가지고 일정한 안전성과 결과를 기대하면서 사업을 진행할 수 없고, 통상적 경작의 과정으로 1만 파운드라는 그렇게 아주 큰 자본을 가지고서도 일 년에 120파운드 이상을 벌 수 없다.

더 약한 자본에 관해서는 아주 작은 실수로도 그것이 더더욱 약화되고, 무기력해지며, 생산력이 없어지고, 아마도 완전히 망

---

10  1에이커가 약 1,200평이므로 150에이커는 18만 평이 조금 넘고 400에이커는 49만 평이 조금 안 되는 면적이다. - 역주

해버릴 수 있다는 사실로 쉽게 판단할 수 있다.

　가장 강력한 자본을 가진 경우에도 농부의 재산이 지닌 이렇게 끊임없는 위태로움과 결국 중간 규모를 넘지 못하는 한계는, 나는 역설하는바 이 시대의 위험한 투기 때문만이 아니라, 내 친구 아서 영 씨의 탁월하고도 매우 유용한 저서들이 (농부의 이익에 관한 허풍 떨기에 대해 나 역시 그와 마찬가지로 아주 확신하는데) 그 오류를 널리 알리고자 하는 바 때문이기도 하다. 농산물에 관한 그의 설명이 종종 아주 지나친 것이 아니라 그가 우연한 사고와 손실을 적절히 참작하지 않는 것이라고 보아야 한다. 만일 다른 더 골치 아프고 더 필요한 세부 설명이 내게 주어지지 않는다면 나는 확신을 주는 세부 내용을 조사할 것이다.

　이렇게 제안된 노동에 대한 자유재량의 세금은 농업위원회의 권고와 함께 영향을 미친다. 그 권고는 좁은 이랑에 씨앗이나 묘목을 심는 농법을 일반적으로 사용하라는 것이다. 흙이 지나치게 무겁지 않거나 큰 돌이 귀찮게 흩어져 있지 않은 곳에서는 (하지만 이것은 많은 경우에 그 밖의 점에서는 좋은 땅의 상태이다) 가장 정확한 안목과 가장 조심성 있는 감독과 달력에 내일 같은 날은 존재하지 않는 듯한 가장 신속한 움직임, 그리고 모든 사람과 모든 사물이 자기 자리에 있도록 하고, 지금처럼 농락을 하는 듯한 우리나라의 기후에서 운 좋은 일시적 순간을 이용할 수 있도록 준비되어 있는 가장 안정된 선견지명과 선제적 질서가 있다면, 그 방침이 최선이고 매우 생산적이라는 것에 나는 농업위원회와 의견을 함께한다. 다시 말해, 이 모든 요소가 쟁기의 속도를 높인다면, 나는 그 방법이 오래된 일반적 방법들보다 우월하다고 인정한다. 그러나 부단히 활력을 되찾는 노동과 분산되지 않는 주의로 자기 땅의 산성을 완화하고 땅을 정화하는 적은 기회를 소홀히 보고 놓쳐버리는, 즉 게으름을 피우고 앞일을 생각하지 않는 평범한 농부 밑에서는 무슨 일을 해도 아무것도 더 나빠지거나 더 위험해질 수조차 없다. 그렇게 해서는 토양이 비옥해지고 산성이 완화되기는커녕 그 농장이 망해버릴 수 있다는 것이다.

그러나 적당한 토양에서, 그리고 거의 존재하지 않는 농부가 실행하는 그 방법의 탁월함이 기꺼이 인정된다 할 때 어떻게, 그리고 어떤 조건 위에서 이 경작법이 성공할 수 있을까? 그야 물론 보통의 경작지에서 사용하는 말과 기계는 말할 것도 없이, 아주 많은 노동 증가에 의해 적어도 손일이라는 제3의 부분의 증가에 의해 가능하다. 그렇다면 의심할 바 없이 매우 중요한 이유에서 우리에게 토지를 경영하는 데 사용하는 자본의 확대를 권고하는 한 위원회를 격려하고, 그다음에는 벌써 아주 높은 세율로 그 육체노동에 세금을 부과하는 법안을 통과시켜서 결국은 우리가 현실에서 실제로 사용하는 노동의 양을 줄이게 만드는 것이 입법부의 위엄에 얼마나 어울리지 않는지를 잘 알아야만 한다.[11]

농부에게 적용되는 것은 중간상인에게도 똑같이 적용된다. 그 중간상인이 곡물 시장에서 위탁판매인이건, 도매상이건, 판매원이건, 투기꾼이건 마찬가지다. 이 상인들이 자유롭게 활동하도록 내버려두어야 한다. 그래서 그들이 더 많이 벌수록, 그들이 더 부자가 될수록, 그리고 그들이 더 폭넓게 거래할수록 농부와 소비자 모두에게 더 좋고, 그들은 상호 간에 자연스럽고 아주 유용한 관계를 형성한다. **시기심**이라는 늙고 사악한 상담 전문가의 간계에 의해 그들이 서로에게 미움을 받고 비방을 당한다 할지라도 말이다.

나는 중간상인들이 독점 때문에 비난받고 있다는 말을 듣는다. 의심의 여지가 없이, 권한의 독점은 모든 경우와 모든 정도에서 악행이다. 그러나 자본의 독점은 정반대이다. 그것은 아주 큰 혜택이고, 특히 가난한 사람들에게 혜택이다. (말하자면) 일 년에 한 번밖에 회전시킬 수 없는 100파운드의 자본밖에 없는 상인은 일 년에 10파운드로는 살 수가 없기 때문에 10**퍼센트**의 **이익**으로는 살 수 없다. 그러나 1만 파운드의 자본을 가지고 있는 사람은 일 년에 500파운드를 얻기 때문에 일 년에 5**퍼센트**의 이익으로 생활할 수 있을 뿐만 아니라 잘살 수 있다. 같은 비율로 두 배나 세 배를 되돌려줄 수 있다. 이 원리는 분명하고 간단하다. 또한 우리로 하여금 이 원리를 인식하고 따르지 못하게 하는 것은

---

11 여기서 미완성 유고의 두 번째 글이 끝난다. - 역주

우리의 무지라기보다는 우리 본성의 경솔함과 시기심과 악의다. 그러나 우리는 우리의 악행이 우리의 판단력의 자리를 빼앗는 것을 묵인해서는 안 된다.

소비와 생산의 균형이 가격을 만든다. 시장이 가격을 정착시키고, 오직 시장만이 그 가격을 정착시킬 수 있다. **소비자**와 **생산자**가 서로서로 필요로 하는 것을 발견할 때, 시장은 이 양자가 만나서 협의하는 곳이다. 시장이 무엇인지 조금이라도 깊이 관찰해본 사람이라면, 그렇게 필요한 것 사이의 균형이 맞춰지는 사실과 정확성과 신속함과 일반적 공정성에 놀라지 않는 사람은 없다고 나는 생각한다. 그 균형을 파괴하고 싶어 하고, 자의적 규제 법령에 의해 결함이 있는 생산품은 높은 가격으로 보상받지 못하게 하고 싶어 하는 사람들은 생산품 자체라는 뿌리에 곧장 **도끼**를 들이댄다.

그들은 심지어 그러한 잘못된 정책을 시행한 지 일 년 만에 헤아릴 수 없는 손해를 끼칠 수도 있다. 농부의 사업이란, 내가 앞서 설명한 바와 같이 이익을 내는 데 가장 위태롭고, 손실을 보기는 가장 쉬우며, 무슨 일에서든 이문이 가장 적은 분야 중 하나이기 때문이다. 농부의 사업을 성공적으로 수행하는 데에는 다른 어떤 사업에 속한 일보다도 열 배나 많은 노동, 조심성, 주의, 기술, 그리고 한 가지 더하자면 행운도 필요하다. 이러한 관점에서 상황을 보자면, 나는 최근에 추밀원이 주지사들에게 보낸 회람용 지시[12]를 감히 비난할 마음이 없다. 그러나 나는 그 목적이 무엇인지 분명히 알지 못한다는 사실을 고백한다. 나는 그 조사가 곡물을 징발하는 프랑스의 제도로 이어지는 조치로서 상당한 불안을 야기할 것을 대단히 우려한다. 왜냐하면 그것과 원칙 면에서 다소 유사한 선행 조사가 있었기 때문이다. 비록 그들의 방식을 따르자면 그들의 원칙은 폭력으로 가득 차 있지만 **그것이 이 나라에서는** 별로 두려움의 대상이 되고 있지 않는다 할지라도 말이다. 그것은 내 원칙과 정면으로 배치되는 원칙이다. 그것은 시장이 풍요나 궁핍의 공정한 **시금석**이 아니라고 가정한다. 그것은 대중의 평온한 마음에 영향을 미칠 수 있는바 '그 농부가 생산물을 숨겨두고 출고를 늦추면서 불공정한 이득을 취하고 있다'는 의구심을 제기한다. 중개인 쪽에서 보자면, 그것은 분명히 수많은 흉악한 투기를 낳는다.

만일 그 보고가 전반적으로 순조롭게 이루어진다면, 그것이 곡물의 수출을 장려하고 수입을 억제하기 위한 조치의 기초를 놓는 것을 의미하는 것일까? 만일 그렇지 않다면, 그것은 무슨 목적에 부합할 수 있을까? 그런데 내 생각으로는 그렇지 않다.

이러한 견해는 공공 곡물 창고를 건립하는 의도가 받아들여지

---

12  추밀원에서 내무장관을 통해 주지사들에게 최근에 수확된 생산물을 확인하기 위해 자기 지역에서 치안판사 회의를 열도록 요구하는 회람용 서한을 보낸 것. - 역주

II. 궁핍에 관한 소견과 세부 고찰

고 있고 이러한 조사는 정부에 구매의 이점을 준다는, 해외로 전달된 보고서에 의해 뒷받침될 수 있다.

나는 그러한 조치가, 즉 정부가 특정한 불변가격으로 소비자에게 공급하는 곡물을 확보함으로써 중개인을 없애고 농부를 소비자에게 종속시키기 위해 국가가 내는 비용으로 시장이 설치된 모든 읍에 곡물 창고를 세우는 조치가 제안되었고 현재 검토 중에 있다는 말을 듣고 있다.

만일 그러한 계획이 채택된다면, 그 곡물 창고와 그 곡물 창고의 지배인과 그 곡물 창고가 세워진 마을 자체의 안전을 책임지지 못할 것이다. 대중의 격분이 가장 먼저 그 곡물 창고를 휩쓸 것이다.

여기까지는 정치적 관점에서 논한 것이다.

경제적 관점에서 볼 때, 나는 이 왕국 전역에 그러한 곡물 창고를 건설하는 것은 헤아릴 수 없는 비용이 들 것이라는 점에 주목하지 않을 수 없다. 그것을 유지하는 데에도 막대한 비용이 필요할 것이다. 그 관리와 제반 조처에는 다수의 지배인, 관리인, 사무원, 그리고 종업원이 필요할 것이다. 곡물 구매에 사용되는 자본은 엄청날 것이다. 거기서 발생하는 쓰레기, 부패, 오염은 전체 거래 과정에서 끔찍한 장애가 될 것이다. 또한 오염되었거나 부패한 곡물을 산 사람들의 불만은 반드시 그렇게 될 터인데, 심각한 지경이 될 것이다.

이러한 환경은 (다른 것들은 어찌 되었든 간에) 밀이 어느 때든 보관되어야 하는 곡물 창고에 유리하지 않다. 가장 좋고 실제로 유일하게 좋은 곡물 창고는 농부의 건초를 쌓아놓는 마당인데, 여기서는 곡물이 자체의 짚에 쌓인 채 해로운 동물이나 벌레의 피해를 입지 않고 상대적으로 사소한 비용으로 달콤하고 깨끗하고 온전하게 보존된다. 이 모든 것이 그 관리인의 비용으로, 그리고 그만의 위험 부담으로 이루어진다. 그는 정부에 기여하고 정부로부터 보호 이외에는 아무것도 받지 않지만, 이 보호에 대한 **권리**를 가진다.

정부가 시장에 나타나는 순간 시장의 모든 원리가 전복된다. 경쟁이 이루어지는 웬만한 시장이 있는 한, 농부가 그 개입에 의해 고통을 겪을지 여부를 나는 알지 못한다. 그러나 나는 무엇보다도 그 거래를 수행하는 정부는 급속히 파산하게 될 것이고 소비자는 결국 고통받게 될 것이라고 확신한다. 만일 정부가 한 번에 모든 구매를 한다면, 정부는 곧바로 시장을 자기 위에 올려놓게 될 것이다. 만일 정부가 구매를 서서히 한다면, 정부는 시장의 방침을 따라야만 한다. 만일 정부가 시장의 방침을 따른다면, 정부는 아무런 영향도 미치지 않고, 소비자는 자신이 원하는 대로 구매해도 좋고, 따라서 어떤 비용도 발생하지 않는다.

그러나 만일 이 정책의 대상이, 나는 그렇다고 의심하는데, 통상 중개인이라 불리는 상인을 없애버리고 자발적 손실을 발생시

Ⅱ. 궁핍에 관한 소견과 세부 고찰

키면서 빵 제조업자로 하여금 정부를 상대하게 만드는 것이라면, 나는 정부가 또 다른 사업, 즉 일련의 새로운 비용과 위험이 수반되는바 제분업자나 제분소 노동자의 사업을 시작해야만 한다고 정부에 말할 것이다. 만일 이 두 사업에서 모두 정부가 성공해서 자연스러운 사적 자본을 가지고 사업을 하는 사람들을 축출한다면, 정부는 하나의 독점을 손아귀에 넣게 될 것인데, 이것은 자본의 독점이라는 외양을 띠지만 실제로는 권한의 독점이 될 것이어서 그것이 손대는 것은 무엇이든 파괴할 것이다. 이 왕국의 농업은 그 앞에서 존립할 수가 없다.

영토가 없는 것이나 다름없고, 이웃한 세 세력의 선의에 자기 생존을 의존하며, 물론 계속해서 포위당한 것과 유사한 상태 또는 그 상태에 대한 사색 속에서 존재하는, 2만 5,000~3만의 주민밖에 없는 제네바[13] 같은 작은 장소에서는 국가 곡물 창고에서 나

---

13 제네바(Geneva) : 오늘날 스위스에서 두 번째로 인구가 많은 도시로, 유엔의 유럽 본부를 비롯해 국제적십자 본부, 국제 경제기구 등 22개의 국제기구와 250개 이상의 비정부 기구가 제네바에 위치해 있다. 제네바는 켈트족의 일파인 알로브로게스족(Allobroges)의 한 정착촌의 이름이었다. 라틴어로 게나바(Genava) 또는 게누아(Genua)라는 지명은 율리우스 카이사르의 『갈리아 전기』에 처음 나타난다. 기원전 121년 로마제국의 갈리아 나르보넨시스 주에 통합되었다. 9세기에는 부르군트(부르고뉴)의 수도가 되었다. 부르군트족, 프랑크족, 신성로마제국 등 세 세력이 제네바를 놓고 다퉜지만 실질적으로 제네바를 다스리는 이들은 제네바의 주교들이었다. 1541년부터 1564년까지는 프랑스 리옹 출신의 종교개혁 신학자인 칼뱅(Jean Calvin, 1509-1564)이 개신교 윤리와 자본주의 정신이 결합된 정책을 실행하고 구현하여 그 명성이 유럽 전역으로 퍼진 곳이었다. 나폴레옹 체제가 붕

오는 일정한 재원과 공공건물의 관리인들에게 매각된 독점권으로부터 나오는 일정한 세수를 찾아낼지도 모른다. 이것은 농사를 짓기에는 너무 작은 국가에 적합한 정책이다. 이것은 (예컨대) 교황이 소유하고 있는 것과 같은 아주 큰 나라에는 적합지 않은데, 그런데도 그곳에서 더 큰 규모로, 그리고 더욱 엄격하게 채택되어 실행되고 있다. 도시 로마에 곡물을 공급하는 교황의 영토에서 로마와 교황 성하의 곡물 창고에 특정 가격으로 곡물을 공급할 의무가 있다고 확신했기 때문에 교황 영토 가운데 그 지역은 완전히 몰락했다. 그 몰락을 거슬러 올라가 보면 확실히 이것이 유일한 원인으로 드러나며, 그와 똑같은 통제를 받지 않으면서 매우 번창하고 있는, 교회가 통치하는 다른 지역과 상태와 조건을 비교해봄으로써 그것은 의심할 바 없는 것으로 나타난다.

이 사악한 제도의 개혁은 어떤 의미에서는 실현 불가능하다. 왜냐하면 첫째로 그것은 로마 시에서 빵과 그 밖의 모든 식량을 똑같이 꽤 합리적이고 일정한 가격으로 공급 관청의 소관 하에 두기 때문이다. 이것은 아주 큰 수도의 수많은 가난하고 게으르며, 그래서 당연히 반항적인 사람들을 잠잠하게 만들어놓는다.

---

괴한 1815년에 스위스의 칸톤(정식으로는 '제네바 칸톤 및 공화국')이 되어 스위스 연방에 가입했다. 전쟁 시 부상자 보호를 위한 첫 번째 제네바 협정은 1864년 맺어졌다. - 역주

II. 궁핍에 관한 소견과 세부 고찰

그러나 이 도시의 잠잠함은 이 나라의 몰락, 그리고 궁극적으로는 양자 모두의 비참함에 의해 얻어진다. 이 해악이 구제 불능으로 만드는 두 번째 원인은 그것으로부터 나왔고, 그래서 온갖 예방 조치에도 불구하고 교황의 미약한 권한보다 훨씬 더 강력한 정부 하에서조차 그러한 상황으로부터 나오게 되는 직업들이다.

(로마 농업이 아니라) 로마제국의 가장 오래전 시대와 가장 번창하던 시기에 찾아볼 수 있는 로마의 이 예는 모든 정부에 치안판사의 권한으로 국민을 먹여 살리려 하지 말라는 위대한 경고로서 쓸모가 있다. 만일 정부가 그렇게 하는 데 익숙해지면, 단지 반년 동안만이라고 할지라도 그 정부는 그 방법 이외의 것에 만족하지 않게 될 것이다. 또한 정부에서 빵을 줄 것을 기대하게 되면, 궁핍이 닥치자마자 사람들은 자신들을 먹여 살린 손을 비틀고 물어뜯을 것이다. 그 악을 피하기 위해 정부에서는 그 악의 원인을 배가할 것이고, 그러면 그것은 고질병이 되어 치유가 불가능해질 것이다.

나는 정부에 (나는 이 말을 의회의 양원을 포괄하는 가장 넓은 의미로 쓰는데) 궁핍과 풍요의 해는 번갈아 또는 짧은 주기가 아니라 꽤 긴 주기로 불규칙하게 온다는 것, 따라서 한 계절의 일시적 필수품을 가지고는 우리가 잘못된 조치를 취하는 것인지 확인할 수가 없다는 것, 그러나 그다음 번에는 아마도 더 우리로 하여금 그 조치를 계속해서 취하도록 몰아붙일 것이니, 내 견해로는 우리의 농업 전체와, 우리의 농업과 가장 긴밀히 연관되어 있는 우리의 국내 상업 분야를 파괴하게 될 이 악을 막는 방법은 없다는 것을 심각하게 고려해주기를, 그러나 이론적인 것이든 실제적인 것이든, 정부가 신의 섭리에 따라 당분간 지급을 보류하게 한 그 필수품들을 가난한 이들에게 공급하는 것이, 정부로 간주되는 기관 또는 심지어 부자로 간주되는 사람들의 권한 내에 있는 것이라는, 바로 그 애초의 발상에 대담하게 저항해주기를 간청한다. 우리 국민(We, the people)은 우리에게 고통을 주면서 우리 위에 드리워져 있는 모든 재앙을 제거하기 위해 신의 불만을 약화시키고자 하는 우리의 희망을 거는 대상이 바로 자연의 법칙이며, 따라서 신의 법칙인 상업의 법칙을 파괴하는 데에 있지 않다는 것을 알게 되어야 한다.

여기까지는 일반 정책의 원칙에 관해 논한 것이다.

그 원칙에서 벗어나는 이유로 강조되는 상황에 관해 말하자면, 다음은 1795년과 1794년의 수확물 상황이다. 가장 귀중한 곡물인 밀과 관련하여 1794년의 수확에 관해 말하자면, 그것은 아주 많이 부족한 것이 아니라 약간 부족했다는 사실이 인정된다. 그런데 질 면에서는 내가 농부였던 27년 동안 나는 그렇게 좋았던 밀을 기억하지 못한다. 하지만 세상은 상인뿐만 아니라 농부마저도 그것을 투기의 대상으로 삼아서 일을 그르쳤다. 이에 따라 그 가격 변동이 내가 기억할 수 있는 어떤 것보다도 심했다. 왜냐하

II. 궁핍에 관한 소견과 세부 고찰

면 이 해에 나는 내 밀을 한 바리에 141실링[14]에 한꺼번에 팔았는데 (나는 이것이 합리적 가격이라고 생각했기 때문에 내가 가진 것을 모두 팔아치웠다), 그해 말에는 만일 내가 팔 것이 조금이라도 있었으면 같은 종류의 곡물로 30기니[15]를 받을 수 있었을 것이다. 나는 앞서 말했듯이 내가 가진 것을 비교적 낮은 가격에 모두 팔았는데, 나는 그것이 내가 생각한 일반적 수확 농산물과 비교할 때 좋은 가격이라고 생각했기 때문이다. 그러나 내가 수확한 농산물의 **총량**에 관해 생각하게 되면, 나는 그 양이 내 기대에 미치지 못했다는 사실을 발견하게 된다. 생산물이 부족했으나 질은 매우 우수했던 (1794년이라는) 이해는 생산물의 양이 특출하지도 않았고, 질이 우수하지도 않았으며, 재고도 거의 없었던 해의 뒤를 이은 것임을 기억해야 한다. 처음에는 이것을 느끼지 못했는데, 수확이 예년보다 아주 일찍, 한 달이나 빨리 이루어졌기 때문이다.

1794년 말과 1795년 초에 걸친 겨울은 아주 혹독한 서리와 그에 뒤이은 비, 그리고 첫 번째 것보다 훨씬 더 혹독한 서리가 또다시 뒤이어 급속히 몰아닥치는 바람에 곡물과 목초 모두에 비상

---

14 원문에는 '실링(shilling)'이라는 화폐 단위가 명기되어 있지 않지만 맥락을 통해 추정할 수 있을 것 같다. 실링은 영국에서 1971년까지 사용되던 주화로, 구 화폐 제도에서 12펜스에 해당했고 20실링이 1파운드였다. 그러므로 141실링은 7파운드 정도이다. - 역주

15 '기니(guinea)'는 영국의 구 금화로 21실링(shillings)이고, 현재의 1.05파운드에 해당한다. - 역주

히 좋지 않은 계절이었다.

많은 밀이 완전히 초토가 되었다. 토끼풀이 많은 곳에서 피해를 입었다. 내가 이전에는 보지 못한 일은 독보리가 클로버보다 더 많은 피해를 입은 것이었다. 몇몇 지역에서는 심지어 왕포아풀이 뿌리까지 죽어버렸다. 봄이 오자 겉으로 보기에는 우리가 예상한 것보다는 상황이 나아졌다. 일찍 파종한 모든 곡물이 소생하여 원기왕성해졌다. 그러나 나중에 파종한 것은 힘이 없었고 봄에 닥칠 어떤 병충해도 이겨낼 것 같지 않았지만 온갖 기분 나쁜 부침을 겪고 나서 아주 좋아졌다. 또한 개화 시기에는 아무것도 밀보다 나아 보이지 않았다. 그러나 가장 중요한 시기에 아주 모진 서리를 동반한 차갑고 건조한 동풍이 내가 연중 그 시기를 기억하는 어느 때보다도 길고 강력하게 꽃을 모두 떨어뜨렸고, 바람이 부는 바로 옆 부분의 이삭 전체를 놀라운 방식으로 완전히 말라 죽게 했다. 당시에 나는 내 친구들에게 그 비정상적 서리의 작용을 보여줄 목적으로 그 이삭 가운데 일부를 마을로 보냈는데, 그 피해 정도에 따라서 나는 대단한 궁핍이 닥치리라고 예견했다. 그러나 이것은 누구나 받아들일 만한 예상을 재미로 한 것이어서 내 견해는 거의 주목받지 못했다.

탈곡을 하자마자 나는 내가 예상한 상황이 벌어지고 있음을 알았다. 이삭은 차 있지 않았고, 일부 꼬투리는 완전히 비어 있었으며, 몇몇 다른 것들에는 시들고 부실한 낟알만 들어 있어서 겉

모습이 호밀보다도 못했다. 내가 가진 최상의 이삭과 낟알도 상태가 좋지 않았다. 나는 그렇게 질이 낮은 곡물을 가져본 적이 없었다. 하지만 나는 한 바리에 211실링을 받고 팔았다. 동시에 나는 231실링을 주고 밀 씨앗을 (그것은 아주 좋은 것이었다) 샀다. 그 때부터 가격이 올라서 나는 같은 종류의 곡물 약 두 바리를 한 바리당 231실링에 팔았다. 이것이 내가 지난 월요일에 고향을 떠날 때의 시장 상황이었다. 내 헛간에 남아 있는 것은 거의 없다. 짚가리 속에 조금 남아 있는 것은 더 낫기를 바라는데, 내가 기억할 수 있는 한 그것은 좀 더 일찍 파종한 것이기 때문이다. 내 이웃 중 몇몇은 더 나은 것을 수확했고, 몇몇은 내 것만큼 아주 나쁘거나 더 나쁜 것을 수확했다. 개화기에 작물을 엉망으로 만드는 바람과 서리가 기승을 부린 곳은 어디에서나 밀 수확량이 아주 보잘것없음이 드러나지 않을까 싶다. 피해를 입지 않은 지역에서는 의심할 바 없이 그에 합당한 생산물을 얻을 것이다.

다른 곡물에 관해 말하자면, 매우 늦게 익은 밀만큼 (내 생각으로는 병충해 때문에) 보리도 늦게 익기 시작했지만 가장 먼저 익었다는 것을 말해두어야 한다. 보리 수확물은 내게도 있었는데, 내가 조사한 곳의 보리는 어디에서나 아주 좋았고 몇몇 곳에서는 내가 가진 것보다 훨씬 우수했다.

보리 생산에 쓰이는 토끼풀은 내가 이제까지 본 기억으로는 가장 좋았다.

올해의 순무는 일반적으로 좋다.

작년에 파종한 토끼풀은 완전히 못 쓰게 되지 않은 곳에서는 두 가지의 좋은 수확물 또는 한 가지의 수확물과 한 가지의 풍부한 사료를 만들어주었다. 또한 독보리의 손실을 줄이는 면에서는, 나는 더 나은 생산물이 있었던 적을 기억하지 못한다.

왕포아풀로는 중간 정도의 수확물만 생산되었는데, 계산에 넣을 만한 해로부터 따져볼 때 파종한 풀이건 천연의 풀이건 농민의 소유로 남아 있는 것이 없었다. 대부분 지역에 전혀 없었다.

내가 수확한 귀리는 양 면에서 통상 좋았던 해 이상으로 많지는 않았다. 그러나 나는 다른 지역의 것보다 그렇게 알곡이 밀생한 것은 본 적이 없었다. 그 귀리는 알찼을 뿐만 아니라 비상히 풍성한 수확이었다. 완두콩을 심은 땅은 1에이커가 넘지 않거나 그쯤이었지만, 그 수확물은 참으로 대단했다. 완두콩은 온 나라에서 풍성하게 자랐다고 생각한다.

하지만 모든 곡물이 일반적으로 그런 것과 마찬가지로, 특히 완두콩은 최소한의 양도 비축된 것이 없다는 사실을 언급해야 한다.

한 해의 수요는 오직 그해의 생산물에 의존할 수밖에 없다. 또한 봄에 곡물 가격은 아주 빨리, 또는 언제든 아주 낮게 떨어질 것을 기대할 수 없다.

억스브리지[16]는 아주 큰 곡물 시장이다. 나는 이 도시를 지나오면서 지난 장날에 보리가 1쿼터[17]에 40실링인 것을 알았다. 귀리는 그곳에 그야말로 없었고, 주막 주인은 귀리를 사러 런던에 사람을 보내야 했다. 나는 완두콩에 관해 묻는 것은 잊어버렸다. 감자는 부셸당 5실링이었다.

이 문제에 관한 하원 토론회에서, 나는 대단한 능력을 가지고 있지만 **이 문제에 관해 잘 알고 있지 못한** 한 지도적 의원이, 정육점 고기와 버터와 치즈의 가격이 일반적으로 한결같이 비싼 것은 밀 생산에 문제가 있기 때문일 수 없다고 말했고, 이러한 근거 위에서 조사를 요구하는 어떤 불공정 관행에 대해 의구심을 넌지시 내비쳤다는 말을 듣고 있다.

의심할 바 없이 밀의 부족만이 그가 언급한 먹을거리뿐만 아니라 다른 모든 품목의 가격이 예외 없이 비싼 원인일 수는 없다.

그 원인은 너무나도 단순하고 분명하기 때문에 놀라운 일은 다른 곳에 있다. 적절한 방향의 조사가 이루어진다면, 이 상품들의 가격에 놀라는 신사 분들은 건초가 한 바리에 6파운드일 때, 그들은 그것을 반드시 알아야 하는데, 목초는 일 년 이상 틀림없이 부족하다는 사실을 알 수 있을 것이고, 만일 목초가 부족하다면 쇠고기, 송아지 고기, 양고기, 버터, 우유, 치즈가 **틀림없이** 비싸다

---

16  억스브리지(Uxbridge) : 옛 미들섹스(Middlesex) 주의 도시. 현재 런던 서부의 힐링던의 한 지구. - 역주

17  쿼터(quarter) : 곡량 단위일 때는 4분의 1톤, 8부셸. 영국에서 1부셸은 약 36리터이다. - 역주

는 결론을 내릴 것이다.

그러나 이 문제를 좀 더 상세히 고찰해보면 실상은 이렇다. 1794년에 질 면에서 탁월했던 밀 수확이 양 면에서는 모자랐다면, 보리의 수확은 질 면에서는 예년 수준에 충분히 도달했지만 양은 부족했다. 이것은 엿기름의 가격에서 금세 알 수 있었다.

또 다른 품목의 생산물(콩류)은 전혀 풍부하지 않았다. 완두콩 수확을 전혀 못하게 되자, 몇몇 농부들은 아주 일찌감치 모든 희망을 버리고 소에게 줄 꼴로 쓰려고 완두콩의 푸른 줄기를 베어버리고 나서는 그 타는 듯이 메마른 여름에 먹을 것이 없어서 죽어갔다. 나는 대부분 농부들보다 사정이 나아서 거의 네 번째의 완두콩 수확량을 얻었다.

어떤 의미에서는 이 나라에서 소비되는 모든 베이컨과 돼지고기를 얻기 위해 (이것은 도시 바깥에서는 가장 많이 소비되는 고기인데) 돼지를 키울 때는 목초와 유장이나 탈지유를 먹이고, 살을 찌울 때는 부분적으로 유장이나 탈지유를 먹인다는 사실을 기억할 것이다. 이것은 낙농 국가의 현실인데, 그들은 모두가 돼지를 대규모로 키우고 먹는 국가들이다. 그러나 대부분 지역에서는, 그리고 곡물 생산을 주로 하는 모든 나라에서는 돼지가 콩과 보릿가루와 완두콩을 먹고 살이 찌워진다. 동물의 먹이가 부족하면 그 고기는 틀림없이 비싸다. 이 사실을 알아내는 데에는 누구나 생각하는 바와 같이 대단한 통찰력이 필요치 않다.

한 종류의 고기를 아주 매우 많이 공급하는 데 이렇게 실패하게 되면, 감소된 모든 종류의 고기 공급, 그리고 실은 인간의 생명 유지의 모든 문제들에 관한 소비자의 요구 전체가 자연스럽게 문제시된다. 또한 내 견해로는 우리가 희망하는 대로 곡물이 더 싸진다 할지라도 올 한 해 동안 그 한 품목이 훨씬 싸질 것을 기대할 수는 없다. 작년에 사육이 실패하여 비축된 돼지의 가격은 현재 터무니없이 비싸다. 우리의 시장에서 돼지는 최근에 40실링에 팔렸는데, 2년 전이라면 20실링이 넘지 않았을 것이다.

양에 관해 말하자면, 내 생각으로는 작년에 순무 재배의 전반적 실패를 잘 모르는 사람은 없었다. 작년 초에는 움이 트자마자 엄청난 가뭄과 열기에 타 죽어버렸고, 근래의 것과 작년 초에 살아남은 것들은 겨울의 쌀쌀한 서리, 그리고 봄에 비가 자주 오는 혹독한 날씨에 죽어버렸다. 많은 곳에서 4분의 1의 양과 새끼 양을 잃었는데, 남은 새끼 양들도 빈약한 데다 잘 먹지 못했고 암양들은 젖을 만들지 못했다. 송아지는 늦게 공급되었는데, 그 공급 부족은 다른 어떤 것만큼이나 일반적으로 두려움의 대상이 되는 품목이었다. 그래서 이전에 특히 런던에서 초여름에는 아주 풍부했고 양고기 소비 지역에 거의 두 달 동안 대규모로 공급된 그 음식 항목은 완전히 실패한 것이나 다름없었다.

지상의 모든 생산물은 서로 연관되어 있다. 모든 품목의 모든 풍부한 원천이 말라버리거나 얼어붙어버렸다. 밀에서만큼은 궁핍이 신사 분들이 추측하는 정도는 아니었다.

또 하나의, 그리고 대수롭지 않은 영향을 미치는 것이 아닌 원인이 고기 공급에 부족을 낳는 경향이 있었다. 그것은 여러 이유에서 아주 대단히 개탄할 만하고, 그 품목의 부족을 낳는 유일한 원인이었으며, 인간 자신이 하는 일련의 행위에 기인하는 것이었기 때문에 더더욱 개탄할 만한 원인이다. 증류주 공장에 가해진 가동 중단 조치를 말하는 것이다.

양조장에서 나오는 뜨물을 먹여 길렀던 (그리고 그것으로 먹이가 충분한) 거세한 수퇘지는 살을 찌우는 데 농부가 사용하는 곡물의 4분의 1이 필요치 않았다. 증류주는 대체로 아주 대단히 분명한 국가 재정의 이익이었다. 증류주 공장을 중단시키거나 억제하는 것은 고기를 싸게 만드는 데에 상식 밖의 방법이다.

증류주 공장은 본래 아프리카로, 북아메리카로, 그리고 유럽의 다양한 지역으로, 거의 전 세계에 걸쳐서 막대한 거래가 이루어지는 품목을 만들어낸다. 그것은 우리의 어업과 우리의 항해 전체에 음식 다음으로 대단히 쓸모가 있다. 증류주 공장 대부분은 빵을 만들기에 부적합한 손상된 곡물과 최하품 보리와 엿기름을 가지고 가동되었다. 이것들은 더할 바 없을 만큼 예외 없이 사용되었다. 증류주의 국내 소비는 불만을 일으키지 않으면서도 아주 많은 세수입을 만들어냈는데, 만일 우리가 원한다면 증류주를 만들면서 소비된 것의 가치를 훨씬 넘어서는 곡물을 다른

곳으로부터 들여오는 것이나 국내에서의 증산을 장려하는 것에
지급하는 보조금에도 적합한 것이었다.

증류주의 국내 소비에 반대하는 물질적이고 도덕적인 관점에
서 이제까지 논의된 바에 관해 말하자면, 내가 오랜 경험을 통해
얻은 교훈 가운데 이 문제에 관한 주장을 존중하라는 것은 거의
없었다. 다시 말해, 법률이라는 천둥이나 웅변이라는 천둥이 '**진**
(gin)**[18] 위에** 퍼부어진다'**[19]** 해도 나는 그 천둥을 막아낼 수 있다는
것이다. **최대의 역사[20]**가 화학에 의해 실제로 발견되어 미다스처

---

18  진(gin) : 보통 토닉 워터나 과일 주스를 섞어 마시는 독한 증류주. - 역주

19  사회에서 우월한 지위를 지닌 사람들의 악덕을 모방하는 하층 계급 사람들의 주
제넘은 행동을 한탄하는 알렉산더 포프(Alexander Pope, 1688-1744, 영국의 신고전
주의 시대를 대표하는 시인으로 토리당을 지지함)의 풍자시 「풍자에 부치는 결어 : 대
화1(Epilogue to Satires : Dialogue 1)」(1738)의 한 대목을 인용하고 있다. 이 대목이
포함된 부분은 다음과 같다. - 역주

> 이것은, 이것은, 내 친구여, 나는 견딜 수도, 견뎌서도 안 되네
> 이렇게 남용되는 악에는 국가의 돌봄이 필요하네
> 이것은 교회더러 우리의 죄를 비난하라 요구하고
> 법률이라는 천둥을 진 위에 퍼붓고 있지.
> (This, this, my friend, I cannot, must not bear;
> Vice thus abused demands a nation's care;
> This calls the Church to deprecate our sin,
> And hurls the thunder of the laws on gin.)

20  최대의 역사(役事, opus maximum) : 비금속(非金屬, 공기 중에서 쉽게 산화하는 금속)을

럼 우리가 만물을 금으로 만들 수 있다 할지라도, 증류기는 내 생각으로는 그보다 훨씬 더 위대한 혜택과 축복을 주었다.

의심할 바 없이 증류주를 과도하게 남용하는 것은 위험할 수 있고, 동시에 나는 그 남용이 굉장했었다는 사실을 기꺼이 믿는다. 증류주가 싸면, 술에 취하는 일은 별 시간이나 힘을 들이지 않고도 이루어진다. 그러나 그러한 폐해는 완전히 사라졌다고 나는 생각한다. 지난 40년 동안, 그리고 아주 특정해서는 지난 30년 동안 관찰한 결과, 나는 다른 원인에서 발생하는 주취의 열 가지 예를 발견했다. 독한 증류주는 훌륭한 약으로서 심신 이상을 종종 제거하고, 그것을 방지하거나 초기에 쫓아버리는 일이 훨씬 더 자주 있다. 그것은 **어떤 대단한** 정도의 영양분이 있지는 않다. 그러나 음식이 아닐지라도 음식의 부족을 아주 많이 경감해준다. 인간의 체질과 쉽게 맞지 않는 보잘것없고 변변찮은 음식을 소화시킬 때 위장의 기운을 북돋운다. 가난한 사람들은 와인을 접할 수 없다. 맥주는 (예컨대 선원이나 어부들의 경우처럼) 많은 경우에서 알 수 있듯이, 그러한 역할을 전혀 하지 못한다. 한마디 덧붙이자면, 샴페인과 클라레[21]가 불어넣는 지혜란 조롱거리로 변할 것이다. 증류주는 마음에 투여하는 약이다. 우리 인생

---

금으로 만드는 연금술의 꿈을 실현하는 가장 위대한 작업이나 기술. - 역주

21 클라레(claret) : 프랑스 보르도산 적포도주. - 역주

의 조건인 근심과 슬픔의 압력 하에서 사람들은 모든 시대에, 그리고 모든 나라에서 정신적 위안을 위한 어떤 물질적 도움을, 즉 와인, 맥주, 아편, 브랜디, 또는 담배 같은 것들을 찾았다.

따라서 나는 증류주 공장의 중단은 경제적으로, 재정적으로, 상업적으로, 의학적으로, 그리고 어느 정도는 정신적으로도 사려 깊다기보다는 다분히 선의로 하는 조치라고 생각한다. 그것은 그 손해를 감수하기에는 너무나 값비싼 희생이다.

신사 분들은 자고새의 부족이 있는지, 그것이 비축과 단체 행동의 영향인지를 잘 안다. 모든 같은 종의 새는 자연의 섭리대로 살다가 죽는다.

소소한 품목도 더 중요한 품목과 마찬가지다. 그것들도 계절의 운을 따랐다. 닭은 왜 비쌀까? 농부나 도매상의 잘못이었을까? 나는 내가 키운 어리고 마른 닭 여섯 마리를 도매상에게 24실링을 받고 팔았다. 2년 전이었으면 그 도매상이 한 마리에 1실링도 주지 않았을 것이다. 그는 그 닭들을 나중에 억스브리지에서 팔았고, 그것들은 런던으로 옮겨져 소비자의 손에 주어졌다.

식량 부족을 낳는 전쟁의 영향에 관해 말하자면, 나는 피트 씨가 그에 관해 독특한 대답을 내놓았다고 이해한다. 그러나 나는 그것은 싸울 가치가 있는 말이라고 생각하지 않는다.

신문이 이런 종류의 문제로 아주 가득 차 있는 것은 당연하지만, 이 문제가 의회에서 언급되는 것은 조금 놀랍다. 모든 아주 큰 국가적 문제들과 마찬가지로 평화와 전쟁이 논의되고 서로 다른 견해가 정치적 근거 위에서 공정하게 형성될 수는 있지만, 프랑스 국왕 살해자들과 맺는 평화가 항상 가장 중요한 문제로 다루어질 때 식량의 현재 가격을 문제 삼으며 이 문제에 애정을 보이는 것은 위대한 일이라고 나는 말할 수 있을 뿐이다.

결국 우리가 온갖 이익을 주는 사람에게 감사하는 것은 당연하지 않은가? 우리 역사에서, 그리고 '영국의 노동자가 한때 행복했다고 말하는' 시절 가운데에서, 우리는 일정한 간격을 두고 나타나는 실제 굶주림의 시기이자 그로 인해 인간에게 우울한 대혼란이 벌어지는 시기를 항상 보게 된다. 그때 식량 가격은 무시무시하게 변동했는데, 이것은 현시점의 최악의 실패와도 매우 차이가 나는 식량 부족을 보여주는 것이었다. 내가 영국에 관해 알기 시작한 이래로 그보다 더 궁핍한 경우는 알지 못하는 정도였다. 밀 가격은 여러 해를 종합해볼 때 아주 상당한 정도로 변동하지도 않았고, 최근 12개월 동안 대단히 오르지도 않았다. 지금도 나는 굶어서 죽는 남자나 여자나 아이 이야기를 듣지 못한다. 그런 일이 설사 있다 하더라도 나는 확신하건대, 식량이 풍부한 시절에 그런 일이 우연히 일어나는 경우보다도 더 적다. 이것은 내가 기억하는 어떤 때보다도 훨씬 너 가난한 사람들을 돌보고 관리하는 덕분이다.

이러한 사실에 관한 고찰은 틀림없이 우리 모두로 하여금, 즉 부자와 가난한 이들 모두가, 가난한 이들이 자신의 친구, 관리자, 후원자, 보호자들을 향해 격분하도록 부추기는 신문의 사악한 필자들에 대항하도록 만든다. 궁핍 때문에 실제로 죽은 사람은 (나는 다른 대부분 지역만큼 가난한 곳에서 살고 있지만 그런 사람에 관한 이야기를 전혀 들은 바가 없다) 거의 없을 뿐만 아니라, 우리는 이전 시대에 부족하고 유해한 음식 때문에 전 세계 나라들을 폐허로 만드는 일이 자주 있었던, 그렇게 전멸시키는 무시무시한 전염병의 흔적을 본 적 또한 없다. 우리가 우리 자신의 지나치게 많은 지혜에서 벗어난다면, 우리는 웬만큼 성공할 수 있을 것이다.

[22]'국가는 공적 지혜에 의해 지휘하기 위해 무엇을 책임으로 떠맡고 가능한 한 간섭하지 않으면서 개인의 재량에 맡겨두어야 하는가'는 입법에서 가장 미묘한 문제 가운데 하나이자 내가 그 일에 복무하는 동안 내 생각을 자주 사로잡은 문제다. 많은 부분에서 영구적이고 일부는 일시적인 예외를 허용하지 않는 문제에 관해서는 분명히 아무것도 단언할 수가 없다. 그러나 내가 내 관점으로 판단을 내려야 했을 때 가장 뚜렷하게 그을 수 있었던 책임의 경계선은 다음과 같았다. 즉, 국가는 국가와 관련된 것 또는 국가의 산물, 다시 말해 국가 종교의 외적 제도, 치안판사 업무, 세수입, 바다와 육지의 군사력, 국가에 복종해야 하는 법인들, 한

---

22  여기서 미완성 유고의 세 번째 글이 시작된다. - 역주

마디로 말해서 **진정으로, 그리고 엄밀하게** 공적인 모든 것으로, 공공의 평화로, 공공의 안전으로, 공공의 질서로, 공공의 번영으로 자기 업무를 국한해야 한다. 연안 경비경찰은 활동을 절제하고, 많고 잦은 수단보다는, 그리고 자신의 작지만 정책적인 급선무가 늘어나고 사소하고 미미한 일들은 줄어드는 만큼 적고 잦지 않으며 강력한 수단을 사용해야 한다. 자신을 아는 정치인은, 지혜에 속하는 위엄을 지니고서 오직 이런 식으로 꾸준하게, 조심성 있게, 엄격하게, 용감하게, 우월한 실력자이자 자신의 의무를 누구보다 앞서서 실천하는 사람으로서 자신의 일을 수행한다. 그 밖에 남는 일은 무엇이든 어떤 의미에서든 그 자체의 동력으로 수행될 것이다. 그러나 국가에서 지방으로, 지방에서 작은 행정 교구로, 행정 교구에서 사저로 내려가면서 정치인의 위신 실추는 가속화된다. 그들은 낮은 수준의 의무도 이행**할 수 없다**. 또한 그 의무의 이행을 시도하는 데 비례하여 그들은 더 높은 의무의 이행을 하지 못할 것이다. 그들은 서로 다른 분야에 속하는 것들, 즉 법률에 속하는 것과 관습만이 통제할 수 있는 것을 알아야만 한다. 후자에 관해서는 위대한 정치가들이 하나의 성향을 보여줄 수는 있지만 법률을 줄 수는 없다.

우리의 입법부는 다른 정부들과 마찬가지로 이러한 오류에 **빠**졌다. 모든 정부가 다소간 오류에 **빠**졌다. 우리와 지역적으로 가장 가깝고, 모든 면에서 우리와 가까우며, 그 폐허가 우리의 머리

II. 궁핍에 관한 소견과 세부 고찰

위에 떨어질 위협이 되고 있는, 한때 막강했던 정부가 바로 이 오류[23]의 강력한 예이다. 나는 불길한 예감의 탄식 없이 프랑스를 언급할 수가 없노라![24] 스키피오는 자기 나라의 위대한 경쟁국이 화염에 불타는 가운데 자신의 그리스인 역사가 친구에게 그 한탄을 읊조렸다.[25] 그 국가는 그 격노와 극악무도한 사악함이 인간의 광분과 타락의 역사에서 유례를 찾을 수 없고, 나로서는 형언하기 힘든 역겨움과 공포와 혐오가 뒤섞인 감정 없이는 생각하거나 말할 수 없는 역적의 무리인, 프랑스에서 혁명주의자와 입헌주의자로 불린 일종의 반역자들의 손에 몰락했다. 이 흉악한 짐승들이 자기 나라를 파괴하여 그 안의 선한 것을 없애버렸다. 왜

---

23  정부가 가격을 고정시키는 오류. - 역주

24  『일리아스』에서 헥토르가 아내에게 자신은 트로이가 멸망할 것을 알고 있다고 말하는 대목을 인용하고 있다. - 역주

언젠가는 신성한 트로이가 멸망하고,
프리아모스와 그의 백성들도 살해당할 날이 올 것이다.

25  카르타고를 정복한 로마의 장군 스키피오는 "그날이 올 것이다"라는 헥토르의 말을 읊조리는데, 이때 그의 그리스인 친구인 역사가 폴리비오스가 그에게 화염에 싸인 카르타고를 보고 왜 우느냐고 물었다. 폴리비오스에 의하면, 스키피오는 '인간 만사의 운명을 되돌아볼 때' 로마의 운명 역시 두렵다고 말했다. 폴리비오스(Polybius, 기원전 203년-기원전 120년경)는 그리스 아르카디아 출신의 역사가로 방대한 역사서인 『역사(Hiostoriae)』를 썼다. 스키피오의 이 말도 이 책에 나오는 것이다. - 역주

냐하면 그곳의 많은 미덕은 온갖 종류의 위대한 인물과 위대한 형태의 덕을 만들어내고 길러서 세상에 공급한 그 고상한 군주제의 관행에 있었기 때문이다. 그런데 그 고상한 군주제의 적들이 그 잘못에 대한 적은 아니었다 할지라도, 그 잘못은 그 나라를 멸망시키는 수단을 그 적들에게 제공했다. 그를 잃은 사건이 나보다 대중에게 훨씬 더 크게 다가오는, 세상을 떠난 내 사랑하는 친구[26]는 (그가 깊이 공부한) 프랑스 군주제에서 가장 나쁜 점은 오도된 선의와 가만있지를 못하고 지나치게 많이 통치하려는 욕망에 있다는 말을 자주 했다. 권력의 손길이 모든 것에서, 그리고 모든 곳에서 보였다. 그러다 보니 가정사에서 우연히 잘못되는 일조차 모두가 정부 탓으로 돌려졌다. 또한 이런 식으로 아무 일에나 거들먹거리며 끼어드는 행태에서 늘 벌어지는 바와 같이 혐오스러운 권력에서 시작된 것은, 나는 예외 없이 말할 수가 있는데, 언제나 경멸스러운 바보짓으로 끝을 보았다. 이런 이유 때문에 내가 조금이라도 새로움을 인정할 수 있는 한, 나는 이 나라의 지방정부를 좋게 생각했다. 지방정부는 만일 그 상위 권력이 엄격하고 조심성 있고 활기가 있었다면, 정부로부터 많은 부당한 세부 요소들을 없애는 데에 정치적으로 아주 유용했을 것이다. 그

---

26  이 글을 쓰기 바로 전해인 1794년 8월 2일에 죽은 버크의 아들 리처드를 말한다.
   - 역주

러나 서로 연관되어 있거나 결합되어 있는 만큼 만물은 선하거나 나쁘기 때문에 필요 이하로 이완되어 있다가 필요 이상으로 이완된 정부, 온갖 공상적 추측으로 점점 더 혼란해진 사람들의 두뇌, 그리고 지방이라는 무대에서의 장면 전환은 이 왕국에서의 혁명의 준비 행위가, 그리고 공화국이라는 끔찍한 연극의 예행연습이 될 뿐이었다.

독재와 잔인함은 인간으로 하여금 남용된 권력의 몰락을 당연히 바라게끔 만들지만, 나는 어떤 정부도 그 자체의 나약함이 아닌 다른 어떤 직접적 이유 때문에 몰락한 적이 없다고 믿는다. 내 견해는 어떤 종류의 행정에 대해서건 과도한 행위에, 그리고 더욱 특히 권력이 개입하는 이 가장 중대한 행위, 즉 국민의 생계에 개입하는 행위에 반대하는 것이다.[27]

---

27  여기서 미완성 유고의 세 번째 글이 끝난다. - 역주

Ⅲ.

# 대의정치의
# 사명과 양심

- 1774년 총선 당시 브리스틀 출마와 당선 연설

# 브리스틀 도착 연설

신사 여러분, 저는 제 친구들이 이제까지 가장 친절하고도 제게는 가장 영광스러운 분투로써 저를 위해 얻어주고자 노력해온 여러분의 지지를 제가 직접 여러분께 구하기 위하여 여기로 왔습니다.

저는 여러분이 이번 기회에 제게 주시는 엄청난 신뢰를 매우 존중하면서도, 오랜 경험에 의한 것인바 제 능력에 대한 자신감의 결여로, 이러한 두려운 상황 속으로 저 자신을 감히 들여다 놓지 말았어야 했다는 생각에 사로잡히기도 합니다. 그러나 존경받을 만한 몇몇 동료 국민의 바람에 요청받고 있기에, 제가 다른 때에 해온 바대로, 저는 제 두려움을 버리고 그들의 바람을 따릅니다. 저의 다른 결함들이 무엇이 되었든 간에, 저는 제 친구들의 기대에 어긋나는 것이 어떤 것인지 알지 못합니다.

저는 엄청난 약속을 함으로써 국민의 기대를 높이려 하는 것

을 좋아하지 않습니다. 지금은 숙고해야 할 논점은 많고 추정할
수 있는 것은 아주 적습니다. 우리는 우리 가운데 가장 지혜로운
사람들의 지혜 전체를 필요로 하는 공적 사업의 아주 큰 위기에
봉착하고 있는 것으로 보이는데, 그 어떤 지혜도 우리를 아주 크
고도 많은 불편함으로부터 보호해줄 수 있다고 스스로 보장할 수
없는 상태입니다. 여러분은 제가 아메리카와의 불행한 싸움에
관해 말하고 있음을 아십니다. 고백하건대, 이것은 제가 마치 벼
랑 끝에 서서 내려다보는 듯한 문제입니다. 이것은 그 자체로 어
려운 문제인데, 엄청나게 다양한 행동 계획에 의해 더 복잡해졌
습니다. 이 문제를 깊이 언급할 셈은 아닙니다. 저는 그 행동 계
획들에 선한 의도가 없었다고 의심할 생각은 없습니다. 그러나
그 계획 입안자들의 의도가 아무리 순수했다 할지라도, 우리 모
두가 최근의 사건이 불행한 것이었음을 압니다. 우리의 공적 사
업을 복구하는 수단은 명확하지 않습니다. 아주 엄청나게 많은
상업상의, 재정상의, 헌정 체제상의, 그리고 정책상의 문제들이
아메리카에 관한 숙의에 관계되어 있기 때문에, 저는 아무런 대
가도 없이 감히 이 숙의에 참여하지만, 이전 견해들에 대한 어떤
편애나 어떤 사악한 편향도 없이, 가장 정직하고도 제가 할 수 있
는 한 가장 불편부당한 숙고를 할 것입니다. 국민은 이 숙의에 참
여할 완전한 권리를 갖습니다. 그런데 대영제국의 상업적 이익
을 만들어내는 데 중심 역할을 하는 이 위대한 도시는, 아메리카

Ⅲ. 대의정치의 사명과 양심

에 대한 우리의 조처에 가장 사소한 실수가 있더라도 틀림없이 흔들리게 됩니다.

하지만 이만큼은, 제가 여러분 앞에 제 의견을 내놓는 것이 잘못된 일이 아니라고 생각합니다. 저는, 스스로 희망하는 바이지만, 제 의견을 가벼이 개진하거나 포기하지 않습니다. 저는 저의 힘을 손상하거나 약화시키지 않으면서 최선을 다해 정당하고, 지혜로우며, 필요한 대영제국 헌정 체제의 우수함을 지켜왔고 늘 옹호할 것입니다. 이 일은 우리에게뿐만 아니라 아메리카에도 필요합니다. 저는 이 일에서 손을 떼지 않을 것입니다. 이 일에 의해 무엇을 잃을지라도, 저는 그것을 맹세합니다. 이러한 공언에 의해 제 야망의 첫 번째 대상인바 여러분의 지지를 설사 제가 상실한다 할지라도, 저는 이 주제에 대한 저의 소견을 위장하지 않을 것입니다.

그러나 저는, 대영제국 헌정 체제의 우월함이 냉철하면서도 기운찬 아메리카인이 바라마지 않을 모든 자유와 모순되지 않는다는 분명한 견해를 늘 가져왔고, 그에 상응하는 행동을 일관되게 계속해왔습니다. 저는 어떤 식민지 주민도, 그 어떤 인간도 자유로운 사람이 되지 못하는 상황에 두지 않을 것입니다. 저의 작은 능력이 닿는 한까지, 대영제국의 우월함과 아메리카의 자유를 조화시키는 것이 저의 큰 목표가 될 것입니다. 저는 이 두 가지가 아직 지켜질 수 없다고 전혀 생각하지 않습니다.

제가 공직에 몸을 바치기 시작했을 때, 저는 어떻게 저 자신을 공직에 적합하도록 만들어야 할지 곰곰이 생각했습니다. 그런데 저는 이 생각을, 이 나라가 세계에서 지금 차지하고 있는 지위를 갖게 해준 것이 무엇이었는지 찾아내고자 노력하는 일로 갈음했습니다. 저는 우리의 번영과 위엄이 주로, 유일한 요인은 아닐지라도, 두 가지 원천에, 즉 우리의 헌정 체제와 상업에 기인한다는 것을 알게 되었습니다. 이 두 가지를 이해하고 지원하기 위한 연구와 노력을 아낌없이 수행했습니다.

우리 헌정 체제의 특징적인 부분은 자유입니다. 그 자유를 굳게 지키는 것은 하원 의원에게 정당하게 맡겨진 특별한 의무라고 생각됩니다. 그러나 그 자유, 제가 말하는 그 유일한 자유란 질서와 연결된 자유, 즉 질서와 덕과 함께 존재할 뿐만 아니라, 이 두 가지가 없이는 전혀 존재할 수 없는 자유입니다. 이러한 자유는, 그 본질과 핵심 원칙이 그렇듯이, 선하고 안정된 정부에 내재합니다.

우리가 가진 힘의 다른 원천은, 여러분이 그것의 아주 큰 부분을 이루고 있으며, 여러분의 자유와 마찬가지로 많은 덕과 연결되지 않을 때 존재할 수 없는, 상업입니다. 상업은 그 원칙 면에서, 그리고 이 세부 사항 면에서, 줄곧 아주 특별하고도 제가 아주 좋아하는 연구 대상입니다. 제가 생각하기에 여기에 계신 많은 분들이 제가 말하는 바의 진실을 알고 계십니다. 이 사실을 저

III. 대의정치의 사명과 양심

는 압니다. 저는 모든 교파의 상인과 제조업자들을 위해 늘 저의 집을 개방해왔고, 변변치 않은 능력으로 공무에 임해왔습니다. 제가 추구하는 야망이란 이러한 공무 수행이 인정받게 하는 것입니다. 제가 지금 여러분 앞에 나타난 것은, 저의 진심 어린 노력이 제 능력의 미약함에 아주 완전히 짓눌려 한 위대한 상업 도시 시민들의 눈에 하찮은 것으로 비쳐왔을지, 아니면 저의 변변치 않은 능력에 동반되는 정직한 분투를 위해 여러분이 그 변변치 않은 능력을 중요하게 보시기로 하는지 시험해보기 위함입니다. 이것이 오늘 제가 치르는 시험입니다. 저의 근면은 시험대에 오르지 않습니다. 저의 마음과 몸으로 이루어진 체질이 허락하는 한, 저의 근면을 저는 의심치 않습니다.

제가 이 도시의 여러 존경받을 만한 상인, 자유보유권자, 자유민들에 의해 공무를 맡아줄 것을 요청받았을 때, 저는 이곳에서 아주 멀리 떨어진 또 다른 곳에서 의원으로 선출되는 영광을 막 얻은 상태였습니다. 저는 저와 함께한 훌륭한 저의 선거구민들에게 곧바로 이 문제를 알렸고, 그분들은 이 요청을 거절하지 말 것을 제게 만장일치로 권했습니다. 그분들은 공직에 임하라는 뜻으로 저를 선출했다고, 또한 우리의 상업과 식민지와 관련된 크나큰 문제들이 목전에 닥쳐 있으니 이러한 문제들에서는 제가 이 거대한 상업 도시를 대표하는 것으로부터 권한과 지원을 끌어내는 것이 좋겠다고 제게 말했습니다. 따라서 그분들은 제가 지체 없이 떠나기를 바랐고, 그분들이 저를 선택한 것에 대해 그분들이나 저의 친구들에 대한 의무를 제가 잊어서는 안 된다는 뜻으로 저를 아주 잘 설득한 것입니다. 그때부터 지금 이 순간까지 저는 잠을 자지 않았습니다. 또한 만일 제가 여러분에 의해 자유로이 선출되는 영예를 얻게 된다면, 제가 여러분의 호의로 입후보하기 위해 이 자리에 오며 그랬던 것처럼, 여러분께 봉사하기 위해 제가 깨어 있어야 할 때, 졸거나 잠을 자지 않게 되기를 희망합니다.

III. 대의정치의 사명과 양심

# 브리스틀 유권자들에게 한 당선 연설

1774년 11월 3일, 목요일

신사 여러분, 저는 여러분이 제게 주신 것과 똑같은 영광을 얻은 신사분의 느낌을 강하게 공감하지 않을 수 없습니다. 여러분 사이에서 평생을 살며 성장한 그분이, 기쁨을 주는 예절과 사회적 덕목이라는 공정한 방침에 의해 동료 시민들의 사랑과 신뢰 속으로 미끄러져 들어가는 사람들에게 저절로 자연스럽고도 거의 눈에 띄지 않게 다가오는 것처럼 보이는 영광을 서서히 쌓인 친분과 우정과 존경을 통해 얻어온 그분이, 지금처럼 그분의 오랜 친구들에 온통 둘러싸인 채 이 주제에 관해 말씀하시며 벅찬 감정을 느끼지 않을 수 없을진대, 실제의 꾸밈없는 쑥스러움 때문에 제가 여러분께 드려야 마땅한 감사를 제대로 표현하지 못할지라도 부디 저를 용서해주시기 바랍니다.

저는 여러분 가운데 누구도 저를 보아도 알지 못하는 불리한 상황에서 여기로 부름을 받았습니다. 선거 전에 유세도 하지 못했습니다. 투표가 시작된 이후에 후보로 지명되었습니다. 제가 이곳에 도착했을 때에는 투표가 이미 한참 진행되어 있었습니다. 이 모든 불리한 점들에도 불구하고, 여러분의 훌륭한 판단 덕분에 제가 이처럼 행복한 성공을 거두게 되었으니, 여러분 개개인께 단순하고도 솔직하게 감사하다고 말씀드린 것과 마찬가지로, 죄송스럽지만 제가 여러분 모두에게 말씀드릴 수 있는 것이 있다면, 정말 감사하다는 말씀뿐입니다. 저는 여러분의 친절함에 둔감하지 않습니다.

이것이 여러분께서 저에게 베푸신 헤아릴 수 없는 은혜에 제가 답할 수 있는 모든 것입니다. 그러나 저는 여러분이 그러한 호의를 베풀기 위해 가지고 있는 권리를 옹호하면서 몇 마디 더 말하지 않고는 만족할 수 없습니다. 아주 오랫동안, 그리고 아주 진지하게 여러분의 투표를 간청한 후보의 변호사로서 여기에 나타났던 인물께서는 여러분 대부분이 투표권을 가지고 있다는 사실을 부정하는 것이 정당하다고 생각합니다. 그는 그만의 상상 속에서 어떤 표준[선거운동-옮긴이] 기간을 고정해놓음으로써(이것은 법률이 정하는 것이 아니라 그의 고객이 임의로 주장하는 것일 뿐입니다) 여러분의 자치단체가 지닌 가장 소중한 특권이자, 관습법이 인정하고, 여러분의 치안판사들이 승인하지 않을 수 없으며, 적절한 절차에 따라 이 법정에서 인증되고, 가장 분명한 말로써, 그리고 가장 종교적인 보살핌과 친절함을 지닌 채, 자유민에 의

Ⅲ. 대의정치의 사명과 양심

한 선거를 관리하고 선거를 할 때 나타날 수 있는 모든 폐해를 방지하기 위해 만들어진 의회의 입법으로써 수호되는바 여러분의 그 모든 자유를 단번에 잘라버리려 합니다.

저는 이 문제를 이 자리에서 논하지 않겠습니다. 저의 박식하신 변호사께서 평소 실력을 발휘하여 여러분의 운동을 지원해왔습니다. 존경하는 주 장관들께서는 평소와 같이 공정하게 활동했습니다. 그래서 저는 당선을 결정하는 그와 똑같은 공정함이 최종 결정의 지침을 줄 것임을 의심치 않습니다. 저는 저보다 훨씬 더 현명한 많은 사람들과 함께 아주 작은 기여를, 그러나 이러한 문제들을 다루고자 하는 사법제도를 만들어내는 데에는 꽤 의미 있는 기여를 하는 영광을 가졌습니다. 제가 다른 모든 것을 지배하는 사법권을 부여하기 위해 매진해온 저 자신의 선거운동에 대한 재판에서, 그 법정의 정의를 제가 의심하는 것은 비정상적인 일일 것입니다.

저는 존경하는 자유민들과 이 자치단체에 보장하건대, 저의 변호사께서 그분의 현재의 열성이 그분께 명하는 그 목적을 굽히지 않고 계속해서 밀고 나간다면, 저는 여러분의 운동을 열심히 따를 것이며, 그렇게 되기를 희망합니다. 왜냐하면 제가 저 자신에 관해 무언가 아는 바가 있다면, '**저는 이 경우에 일말의 의심의 여지도 없다고 생각합니다**'라고 저로 하여금 여러분께 말씀드리게 하는 것은, 이 경우와 관계된 저 자신의 이해관계가 아니라 저의 완전한 확신이기 때문입니다.

저는 여러분께서 저를 경솔하게 자기 입장을 밝힌다든가 아주 주제넘은 행동을 하여 여러분의 골칫거리가 되는 사람으로 보실 것이라 생각지 않습니다. 선거의 시작부터 끝까지, 저는 모든 논의 사항에서 침묵을 지켜왔습니다. 상대편 유권자에게는 질문을 한 적이 없고, 우리 편의 확신이 없는 유권자에게 힘을 실어주지도 않았습니다. 제 선거운동 관리자들의 능력을 존중했고, 법정의 공평무사함에 의지했습니다. 저는 존경하는 주 장관들께서 제가 그분들의 대의를 위압하려 하거나, 그분들의 정의를 느닷없이 공격하거나, 그분들의 심기를 불편하게 한 적이 단 한 번도 없음을 저를 위해 증언해주시리라 생각합니다. 저는 (투표로써 제게 지지를 보인 분들께 감사 인사를 드린 때를 제외하고는) 후보라기보다는 공적 행사를 보는 태연한 구경꾼처럼 선거운동에 임했습니다. 그러나 지금은 상황의 겉모습이 바뀌었습니다. 선거권의 총체적 대학살의 시도가 이루어지고 있습니다. 이것은 친구와 적을 무차별적으로 대학살함으로써 이천 명 이상의 투표를 몰살하려는 시도인데, 바라는 만큼의 표를 얻지 못했다는 이유만으로 **지금 불만을 제기하는**, 그러면서 자신에게 표를 준 친구들을 말살하려 하는 **신사분 자신에게 던져진 칠백 명의 표**도 그 안에 포함되어 있습니다.

그가 어떻게 또 다른 장소에서 스스로 망신하고 망가지고, 자기 자신의 행동을 스스로 반박하게 될지는 또 다른 문제입니다. 법이 그것을 결정할 것입니다. 저는 이 문제를 이 도시에서의 공적 행위의 적절성과 관계된 것으로서 언급할 뿐입니다. 저는 다른 신사분들을 위한 예의범절의 규칙을 만드는 것처럼 가장하지 않습니다. 그 신사분들은 자신들이 동료-시민들의 지지를 얻는 절차의 형식에 대한 최상의 감정가들입니다. 그러나 만일 제가 **새로운 이야깃거리의 자유를 만들어낸 최초의 인물**이었다면, 만일 제가 그 새로운 자유를 끝까지 고집스럽게 만들어냈다면, 만일 제가 가장 끈기 있는 근면함과 가장 예리한 조사 능력을 발휘하여 그 새로운 자유를 찾기 위해 이 왕국의 가장 외진 구석구석을 뒤지고 돌아다닌 것이었다면, 그리하여 만일 단번에 표변하여, 제가 여태껏 한 것은 선출의 권리를 즐긴 것이고, 합리적 근거가 전혀 없이 투표를 이끌어내어 동료-시민들의 평화를 한 달내내 어지럽힌 것이라고 선언해야 한다면, 고백하건대 저는 상당히 어색한 모습을 보일 겁니다. 정말로 제 입장에서 그러한 상황이라면 어색한 모습을 보일 것입니다.

만일 제가 정색을 하고 주 장관들의 얼굴을 들여다보면서, 저 자신의 원칙에 입각해서 저의 선거운동을 판결해서도, 제가 저의 선출의 근거로 삼은 득표를 가지고 당선을 결정해서도 안 된다고 말한다면, 그것은 저에게 훨씬 더 거북한 일이 될 것입니다. 법정과 치안판사들에게 비치는 제 모습이 그러할 것입니다.

그러나 유권자들께는 제가 어떤 모습으로 비치겠습니까? 만일 제가 자유의 권리를 가진 시민들에게 가서 손을 꽉 쥐면서, "선생님, 부디 제게 표를 주십시오. 그러면 한없이 감사하겠습니다. 제가 선생님의 지지를 받는 영광을 바라도 되겠습니까? 자! 오십시오. 우리는 선생님을 의회에서 만나 뵙겠습니다"라고 말한다면, 만일 제가 그러고는 그분들을 제 선거운동 관리자들에게 데리고 가서, 그분들을 득표 누계에 싸잡아 넣었다가 법정에서는 유권자 명단에서 내쳐버렸는데, 제가 이때 법정으로부터 "저런 분 한 분만! 저런 분 한 분만 영원히! 저분이 내 사람이야!"라는 말을 들을 때, "감사합니다, 선생님. 하! 존경하는 친구여! 진심으로 감사합니다. 정직한 분이시군요. 그런데 선생님의 훌륭한 가족은 어떻게 지냅니까?"라는 말들이 제 입에서 나오자마자, 만일 제가 곧바로 몸을 홱 돌려 예의 유권자들에게 "꺼져, 이 쓸모없는 녀석들아! 너희는 투표권이 없어. 이 날강도들아! 너희는 진짜 자유민들의 권리를 침범하고 있어! 나는 너희하고 아무 상관도 없어! 너희는 이번 선거에 나타나지 말았어야 해. 그리고 주 장관들은 너희에게 투표를 허락하지 말았어야 해!"라고 말한다면 말입니다.

신사 여러분, 만일 제가 이런 식으로 행동했다면 이상하게 보일 수밖에 없습니다. 저는 그 존경하는 신사분처럼 여러분이 오랫동안 알던 사람이 아닙니다. 참으로 저는 감히 여러분과 함께

III. 대의정치의 사명과 양심

그런 식의 자유를 누리려 할 수 없었습니다. 오히려 저는 자유민들의 자유에 정의가 행해지도록 할 의무가 있고, 또한 그렇게 되도록 분투할 것입니다. 자신의 현재의 의도와는 상반되었던 제 경쟁자의 이전의 행위[1] 또한 동시에 옹호할 의무가 제게 있음에도 말입니다.

저는 모든 면에서 이 도시의 **모든** 자유민들에게 신세를 졌습니다. 저의 특별한 친구들은 제게 자신들의 기대를 저버리지 말라고 요구합니다. 어떤 선거운동이나 인물도 그보다 더 큰 지조, 더 많은 활동, 더 큰 정신으로써 지원받은 일은 없었습니다. 저는 참으로 제 친구들의 열성과 성심성의의 지원을 받았고, (그분들의 목적이 그분들의 분투에 완전히 비례했을진대) 그 지원은 어떤 말로도 칭찬이 부족할 수밖에 없습니다. 그분들은 최상의 자유주의의 원칙 위에서 저를 지원했습니다. 그분들은 브리스틀의 대표자들이 자신들의 대표자가 아니라 이 도시, 나아가 그분들의 나라 전체를 대표하는 사람들로 선출되기를 바랐습니다.

이제까지는 그분들이 실망하지 않았습니다. 제가 다른 무엇도 가진 것이 없을지라도, 여러분께 봉사하는 데 적합한 기질을 가지고 있다는 것은 확신할 수 있습니다. 저는 브리스틀에 관해 아

---

1　버크의 경쟁자인 브릭데일은 자신의 득표를 개봉하고 수백 명의 자유민들이 그에게 투표한 것을 확인한 것으로 보인다. - 역주

무엇도 모르지만, 제가 받은 은혜와 그 속에 담긴 덕을 통해 브리스틀을 보았습니다.

저는 제가 지금 느끼는 것을, 제 친구들에 대한 가장 완전하고도 감사한 애정을 늘 간직하고 있을 것이며, 아무 적대감도, 아무 분함도 없습니다. 저는 우정의 약속과 지조에 대한 신의를, 그 고귀한 자질들이 저 자신의 가식을 부수는 데 발휘될 때조차, 최고의 찬동이 없이는 바라볼 수가 없습니다. 이번 경쟁에서 저와 같은 행운을 누리지 못한 그 신사분은, 이런 의미에서, 그분 자신과 그분의 친구들 모두의 영광으로 가득한 위안을 즐기고 있습니다. 그 친구분들은 그 신사분에게 봉사하기 위해 분명코 하지 않은 일이 없습니다.

파벌이 지닌 격노가 소인배 가운데에 불러일으키는 사소한 무례에 대해서는, 그것이 심지어 이 법정 안에서 나타난다 할지라도, 제게는 일말의 감흥도 주지 못합니다. 그런 시끄러운 새들의 가장 높은 비행도 낮은 공중의 공기 속에서 속도가 붙습니다. 우리는 그 시끄러운 소리를 듣고, 여러분과 마찬가지로, 신사 여러분, 여러분이 이 도시의 우뚝 솟은 바위 위에서 고요한 공기를 즐길 때 그 시끄러운 새들을 바라보고, 썰물 때가 되면 이 도시를 흐르는 강의 진창을 스칠 듯이 나는 그 갈매기[2]들을 내려다봅

---

2  갈매기(gull): '얼간이'라는 뜻도 있음. - 역주

니다.[3]

죄송합니다만 저는 제 존경하는 동료들이 언급한 문제에 관해 한마디하지 않고는 말씀을 마칠 수가 없습니다. 저는 제가 이 문제를 논의할 겨를이 아주 없을 때에는 이 문제가 지나가 버렸기를 바랍니다. 그러나 그 신사분이 이 문제를 제기하는 것이 적절하다고 생각했으니, 저는 이 문제에 관한 저의 변변찮은 소감을 분명히 설명해드려야 마땅하겠습니다.

그 신사분은 여러분께 "훈령이라는 주제가 이 도시에서 많은 언쟁과 불안을 야기했다"고 말합니다. 또한 그분은 (제가 그분을 올바로 이해하는 것이라면) 그러한 훈령의 강제 권한을 지지한다는 뜻을 나타내고 있습니다.

틀림없이, 신사 여러분, 유권자들과 가장 완전하게 결합되고, 가장 밀접히 연락을 취하며, 가장 거리낌 없이 소통하며 생활하는 것이 국회의원의 행복이자 영예입니다. 유권자들의 바람이 국회의원에게 큰 무게감으로 느껴지고, 유권자들의 의견이 높이 존중되며, 유권자들의 사업이 부단히 관심받아야 합니다. 자신의 **휴식, 기쁨, 만족을 유권자들의 휴식과 기쁨과 만족을 위해** 희생하는 것, 또한 무엇보다도, 늘, 그리고 모든 경우에, 자신의 이익보다 유권자들의 이익을 우선시하는 것이 국회의원의 의무입

---

3  내려다보다(look down upon): '경멸하다'라는 뜻도 있음. - 역주

니다.

그러나 국회의원은 편향되지 않은 견해, 성숙한 판단, 깨어 있는 양심을, 여러분에게든, 어떤 사람에게든, 살아 있는 인간의 어떤 집단에게든 제물로 바쳐서는 안 됩니다. 이 세 가지를 국회의원은 여러분의 기쁨으로부터도, 아니 법이나 헌정 체제로부터도 얻지 않습니다. 이것들은 신이 맡기신 것이어서, 이것들을 능욕한다면 국회의원은 그에 대해 깊이 책임져야 합니다. 여러분의 국회의원은 여러분에게 근면뿐만 아니라 판단력을 바쳐야 합니다. 그러니 만일 국회의원이 여러분의 의견에 자신의 판단력을 제물로 바친다면, 그것은 여러분을 섬기는 것이 아니라 배반하는 것입니다.

저의 존경하는 동료는 말합니다. 자신의 의지가 여러분의 의지에 종속되어야 한다고. 만일 그게 전부라면, 문제는 단순합니다. 만일 정부가 어느 편의 의지가 중하냐의 문제라면, 여러분의 의지가, 물을 것도 없이, 우월해야 합니다. 그러나 정부와 입법은 이성과 판단의 문제이지 의향의 문제가 아닙니다. 그러니 결정이 토론에 선행하고, 한 집단의 사람들은 숙의하고 다른 집단의 사람들은 결정하는 이성이란 무슨 종류의 이성이며, 결정을 내리는 사람들이 그 결정의 토론을 듣는 사람들로부터 아마도 삼백 마일 떨어져 있는 이성은 어디에 있다는 말입니까?

의견을 전달하는 것은 모든 사람의 권리이며, 유권자의 의견은 국회의원이 항상 즐겨 들어야 하고, 항상 가장 진지하게 고려해야 하는 무겁고 존중받을 만한 의견입니다. 그러나 자신의 판단과 양심에 대한 가장 분명한 신념에 반함에도, 국회의원이 맹목적이고도 무조건적으로 복종하고, 동의하고, 변론해야 하는 **권위 있는** 지시와 **명령**의 발동, 이런 것들은 이 나라 법률에 전혀 알려져 있지 않은 것들이며, 우리 헌정 체제의 질서와 방침상의 근본적 실수에 기인하는 것들입니다.

국회(Parliament)는, 각자의 이해관계를 지닌 사람이 한 사람의 대리인이자 지지자로서 다른 대리인과 지지자들에 대항하여 주장할 수밖에 없는 서로 다르고 적대하는 이해관계를 지닌 사람들의 사절들이 모이는 **회의체**(congress)가 아닙니다. 국회는 **하나의** 이해관계, 즉 전체의 이해관계를 지닌 **하나의** 국가의 **심의** 모임으로서, 이곳에서는 지역의 목적과 지역의 편견이 아니라 전체의 보편적 이성이 낳는 보편적 선이 지표가 되어야 합니다. 여러분은 실제로 한 사람의 국회의원을 선출합니다. 그러나 여러분이 그 사람을 선출하고 나면, 그는 브리스틀의 구성원이 아니라 **국회**의 구성원입니다. 만일 지역의 유권자가 공동체의 나머지 사람들의 실제의 선에 명백히 반하는 이해관계를 갖거나 성급한 의견을 갖게 된다면, 그곳의 국회의원은 그 이해관계나 의견을 실현하려는 어떤 시도로부터도 되도록 멀리 있어야만 합니다. 이 주제에 관해 이리도 많은 말을 하는 것을 용서해주십시오.

저는 본의 아니게 이 문제에 휘말려들었습니다. 그러나 저는 늘 정중한 솔직함으로써 여러분과 소통할 것입니다. 저의 생이 다할 때까지 여러분의 충실한 친구, 여러분의 헌신적 종이 될 것입니다. 아첨꾼을 바라지는 마십시오. 하지만 이 지침에 관하여, 저는 우리에게 어떤 종류의 차이도 있을 수 없다고 생각합니다. 아마도 저는 여러분에게 너무 적은 골칫거리보다는 너무 많은 골칫거리를 드리게 될 것입니다.

여러분에게 지지를 구하도록 격려받은 첫 시간부터, 그 지지를 얻은 이 행복한 날까지, 저는 제 의무를 다하고자 하는 겸손하고도 끈기 있는 노력 말고는 약속한 것이 없습니다. 그 의무의 무게가, 고백하건대 저를 떨게 합니다. 또한 세상만사 가운데에서도 그 의무란 것이 무엇인지 충분히 생각하는 사람은 누구든, 적극적이고도 다급하게 그 의무에 관여해야 하는 일이라는 생각이 조금이라도 들면 그 일에서 달아나려 할 것입니다. 훌륭한 국회의원이 되는 것은 쉬운 일이 아니라고 말씀드리고 싶습니다. 특히 비굴한 고분고분함과 광적인 대중성이라는 위험한 극단들로 치닫는 경향이 아주 강한 이때에 그렇습니다. 신중함과 활력을 결합하는 것이 절대적으로 필요하지만 극히 어렵습니다. 우리는 지금 한 부유한 상업 **도시**의 구성원들이지만, 이 도시는 다종다양하고 복잡한 이해관계들을 지닌 한 부유한 상업 **국가**의 일부입니다. 우리는 그 위대한 국가의 구성원들이지만, 그 위대한 국가는 우리의 덕과 우리의 행운에 의해 동쪽과 서쪽의 끝까지 경계가 펼쳐져 있는 한 위대한 **제국**의 일부입니다. 가능하다면, 이 모든 광범하게 펼쳐진 이해관계들이 고려되어야 하고, 비교되어야 하며, 조화되어야 합니다. 우리는 **자유로운** 나라의 구성원들입니다. 또한 확실히 우리 모두는 자유로운 헌정 체제라는 장치가 단순한 것이 아니라, 그것이 귀중한 만큼이나 복잡하고 섬세한 것임을 잘 압니다. 우리는 위대하고 아주 오랜 **군주국**의 구성원들이니, 우리의 제국과 우리의 헌정 체제라는 고귀하고도 잘 만들어진 아치를 한데 묶어주는 쐐기돌에 해당하는 진정하고 합법적인 군주의 권리를 경건히 보존해야만 합니다. 균형 잡힌 권한들로 이루어진 헌정 체제가 늘 결정적인 것이 되어야 합니다. 그런 의미에서 저는 헌정 체제에서 제 권한으로 주어지는 역할을 할 셈입니다. 저는 저의 무능을 알고 있기 때문에 모든 면에서 지원받기를 바랍니다. 특히 저는 여러분이 제게 주신 존경하는 동료 의원과의 우정을 목표로 삼고, 그분과 최상의 조화를 일구어 낼 것입니다.

여러분 모두에게 다시 한 번 감사의 인사를 드림으로써 두서없는 말씀을 마치겠습니다. 신사 여러분, 지지에 감사드립니다. 후보자 여러분의 절제되고 정중한 행동에 감사드립니다. 그리고 공직에 계신 모든 분들께 귀감이 될 수 있는 품행을 보여주신 주 장관들께 감사드립니다.

# 에드먼드 버크를 통해 생각해보는
# 보수의 품격

## 1. 2018년, 한국에 과연 보수주의자가 있는가?

이 의문으로 시작하고자 한다. 모든 고전은 그 정신의 핵심과
연관된 '지금 여기'의 모습을 더 명료하게, 더 제대로 보여주는 거
울 구실을 하는데, 18세기 말에 에드먼드 버크가 쓴 이 고전 저작
을 볼 때에는 그야말로 자연스럽게[1] 무엇보다 이 의문부터 들기
때문이다. 학자와 정치인들에게 이구동성으로 보수주의 정치 이

---

[1]  버크의 사상 체계에서 '자연'은 핵심어 중의 핵심어인데 그가 말하는 '자연'은 매
우 독특한 의미가 있다. 예컨대 "그는 자연권은 신의 의도에 일치하는 인간의 관
습"(러셀 커크, 『보수의 정신 : 버크에서 엘리엇까지』, 이재학 옮김, 지식노마드, 2018, 128
쪽)이라고 보았는데, 그의 생각으로는 "능력이 있고 가문이 좋으며 부를 소유한
사람들이 사회를 이끌어가는 게 문명화된 삶의 가장 자연스럽고 가장 좋은 모습
의 하나다."(위의 책, 147쪽) 물론 여기서는 그가 표현하는 의미로 이 말을 쓰지 않
았다.

---

념의 유일한 원조 이론가로 인정받을 뿐 아니라 그들 가운데 특히 보수주의자를 자처하는 이들에게는 추앙을 받기도 하는 에드먼드 버크의 사상, 그리고 그 배경과 토대가 된 그들 역사의 진행 과정이 만만히 다룰 만한 대상이 아니라는 사실을 확인할수록, 한국에서 '보수'를 당당히 자처하는 이들, 특히 정치인들의 그 보수 정치 이념과 그것을 뒷받침하는 역사와 이론의 실체는 새삼 더욱더 의문시된다는 것이다.

그렇지만 한국에서 보수주의자를 자처하는 사람들은 이 말이 지닌 어떤 자명함을 매우 확신하는 것처럼 보인다. 보수가 과연 그렇게 자명한 개념일까? 먼저 사전에서 보수를 어떻게 정의하는지 보면서 실마리를 찾아보자. "급격한 변화를 반대하고 전통의 옹호와 현상 유지 또는 점진적 개혁을 주장하는 사고방식. 또는 그런 경향이나 태도." 보수의 본질은 무엇보다도 '전통'에 있다. 한국의 보수주의자들에게 보수할 '유구한' 전통은 과연 무엇인가? 샤머니즘인가? 불교인가? 유교인가? 유교라면 어떤 내용의 유교인가? 군주제인가? 귀족제인가? 재산 세습 제도인가? 그들의 보수주의가 지고의 가치로 여기는 덕목은 무엇인가? 그들은 민주주의를 진정으로 우리가 지향해야 할 정치 이념으로 받아들이는가? 다소 뜬금없고 서로 연관성 없는 질문의 나열로 보일지 모르지만, 사실은 전혀 그렇지 않다.

에드먼드 버크와 그를 추종하는 구미의 보수주의자들은 자신들의 정체성과 관련된 이런 식의 질문을 스스로 던지면서 그에 대한 답변을 이미 분명히 내놓았다. 뒤에서 좀 더 자세히 살펴보겠지만 미리 핵심만 대략 간추려 정리해보자면, 에드먼드 버크에게 보수주의란 이런 것이다. 인간은 신의 섭리에 따라야 한다는 것, 그러므로 종교(교회)가 인간의 삶의 질서를 잡아주어야 한다는 것, 국가의 형성 과정에도 신의 뜻이 들어 있다는 것, 왕과 귀족과 신사 계급으로 권력이 구성된 영국의 입헌군주제가 바로 신의 뜻에 따른 가장 모범적인 헌정 체제라는 것, 이 헌정 체제는 오랜 역사적 전통과 관습과 계약에 의해 정착되었다는 것, 인간의 본질적 한계를 알고 신의 섭리에 따라야 하며 오랜 전통과 관습을 지키면서 필요한 변화를 조심스럽게 시도해야 하기에 겸손과 신중함이 가장 중요한 덕목이라는 것(그리고 겸손과 신중함이 몸에 배어 나타나는 인식 능력이 '선입견'[2]이라는 것), 따라서 프랑스혁명처럼 폭력과 파괴를 수반하는 모든 극단주의를 배격하고 (오른쪽도 왼쪽도 아닌) 중도와 중용을 추구한다는 것, 민주주의는 무차별적 평등을 추구하여 다양성(=차별성)을 보장하지 못하기 때문에 사실은(!) 위험한 이념이라는 것. 이것이 내가 이해하는

---

2  버크가 말하는 '선입견' 역시 우리가 보통 부정적 의미로 쓰는 말과 전혀 다른 개념이다. "선입견은 멍청한 편협함이나 미신이 아니다. 선입견은 미리 내려진 판단이다. 시간과 지식이 없어 순수한 이성에만 근거해 결정을 내려야 할 때 조상들의 합의된 의견과 직관이 인간에게 공급해주는 대답이다."(위의 책, 112쪽.)

옮긴이 해제

바 에드먼드 버크의 보수주의의 핵심 내용이다.

　한국에서 보수주의를 표방하는 개인이나 집단은 어떻게 답할 것인가? 체계적 이론은 고사하고라도, 그 정당성과 설득력 여부를 차치하고라도, 누구든 이런 식으로 명료하고도 솔직하게 자신의 보수주의 정치철학을 공언할 수 있는가? 그들에게 이 질문을 던지지 않을 수 없는 것은 그들이 '보수'라는 말 말고는 그 보수의 정치철학을 그렇게 당당히 제시하는 장면을 본 기억이 없기 때문이다. 그래서 한국의 기득권층이 냉전과 분단(그리고 6·25라는 열전의 내전)으로 전 세계 국가 가운데 가장 강력하게 형성된데다 악의적으로 강화된 레드 콤플렉스를 이용하여 오로지 자신들의 기득권 고수를 위해 활용해온 허구적이고 '뻔뻔하게 공격적인'[3] 정치 이념 용어가 다름 아닌 '보수'가 아닌가 하는 의구심이 새삼 자연스럽게 드는 것이다(별 기득권도 없는 사람이 '보수'를 자처하거나 지지하는 경우도 많이 보는데, 그런 입장을 이해하는 것은 필요하고 중요하기도 하지만 이 자리에서 그마저 논구할 여유는 없다). 공산주의와 북한 체제에 대한 한국 보수 세력의 공격과, 버크가 프랑스의 혁명 세력과 이에 동조하는 영국의 일부 인사들에 대한 공격

---

3　오랜 프랑스 망명 생활 끝에 귀국한 홍세화 선생이 20여 년 만에 한국을 다시 본 소감으로 귀국 후 얼마 되지 않아 가장 강조해서 한 아주 인상적인 말이 바로 한국의 상층과 지도층, 즉 기득권층의 "공격적 뻔뻔함"이었다.

이 "시공을 초월해 보수주의 발현 조건의 유사성을 보여준다"[4]는 설명은 납득할 수 없다. 후자의 경우, 자기들만의 이익을 얻거나 치부를 가리기 위한 목적으로 상대방을 공격하는 것이 아니라, 그 공격의 본질을 이루는 문제의식이 일관성 있는 보수주의 정치 이념에서 뺄 수 없는 일부이기 때문이다. "서구중심주의에 입각해서 외생적이고 타율적으로 근대화를 추진한 후발 국가와 자생적이고 자율적으로 근대화를 추진한 서구 국가들의 경험이 근본적으로 다르기 때문에 남한의 정치적 경험에서 서구, 특히 버크와 같은 보수주의 정치철학을 기대할 수 없다"[5]는 주장도 '보수'라는 말을 제멋대로 쓰는 이들이 자기 문제를 진지하게 생각해보도록 촉구하는 데 전혀 도움이 되지 못하는 것은 물론, 그들에 대한 의도치 않은 변론이 될 우려마저 있다. 문제는 '보수'를 자처하는 이들이 보수라는 이름에 진정으로 걸맞은 자신들의 보수 정치 이념의 일관성 있는 전체 체계를 우선 내놓는 것이다.

만일 위와 같은 질문에 답변할 말이 별로 없다면, 그리고 위와 같은 의구심이 일리가 없는 것이 아니라면, 한마디로 말해 한국의 보수주의자들이 보수 정치 이념의 내용을 사실은 가진 것이

---

4  강정인, 「에드먼드 버크-근대보수주의의 원조」, 강정인 외 엮음, 『서양 근대 정치 사상사』, 책세상, 2007, 501쪽.

5  위의 책, 501-502쪽.

별로 없다면, 지금부터라도 보수의 정치철학을 공부하고 정립하기를 권한다. 그렇게 하는 것이 진보나 혁신을 표방하는 정치 세력이 보수 진영과 보다 명확한 대비 속에서 정치 이념의 정체성을 정립하는 데에도 도움이 된다. 에드먼드 버크는 보수주의를 공부할 때 아주 좋은 교사이자 반면교사가 될 수 있다. 그는 긍정적 보수주의의 전형이라 할 수 있는바 "상당수의 국민들이 자신들의 국가에 대해 국력과 이념 및 체제 면에서 긍지를 느낄 수 있을 때, 또 전통적인 유산이 비록 상징적일지언정 보수주의의 구심점으로 작용할 수 있을 때 비로소 보수주의가 활개를 칠 수 있는 것"[6]을 잘 보여줄 뿐만 아니라, 그 보수주의의 명료함과 일관성 때문에 역설적으로 그것에 내재한 본질적 문제점 또한 잘 드러내 보여주기 때문이다.

## 2. 에드먼드 버크와 그 시대

에드먼드 버크는 1730년 1월 1일에 태어나[7] 1797년까지 살다

---

6  위의 책, 503쪽.

7  그가 태어난 때에 관해서는 여러 가지 설이 있는데, 이는 그의 생전에 그레고리력에 변화가 있었기 때문이라고 한다. 1730년 1월 1일 설은 영국의 현역 정치인이자 버크 연구자인 제시 노먼이 최근에 출간한 버크 전기에 근거한 것이다. Jesse Norman, *Edmund Burke : The First Conservative* (New York : Basic Books, 2015), p.10.

간 영국인이다. 그러니까 18세기 후반기에 들어서며 성인이 되어 별세하기까지 그 반세기 동안의 생애에 정치인이자 정치사상가이자 문필가로서 뚜렷한 족적을 남긴 사람이다. 그가 활약한 18세기 후반 유럽에서는 경제와 정치에서 근대 세계사에 중대한 영향을 미치는 두 가지 사건이 일어난다. 하나는 영국의 산업혁명이고 다른 하나는 프랑스혁명이다. 영국의 산업혁명은 영국의 근대 자본주의 경제체제를 비약적으로 발전시켜 결국 그 여파가 전 세계의 자본주의화를 강제하기 시작하는 계기가 된다. 군주제 폐기를 핵심으로 하는 프랑스혁명 역시 유럽뿐만 아니라 전 세계 근대 민주주의 혁명의 시발점이 되었다. 영국의 산업혁명과 근대 자본주의의 비약적 발전이 가져온 변화가 정치인 버크의 사상 체계에 미친 영향, 또는 그 영향에 대한 반작용으로서 버크가 현실 변화에 역으로 미친 사상의 영향력은 별반 없는 것 같다. 버크가 애덤 스미스와 교분을 나누며 그와 대등한 수준에서 정치경제학의 논제들을 다룰 줄 알았지만, "버크는 18세기 사회문화적 환경의 몰락을 불러온 경제적 영향력을 분명히 무시했다고 여겨진다."[8] 보수주의자 버크에게 이것이 특히 문제인 것은 "보수주의의 가장 충성스런 신봉자들은 시골에" 있었고 "휘그 실력자들에게 권력을 가져다준 근원이었던 대대적인 인클로저 운동은

---

8  러셀 커크, 앞의 책, 87쪽.

자작농, 날품팔이 농부를 비롯해 다양한 하위 계층의 시골 거주자들을 대거 도시로 내몰"고 있었는데도 그가 당대의 그러한 상황을 "걱정하거나 염려하지 않았다"는 사실 때문이다. "버크는 실제로 중요하게 영향을 미치는 현실을 고려에서 제외한 적이 거의 없"기 때문에 "이 대목의 버크는 예외적"이라는 변론은 설득력이 없어 보인다.[9] 버크가 보수주의의 원조로 인정받는 것은 프랑스혁명에 대한 일관되고 집중된 정치철학적 논의를 통해서이다.

버크의 보수주의 정치사상에 결정적 영향을 끼친 영국 정치사의 큰 사건인 명예혁명에 관해서도 미리 알아둘 필요가 있다. 다른 많은 나라와 마찬가지로 근대 이전 영국 역시 왕과 귀족 사이의 권력 관계가 정치제도 변화의 주된 동력이었다. 이 책『에드먼드 버크 보수의 품격』에서 버크가 집중해서 거듭 언급하는 데에서도 나타나듯이, 버크의 보수주의 정치사상의 직접 배경이 되는 영국 정치사의 사건이 바로 명예혁명이다. 헨리 8세가 1534년에 로마 가톨릭교에서 분리 독립하여 영국 성공회라는 독립 교파를 만들어 그 수장이 된 이래로 성공회는 영국의 국교가 되었는데, 후대의 제임스 2세는 가톨릭 신자로서 가톨릭교도에 노골적으로 편중된 정책을 폈다. 결국 이것이 문제가 되어 의회의 양당

---

9   위의 책, 88-89쪽.

인 휘그당과 토리당[10] 가운데 휘그당 주도로 제임스 2세를 몰아내고 제임스 2세의 딸인 메리와 그의 남편인 네덜란드 총독 오렌지 공 윌리엄을 공동 국왕으로 옹립한 사건이 1688년에서 1689년에 걸친 명예혁명이었다. '명예'라는 명칭은 앞선 청교도혁명(1642-1660)의 내전에서 찰스 1세가 처형되었던 것과 달리 유혈 없이 혁명을 이루었다는 의미로 후대에 붙여진 것이다. 이 혁명이 후대에 '명예혁명' 이외에 '영국혁명'으로도, 그리고 버크 당대에는 '그 혁명(the Revolution)'으로 불린 데서 영국 정치사에서의 비중을 짐작할 수 있다. 이 혁명의 결과, 권리선언과 권리장전이라는 문서가 만들어졌는데 이것은 결국 영국이 전제군주제에서 입헌군주제 국가로 탈바꿈되었음을 의미한다. 「신 휘그가 구 휘그에 올리는 호소(An Appeal from the New to the Old Whigs)」의 마지막 문장에서 버크는 자신이 바로 이 명예로운 영국혁명을 주도하여 성취한 휘그당 선배들의 적통을 이은 마지막 휘그파라고 공언한다.

---

10 휘그와 토리라는 명칭에 관해서는, 양자가 각각 스코틀랜드 맹약파(Covenanters, 장로주의 지지를 맹세한 사람들) 반란자들과 아일랜드의 무법자들을 지칭하는 말인데, 궁정에 반대하고 비국교도에게 관용적인 정치가들을 휘그로, 반면에 가톨릭인 제임스를 왕위 계승에서 배제하려는 배척파에 반대하는 편을 토리로 부르게 되었다는 설명이 유력하다.
이태숙, 「명예혁명과 휘그, 그리고 휘그 역사해석」, 『영국 연구』 15권, 영국사학회, 2006.6, 205쪽 참조.

이러한 시대 배경을 염두에 두면서 역시 그의 정치사상 형성의 밑바탕이 된 그의 개인사를 간단히 살펴보자. 아일랜드 더블린에서, 자수성가하여 변호사가 된 개신교도 아버지와 시골 출신의 가톨릭교도 어머니 사이에 태어난 에드먼드 버크는 종교적 관용이 자연스러운 가족 분위기 속에서 자랐다. 그에게는 형과 남동생, 그리고 누나가 있었는데, 남자 형제들은 모두 개신교도로 컸고, 어머니와 누나는 가톨릭교도로 남았다. 도시와 미래를 상징하는 개신교, 농촌의 삶과 과거를 상징하는 가톨릭이 가족 내에 공존하는 분위기 속에서 버크는 가톨릭과 개신교뿐만 아니라 귀족과 혁명가, 최하층과 지배층을 동시에 이해하는 보기 드문 도덕적 상상력을 키울 수 있었다.[11] 1741년, 10대가 되어서는 밸리토어(Ballitore)라는 작은 마을에 있는 기숙학교에 입학했는데 이 학교는 퀘이커[12] 학교였다. 퀘이커의 솔직하고 공평무사한 태도 역시 버크에게 큰 영향을 미쳤다고 한다.[13] 이 학교에서

---

11  Jesse Norman, op.cit., p.12.

12  퀘이커(Quaker) : 17세기에 조지 폭스가 제창한 명상 운동으로 시작한 기독교 교파이다. '퀘이커'라는 이름은 "하느님 앞에서 떤다"는 조지 폭스의 말에서 유래했는데, 하느님 앞에서 모두가 평등하다는 정신을 뜻한다. 퀘이커는 올리버 크롬웰의 관용 정책으로 크게 확산했으나 찰스 2세 치하에서 탄압받았다. 이후 윌리엄 펜이 불하받은 북아메리카 식민지 영토에 퀘이커를 비롯한 유럽의 소수 종파들을 위한 도피처로서 아메리카 펜실베이니아 연방을 세움으로써 종교의 자유를 얻었다.

13  Jesse Norman, op.cit., p.13.

는 고전어와 고전문학에 중점을 두고 가르쳤고, 버크는 이 학교에서 3년 동안 공부했다. 1744년에는 아일랜드 최고 명문 대학인 더블린의 트리니티 칼리지에 입학했고, 대학 졸업 후 아버지의 뜻에 따라 런던으로 가서 영국 법학원(Middle Temple)에 등록했으나 법률가의 길을 접고 문필가로서 활동을 시작했다. 20대 후반인 1756년과 1757년에 각각 『자연 사회의 옹호(A Vindication of Natural Society)』와 『숭고와 미 관념의 기원에 대한 철학적 탐구(A Philosophical Enquiry into the Origin of Our Ideas of the Sublime and Beautiful)』를 발표하여 정치와 미학의 영역에서 상당한 영향력을 미쳤다. 특히 후자는 칸트의 『판단력비판』에도 큰 영향을 끼쳤다. 버크의 정치가 경력은 1759년에 국회의원 해밀턴의 비서가 되면서 시작되었다. 1765년에는 해밀턴과 결별하고 휘그파의 거물 로킹엄 후작의 개인 비서가 되었고, 이를 발판으로 이후 근 30년간 휘그당 하원 의원으로 영국 정치에 참여했다. 정치인으로서 1770년대에는 주로 아메리카 식민지 정책에 관심을 쏟았고 영국에 저항하는 식민지인들을 옹호했다. 아메리카 독립 후 1780년대에는 인도 문제에 주로 관심을 두었는데(버크 전집 가운데 3분의 1이 인도 문제에 관한 것이라고 한다) 인도 총독 헤이스팅스와 동인도회사 직원의 비리와 범죄를 규탄하면서 헤이스팅스에 대한 탄핵을 주장했다.

1789년에 프랑스혁명이 일어나면서 보수주의자 버크의 진면

목이 나타난다. 1789년 7월 프랑스에서 국민의회가 제헌의회를 선포하고 민중이 바스티유를 함락하자 로킹엄의 후계자인 폭스를 비롯한 휘그당 지도자들이 프랑스혁명을 지지하면서 프랑스혁명의 원리를 영국에 도입할 움직임을 보였다. 이에 대해 버크는 강력한 반대 논리를 장대하게 펼치는데 그것이 바로 프랑스혁명 직후인 1790년 11월에 출간된 유명한『프랑스혁명에 관한 고찰(Reflections on French Revolution)』이다. 이 책은 출간 일 년 동안 1만 9,000부가 팔렸고, 프랑스어와 독일어로도 번역되어 반혁명 진영의 구심점이 되었다. 이 책에 대한 반응으로 수많은 저술이 쏟아져 나와서 '팸플릿 전쟁'이 시작되는데, 그중 가장 중요한 것이 1791년과 1792년에 각각 1부와 2부가 발간된 토머스 페인의『인권(The Rights of Men)』이다. 이 책은 평이하고도 명징한 문체와 내용으로 프랑스혁명을 옹호하면서 영국에서도 공화주의 헌법을 만들자고 주장했다. 『인권』은『프랑스혁명에 관한 고찰』보다 10배 이상 많이 팔렸다. 『인권』1부가 발표되자 버크가 곧바로 반격했는데 그것이 바로『에드먼드 버크 보수의 품격』에 실린「신 휘그가 구 휘그에 올리는 호소」이고, 이에 대한 페인의 대응이『인권』2부이다. 1794년 헤이스팅스 탄핵 기도가 실패하자 하원 의원직에서 은퇴했고, 같은 해에 외아들 리처드가 죽자 큰 실의에 빠진다. 1795년에는「궁핍에 관한 소견과 세부 고찰(Thoughts and Details on Scarcity)」을 써서 피트에게 제출했다. 이 글이 바로 『에드먼드 버크 보수의 품격』에 실린 두 번째 글이다.[14] 에드먼드 버크는 1797년에 별세하여 런던 근교인 비콘스필드의 자신의 아들과 남동생 곁에 묻혔다(그의 아내도 나중에 이곳에 묻혔다).

### 3. 『에드먼드 버크 보수의 품격』에 앞선 버크와 페인의 논쟁 : 『프랑스혁명에 관한 고찰』과 『인권』 1부

『에드먼드 버크 보수의 품격』의 두 편의 글 가운데 특히 「신 휘그가 구 휘그에 올리는 호소」를 이해하기 위해서는 버크가 앞서 출간한 『프랑스혁명에 관한 고찰』(1790년 11월)과 그에 대한 토머스 페인의 비판인 『인권』 1부(1791년 3월)의 내용을 알아야 한다. 앞서 말했듯이 「신 휘그가 구 휘그에 올리는 호소」는 『인권』 1부에 대한 비판이고 이에 대한 페인의 재반격이 『인권』 2부이기 때문이다.

프랑스혁명의 진행 과정에서 중요한 사건들인 바스티유 점거

---

14 이상은 다음 책들을 참조했다.
김동훈, 「경험론적 미학이론 체계의 완성」(옮긴이 해제), 에드먼드 버크, 『숭고와 아름다움의 이념의 기원에 대한 철학적 탐구』, 김동훈 옮김, 마티, 2006.
이태숙, 「에드먼드 버크의 『프랑스혁명에 관한 성찰』과 보수주의」(옮긴이 해제), 에드먼드 버크, 『프랑스혁명에 관한 성찰』, 이태숙 옮김, 한길사, 2008.
Jesse Norman, op.cit.

옮긴이 해제

(1789년 7월), 국민의회의 봉건제 폐지 법령 공포와 '인간과 시민의 권리 선언' 채택(8월), 파리 군중의 베르사유 행진(10월)으로부터 불과 일 년 뒤인 (게다가 루이 16세가 처형되는 1793년 1월보다 훨씬 이전인) 1791년 11월에 버크가 "펭귄 판으로 거의 300페이지에 이르는 분량에 내용을 정리해줄 목차도 없"[15]는『프랑스혁명에 관한 고찰』을 서둘러 출간한 이유는 무엇일까? "프랑스에서의 사태가 버크를 놀라게 하고, 그의 판단을 불균형하게 만들고, 점잖게 감추어두었던 적개심을 드러내게 하고, 또 무책임한 수사(修辭)의 홍수 속에서 그가 지켜온 공평성과 역사에 대한 판단 및 사물에 대한 종래의 통찰력을 크게 상실시켰다는 점",[16] 그래서 이 저작은 "수사적 비약이 합리적 논의를 대체"[17]하고 "서술의 비체계성으로 악명이 높"[18]다는 평가가 일반적임에도, 그 논리적 비체계성 속에도 "프랑스 대혁명에 대한 그의 공격에 작용한 것과 동

---

15  이태숙, 「프랑스혁명 논쟁자들의 영국 헌정 인식-버크, 울스턴크래프트, 페인」, 『영국 연구』 14권, 2005.12, 165쪽.

16  조지 세이빈·토머스 솔슨, 『정치사상사 2』, 성유보·차남희 옮김, 한길사, 2007, 899쪽.

17  R. 니스벳·C. B. 맥퍼슨, 『에드먼드 보크와 보수주의』, 강정인·김상우 옮김, 문학과지성사, 1997, 275쪽.

18  이태숙, 「프랑스혁명 논쟁자들의 영국 헌정 인식-버크, 울스턴크래프트, 페인」, 『영국 연구』 14권, 2005.12, 165쪽.

일한 보수적 원리들이 이전에 쓴 모든 저작에 관류하고 있었다"[19]는 점이 중요하다. 즉, 버크는 그 이전부터 자신의 정치철학으로 일관되게 품어온 '보수의 원리'를 전면적으로 공론화하여 프랑스혁명이 영국으로 수입되는 것을 막아야만 한다는 절박한 심정으로『프랑스혁명에 관한 고찰』을 썼다.

『프랑스혁명에 관한 고찰』은 한마디로 프랑스는 혁명으로 내버렸고 영국은 모범적으로 보존, 발전시켜온 '보수의 원리'를 논한 책이다. 이 책에서 버크가 프랑스의 혁명주의자들을 비판하는 핵심 논지는 "당신들에게 속하는 모든 것을 멸시하면서 시작했기 때문"에 "당신네는 잘못 시작했다"는 것, 그리고 "프랑스인을 어제 갓 태어난 사람들로 간주하거나 1789년 해방의 해까지는 미천하고 예속된 가련한 사람들로 여기도록 하는 선택을"[20] 했다는 점이다. 즉, 프랑스혁명은 자국의 전통을 버렸다는 것이다. 그렇지만 "영국은 고래의 원리를 여전히 살아 있게 하고, 유럽의 옛 보통법을 현재의 국가에 맞추고 개량하여 유지하고 있다."[21] 프랑스혁명이 파괴하는 이 '전통'과 '고래의 원리'의 핵심은 다른 무엇보다도 군주제와 귀족제, 그리고 종교 제도다. 영국에

---

19  조지 세이빈·토머스 솔슨, 앞의 책, 899쪽.

20  에드먼드 버크, 『프랑스혁명에 관한 성찰』, 이태숙 옮김, 한길사, 2008, 86쪽.

21  위의 책, 87쪽.

는 '개량된 고대의 원리'인 입헌군주제와 귀족제가 살아 있다. 영국 입헌군주제의 본질은 이런 것이다. "왕은 어떤 의미에서는 의심할 바 없이 인민의 하인"이지만 "영국의 왕은 다른 어떤 사람에게도 복종하지 않는다."[22] "왕이 우리에게 복종해야 하는 것이 아니라 우리가 왕에 체현된 법에 복종해야 하므로 우리 헌법은 결코 왕을 하인처럼 책임지게 만드는 어떤 종류의 규정도 마련해놓지 않았다."[23] 즉, 국왕과 헌법과 국가는 유기적 일체이고 이러한 영국의 입헌군주제는 명예혁명을 통해 확고히 자리 잡았다. 또한 영국에서 "귀족은 공공질서를 유지하는 우아한 장식"이자 "세련된 사회를 떠받치는 기둥에 씌워진 코린트식 기둥머리"[24]로 존중받는다. 이로써 영국 정치 공동체, 즉 영국이라는 국가의 구성원은 왕, 귀족, 신민의 세 부분이며, 각각 대권(prerogative), 특권(privilege), 자유(liberty)를 지니고 있으면서 균형을 이룬다.[25] 종교(교회) 제도는 국가의 필수불가결한 일부인데, "우리는 종교가 문명사회(civil society)의 기반이며 모든 선과 모든 안락의 근원임을 알고"[26] 있기 때문이다. 국가를 이루는 이러한 오랜 질서를 파

---

22　위의 책, 75쪽.
23　위의 책, 76쪽.
24　위의 책, 228쪽.
25　위의 책, 69쪽 참조.
26　위의 책, 163쪽.

괴하는 것은 "자연에 반하는 것"[27]이다. 왜냐하면 "모든 질서는 신의 섭리가 만들어낸 창조물"[28]이고 "신의 섭리는 자연적인 방법으로 작동"[29]하기 때문이다.

영국 출신의 미국인으로 미국 독립혁명의 사상적 토대를 제공하고 프랑스혁명에도 가담한 혁명가이자 인권 이론가인 토머스 페인(1737-1809)은 프랑스혁명이 일어나고 버크가 『프랑스혁명에 관한 고찰』을 출간하기 전까지만 해도 에드먼드 버크와 정치적 동지 관계였다고 할 수 있다. 프랑스혁명에 대한 입장 차이 때문에 두 사람은 적대적 관계가 되었는데, 그것은 버크의 『프랑스혁명에 관한 고찰』을 페인이 『인권』 1부로 비판함으로써 시작되었다. 1776년 7월 4일에 미국 독립선언서가 발표되기 6개월 전인 이해 1월 10일에 출간되어 일 년 만에 15만 부가 팔렸고 조지 워싱턴에 의해 한 지역의 모든 군인에게 독서 명령이 내려진 책 『상식』의 저자 페인은 이미 미국 독립혁명의 사상적 토대를 제공한 인물이었다. 이 책과 『인권』에 일관되게 담긴 생각이 "우리에게는 자연권이 바로 국가다"[30]라는 명제로 집약되는 자연권 사상

---

27  위의 책, 90쪽.

28  러셀 커크, 앞의 책, 105쪽.

29  위의 책, 115쪽.

30  토머스 페인, 『상식, 인권』, 박홍규 옮김, 2004, 67쪽.

이고, 이것이 『프랑스혁명에 관한 고찰』을 비판하는 핵심이다. '자연법에 의해 인간이 태어나면서부터 가지고 있는 권리'라는 사전의 정의에서 알 수 있듯이, 페인이 말하는 자연권은 버크가 말하는 계급 차별의 자연권과 전혀 다른 인간의 평등한 권리이고, 이 권리에 기초하여 사회와 국가와 권력이 만들어진다고 그는 주장한다.

버크 씨는 이미 내가 제시한 견해, 즉 국가가 인민으로부터 생겨났거나 **인민**을 지배함으로써 생겨났다는 사실을 부정하지 않으리라고 나는 짐작한다. 영국이라는 국가는 정복으로 생긴 것이지 **사회**로부터 **자연적**으로 생겨난 것이 아니며, 따라서 인민을 지배함으로써 생겨난 것이다. 그리고 윌리엄 정복왕 이래 정세에 따라 수없이 수정되긴 했지만, 영국이 스스로 쇄신된 적이 없기 때문에 헌법이 없다. (……)

엄격하게 말하면, 현존하는 프랑스 국민의회는 개인적인 사회계약이다. 그 구성원은 그 '본질적'인 성격에서 **국민**의 대표다. 그러나 미래의 의회는 그 '조직적'인 성격에서 국민의 대표가 되리라. 현재 의회의 권위는 미래 의회의 권위와 다르다. 현재 의회의 권위는 헌법을 제정하기 위한 것이고, 미래 의회의 권위는 그 헌법에 규정된 원리와 형식에 따라 입법을 하기 위한 것이 되리라.[31](강조는 인용자가 함.)

이것이 페인의 자연권 사상의 핵심이자 그가 버크를 비판하는 핵심 논거이다. 영국은 자연권, 즉 천부 인권을 가진 인민이 자발적으로 사회와 국가를 형성하고 헌법을 만들지 못한 국가인데, 프랑스는 혁명을 통해 인민이 자연권을 행사하여 진정한 의미의 국민이 되었고 그 대표인 의회가 진정한 의미의 헌법을 만든 국가가 되었다는 것이다. 이것은 버크의 생각과 전혀 다른 사상이었다. 버크는 인간이 정치권력을 행사하게 해주는 '자연권'이라는 개념은 "역사적·물리적·도덕적 근거가 없는 허구"이고 "전통, 신분, 교육, 재산, 정치적 기능을 수행할 도덕적 본성 등의 기준에 따라 자격을 갖는 사람들 안에서 적절한 다수가 만들어진다"[32]고 보았던 것이다.

자연권 사상을 중심으로 한 페인의 비판을 접한 뒤, 버크는『프랑스혁명에 관한 고찰』에서 비체계적이고 다분히 감정적으로 개진한 자신의 생각을 차분히 가다듬어 쓴「신 휘그가 구 휘그에 올리는 호소」(1791년 8월)를 발표한다.『인권』1부가 출간된 지 불과

---

31  위의 책, 144-145쪽.
32  위의 책, 142쪽.

5개월 뒤에 발표한 이 저작에서는『인권』1부에 대한 비판과 명예혁명의 주역인 옛 선배 휘그의 집중 인용이라는 방법을 동시에 취하는데, 버크는 한편으로 자신의 정치적 정통성을 내세우고 다른 한편으로는 자신이 내세우는 보수주의의 미래지향성을 적극적으로 주장한다. 그래서 이 저작은 "『성찰』(『프랑스혁명에 관한 고찰』을 말함-인용자)이 훨씬 더 보수적인 분위기로 대개 과거와 현재 사이의 연결 고리(……)를 다룬 데 반해『항소』(「신 휘그가 구 휘그에 올리는 호소」를 말함-인용자)는 현재와 미래 사이의 본질적 연관성을 강조한다. 다른 어떤 저술보다도『항소』는 버크가 수호하고자 했던 종류의 사회적·정치적 생활에 관한 강건한 시각을 보여준다"[33]는 평가를 받는다.

### 4.『에드먼드 버크 보수의 품격』의 글 두 편의 위상과 내용

『에드먼드 버크 보수의 품격』에 실린 두 편의 글은 버크의 전체 저작 가운데에서『프랑스혁명에 관한 고찰』과 더불어 가장 중요한 세 편의 글로 꼽히기도 한다. 즉, "『프랑스혁명에 관한 고찰』은 혁명에 대한 (오류가 많은) 분석보다는 그 현란한 수사학과

---

33  유벌 레빈,『에드먼드 버크와 토머스 페인의 위대한 논쟁』, 조미현 옮김, 에코리브르, 2016, 66쪽.

(독자에게 버크 사상에 관해 제공하는) 통찰력으로 인해 여전히 독자를 매료시키는 저작"이고 "그에 못지않게 중요한 것이 『성찰』(『프랑스혁명에 관한 고찰』-인용자)보다 훨씬 짧은" 「궁핍에 관한 소견과 세부 고찰」이며, 그 밖의 저술들 중에서는 「신 휘그가 구 휘그에 올리는 호소」가 "아마도 가장 중요한 것"[34]이라는 평가가 그것이다.

이 두 편의 글 모두 한국어로는 이번에 처음으로 번역하는 것인데 (목차의 장의 번호와 제목은 원본에 없는 것으로 독자의 이해를 돕기 위해 옮긴이가 붙인 것이다), 「신 휘그가 구 휘그에 올리는 호소」를 경어체로 번역한 이유는 이 글의 화자가 호소의 대상으로 삼는 이들이 "100년 전 명예혁명을 일으킨 정치인들이고 구체적으로는 그 20년 후 서셰브럴 박사(Dr. Sacheverell) 재판 사건 때 기소 발언을 담당했던 휘그 의원들"[35]이기 때문이다. 즉, 프랑스혁명이라는 전대미문의 대사건을 맞아 절체절명의 위기의식을 갖게 된 한 까마득한 후배 정치인이 명예혁명을 주도한 자기 정당의 이미 고인이 된 대선배 정치인들에게 자신의 정치적 신념의 정당성을 확인받기 위해 더없이 간절한 심정으로 호소하듯 올리는 글이 바

---

34  R. 니스벳·C. B. 맥퍼슨, 앞의 책, 313쪽.

35  이태숙, 「보수주의 사상가 에드먼드 버크의 명예혁명 해석」, 경희사학회, 『경희사학』 제24집, 2006.2, 325쪽.

로 이 글이다. 게다가 자신의 지지자로 가상한 제3자의 입을 빌리는 형식으로 문학작품을 창작하듯 쓴 글이기 때문에 경어체 번역이 맞다고 보았다(옮긴이가 번역과 해제를 위해 참고한 어떤 글에서도 경어체로 번역한 경우를 보지 못했다. 『프랑스혁명에 관한 고찰』도 '파리의 한 신사'에게 보내는 편지글 형식이므로 이 역시 경어체로 번역하는 것이 적절하다고 생각하지만 이 책 또한 경어체로 번역한 경우를 보지 못했다).

### (1) 「신 휘그가 구 휘그에 올리는 호소」 : 버크 보수주의 정치학의 정점

버크가 프랑스혁명의 진행 과정을 보면서 정작 우려한 것은, 앞서 말한 것처럼 그것을 영국에 도입하려는 영국 정계 안팎의 움직임이었다. 「신 휘그가 구 휘그에 올리는 호소」는 그 움직임을 완전히 차단하기 위해 쓴 글인데, 이러한 시도는 그의 보수주의론의 완성도를 훨씬 더 높이는 결과를 낳았다. 이 글은 "그 자신이 『성찰』(『프랑스혁명에 관한 고찰』-인용자)에서 취했던 입장에 대한 방어이자 그 입장이 그가 이전에 신봉하던 원리들로부터 이탈한 것이라는 주장에 대한 강력한 반박이었다."[36]

버크는 선배 휘그 지도자들이 수행했고 자신이 정치적 신념의 기준점이자 토대로 삼는 명예혁명의 의미를 재강조하는 것을 논

---

36 R. 니스벳·C. B. 맥퍼슨, 앞의 책, 266쪽.

의의 출발점으로 삼는다. 명예혁명은 낡은 가치와 더 나은 가치를 견주어 신중하게 준비하고 진행한 모범적 혁명이었다. "신중함은 정치적이고 도덕적인 미덕 중 최상의 것일 뿐만 아니라 그 모든 것의 관리자이자 감시자이자 기준"인데, 이 신중함이라는 최상의 미덕이 구현된 것이 바로 명예혁명이라는 것이다.

우리가 1688년의 우리의 혁명을 칭찬할 때 국민은 그 행위 속에서 방어적 입장에 있었고, 방어 전쟁의 온갖 해악을 초래하는 것이 정당화되었음에도 우리는 그 상태로 머무르지 않습니다. 우리는 낡은 정부의 전복과 그것에 뒤따른 새 정부의 행복한 정착의 조치를 항상 병행합니다. 우리가 이 혁명을 평가할 때에는 결별하는 것의 가치와, 그것과 맞바꾸어 받아들이는 것의 가치를 모두 계산에 넣고 이해하고자 합니다.

이러한 생각에 기반을 두고 『프랑스혁명에 관한 고찰』에서 했던 프랑스혁명 비판을 또다시, 그러나 훨씬 간결하게 한다. 그가 보는 프랑스혁명의 본질은 이런 것이다.

사기, 폭력, 신성모독, 가족의 대대적인 파괴와 몰락, 한 위대한 나라의 자부심과 정수의 이산과 망명, 무질서, 혼란, 무정부 상태, 재산 침해, 잔인한 살해, 비인간적 몰수, 그리고 마침내 잔학하고 흉포하며 무감각한 사교 단체들의 무례한 지배.

무엇보다도 '가족의 대대적인 파괴와 몰락'이라는 구절이 두드러져 보이는데, 이 문제를 특별히 심각하게 보는 버크의 사고 속에서 그의 보수주의 정치사상의 핵심을 발견할 수 있다. 그가 보기에 '가족의 대대적인 파괴와 몰락'은 그 자체로 끝나는 것이 아니라 신의 섭리로 이루어지는 국가와 인간 사회 전체의 오랜 질서가 무너지는 것이다.

우리가 이 세상으로 들어오는 길은 신비스럽고 불가사의합니다. 자연의 이 신비스러운 과정을 낳는 천성은 우리가 만들어내는 것이 아닙니다. 우리에게 알려져 있지 않은, 아마도 우리가 알 수 없는 물질적 원인으로부터 도덕적 의무가 발생합니다. 우리는 그 의무를 완전히 이해할 수 있기 때문에 반드시 수행해야 합니다. 부모는 자신의 도덕적 관계에 동의하지 않을 수도 있지만, 동의하건 하지 않건 간에 그들은 자신이 어떤 종류의 관련된 관습도 만든 바 없는 사람들에게 길게 이어진 힘든 의무의 유대 관계에 묶여 있습니다. 아이들 역시 자신이 맺은 관계에 동의하지 않을 수 있지만, 그들이 맺은 관계는 그들의 실제 동의 없이도 그들을 그 관계의 의무에 묶어둡니다. 달리 말하자면 그 관계가 그들의 동의를 암시하는 것인데, 모든 합리적 존재의 추정된 동의는 미리 만들어져 있는 사물의 질서와 일치하기 때문입니다. 사람은 그러한 방식으로 모든 혜택을 부여받고 자신의 상황에 따른 모든 의무를 짊어진 자기 부모의 사회적 상태를 지닌 채 공동체에 들어옵니다. 만일 국가의 기본 요소인 그러한 물질 관계에서 만들어지는 사회적 유대와 결속이 우리의 의지와 무관하게, 그래서 우리가 만드는 어떤 계약도 없이 대부분 경우에 시작되고 항상 계속된다면 우리는 우리의 나라라 불리는 그 관계에 매여 있게 되고, 우리의 나라는 (이제까지 적절히 언급된 바처럼) "모든 사람에 대한 모든 자선 행위"를 의미하게 됩니다.

어떤 인간도 자신이 함께할 가족 구성원을 결정하거나 만들어낼 수 없는 것과 마찬가지로, 국가를 비롯하여 인간 사회에 존재하는 모든 중요하고 오랜 질서에는 신비스럽고 불가사의한 섭리가 작용하고 있으므로 인간이 자의로 그것을 변경할 수 없다는 것이다. 이것이 바로 "18세기 합리주의자들이 대체로 무시했던"[37] 인간 삶의 '비밀'을 놓치지 않으려 한 보수주의자 버크의 중요한 면모이다. 여기서 자연권 사상가 페인과 보수주의 사상가 버크가 뚜렷이 구별되기도 한다. 즉, "권리와 선택에 대한 이해가 페인 정치사상의 중심에 놓여 있는 것처럼, 선택하지 않았음에도 불구하고 구속력 있는 의무라는 이러한 비전이 에드먼드 버크

---

37  위의 책, 275쪽.

의 도덕적·정치적 철학의 최고 핵심을 이룬다.”[38]

버크가 보기에 그렇게 신비스럽고 불가사의한 섭리가 오랜 세월의 전통과 관습을 통해 최고도가 발현된 정치체제가 바로 영국의 헌정 체제인데, 그것은 서로 다른 특유의 원칙 위에 성립한 세 가지 요소, 즉 군주제와 귀족제와 민주주의로 구성되어 있다.

영국의 헌정 체제는 실제로 그것을 구성하는 세 가지 요소와 세 가지 서로 아주 다른 본질로 이루어져야 한다고 생각하고, 세 가지 요소 각각을 적절한 자기 자리에 놓고, 적절한 권력 분배를 이루게 하며 보존하는 것을 자신의 의무로 생각하는 사람은 (각각의 요소가 공격당하는 일이 있을 것이기 때문에) 세 가지 요소의 각 부분이 각각에 특유한 원칙 위에 성립한다는 것을 정당화해야 합니다. 그는 군주제가 지지받는 원칙 위에서 민주주의라는 부분을 주장해서도 안 되고, 군주제나 민주주의 또는 양자 모두의 근거 위에서 귀족제를 주장해서도 안 됩니다. 이 삼자가 실제로는 하나의 조화로운 조직체로 통합될 수도 있고, 행복하게도 우리의 경우에는 그렇게 되어 있다 할지라도 그는 이 삼자를 서로 완전히 다른 근거 위에서 지지해야 합니다. 버크 씨가 비난받고 있는 것과 같은 종류의 비일관성을 지니고 있지 않은 사람은 그렇게 다양하고, 처음 보아서는 이

---

38  유벌 레빈, 앞의 책, 149쪽.

질적 요소가 혼합된 헌정 체제의 부조화한 부분들을 일관되게 옹호할 수는 없습니다.

이러한 발언을 보면 버크가 『프랑스혁명에 관한 고찰』과는 다르게 이 글에서는 민주주의의 독립된 가치를 적극적으로 주장하는 것처럼 보인다. 그러나 이 대목에서도 실제로 그가 강조점을 두는 것은 민주주의의 원리가 군주제와 귀족제, 특히 귀족제의 원리를 침범해서는 안 된다는 점이다. "버크는 자유주의자였으나 민주주의를 지지하지는 않았다"든지, 더 나아가 "버크는 아마도 근대 민주국가를 두려워했을지 모른다"[39]는 판단은 옳다고 생각된다. "민주주의는 전적으로 나쁘거나, 일정한 유보를 전제로 받아들일 만하거나, 전적으로 바람직할 수도 있다. 나라와 시대, 민주주의가 채택되는 특정한 조건에 따라 그 판단은 다 달라진다"[40]고 할 수 있으나, 버크가 보기에 프랑스혁명의 주도자들을 비롯한 당대의 민주주의자들은 급진적 '평준화'를 추구하는 세력이었다. 그의 생각으로는 "평준화를 추구하는 급진주의는 모든 느낌과 감정을 평범함이란 같은 수준에 몰아넣으려 노력한다. 그렇게 해서 동물과 인간을 구별하게 해주는 도덕적 상상력을 지

---

39  러셀 커크, 앞의 책, 85쪽.
40  위의 책, 141쪽.

워버리려 한다."[41] 그가 다수결 원칙을 반대하는 것도 자신이 기준으로 삼는 수준 이하로 평준화된 인간 사이에서 그 원칙이 실행될 본질적 위험성을 보았기 때문이다. 버크가 생각하는 바람직한 정치는 진정한 귀족에 의해 이루어지는 귀족정치다. 이런 의미에서 20세기 들어 현실 정치에 보수주의의 강력한 이론적 토대를 제공했다고 평가받는 러셀 커크가 "소수가 다수를 대변하는 대의제 정치는 기본적으로 귀족정치"[42]라고 보면서 민주주의가 아닌 귀족정치를 지향한 것은 매우 명료하고도 솔직한 입장이었을 뿐만 아니라 에드먼드 버크를 제대로 계승한 것이었다. 버크의 귀족정치학은 그것이 전제하는 주체 계급의 본원적 제한성 문제를 논외로 하고 본다면 정치 지도자 양성론으로서 대단히 설득력 있고 매력적이기까지 하다.

진정하고 자연스러운 귀족은 국가 안에서 독립되어 있거나 국가와 별개의 관심사가 아닙니다. 그것은 올바르게 구성되어 있는 모든 다수 사람의 필수적 구성 부분입니다. 그것은 실제적 진실 때문에 일반론으로 틀림없이 인정받는 정당한 신념을 지닌 계급에서 형성됩니다. 존경받는 곳에서 자라고 어릴 때부터 저급하고 지저분

---

41 위의 책, 152쪽.
42 위의 책, 36쪽.

한 것을 보지 않고, 자기 자신을 존중하도록 가르침을 받고, 대중의 눈으로 검열과 감사를 받는 것에 익숙해지고, 일찍부터 여론에 주의를 기울이고, 그러한 수준 높은 토대 위에 서 있음으로써 큰 사회의 인간과 공적 문제의 광범하고 무한히 다양한 조합 양상을 폭넓게 볼 수 있는 능력을 갖고, 읽고 성찰하고 대화할 수 있는 여유를 갖고, 어디에 있건 지혜롭고 학식 있는 사람들의 경의와 관심을 끌수 있는 능력을 갖고, 군대에서 명령하고 복종하는 데 익숙해지고, 명예와 의무를 추구할 때 위험을 무시하도록 배우고, 어떤 잘못도 처벌 없이 넘어가지 못하고 가장 사소한 실수도 가장 파멸적인 결과를 가져오는 상태에서 최고 수준의 조심성과 통찰력과 신중함이 몸에 배도록 교육받고, 동료 시민이 가장 염려하는 문제들의 교사로 여겨지고 신과 인간의 중재자로 행동한다고 생각하면서 신중하고 단정한 행동을 하고, 법과 정의의 집행관으로 채용되어 인류에게 처음으로 자선을 베푸는 사람 중 하나가 되고, 과학과 인문학과 순수예술의 스승(professor)이 되고, 사업에 성공하여 예리하고 원기왕성한 이해력이 있고 근면, 질서, 꾸준함, 조화로움의 미덕을 지니고 있으며 교환의 정의에 대한 배려가 몸에 배어 있다고 여겨지는 부유한 상인이 되는 것, 바로 이러한 것들이 제가 말하는 자연적(natural) 귀족을 형성하는 상황이며, 이런 자연적 귀족이 없는 국가는 없습니다.

옮긴이 해제

이러한 귀족정치는 폭력과 무질서뿐만 아니라 극단주의를 배격한다. 버크는 「신 휘그가 구 휘그에 올리는 호소」의 결론 격으로 '중용의 정치'론을 제시한다.

그들의 원칙은 항상 극단으로 갑니다. 그러나 버크 씨의 책에 담겨 있는 옛 휘그의 원칙과 함께하는 사람들은 절대로 과도하게 멀리 갈 수가 없습니다. 그들은 어떤 유해하고 애매한 탁월함까지는 실제로 가지 않을 수 있는데, 실제로 소유할 수 있는 합리적 수준의 선함보다는 그러한 탁월함의 가치를 하위에 두도록 배울 것이기 때문입니다. 버크 씨의 책에서 주장하고 있는 견해는 극단으로 이끌리기 만무한데, 그 기초가 극단에 대한 반대에 놓여 있기 때문입니다. 정부의 기초는 (기껏해야 법의 원리와 시민의 원리의 혼동일 뿐인) 상상으로 지어낸 인권이 아니라 정치적 편리함과 인간의 본성에 있는데, 그 본성은 보편적인 것이거나, 지역의 기질과 사회의 습성에 의해 수정되는 것이기 때문입니다. (……) 버크 씨의 저서를 따르지 않는 사람들은 그 반대자들과 함께하는 사람들입니다. 중용(medium) 자체를 제외하고는 중용이 없기 때문입니다. 그 중용은 그 책에서 찾아볼 수 있기 때문에 중용인 것이 아니라, 그것이 진실과 본성에 부합하기 때문에 그 책에서 찾아볼 수 있는 것입니다. 이런 점에서 볼 때 우리는 그 저자를 따르는 것이 아니라 우리와 그 저자가 같은 안전한 중용의 길(middle path) 위에서 함께 여행하고 있는 것입니다.

「신 휘그가 구 휘그에 올리는 호소」에서 버크를 대신하는 화자의 말은 버크에 대한 다음 두 문장의 비장한 헌사로 마무리되는데, 그것은 이 글 전체에 담긴 버크의 정치사상을 압축한 것이다. 프랑스혁명에 대한 반대와 명예혁명의 계승이 그 핵심인데, 이후 영국은 버크의 기원대로 프랑스혁명의 폭풍우를 피하고 자신들의 정치 전통을 계속 이어나갈 수 있었다.

만일 새로운 질서가 도래하고 있고, 우리 조상이 신의 계시로서 숭배한 정치적 견해가 꿈처럼 사라져야 한다면, 저는 그에게 이러한 말을 바치겠습니다. 그는 우리 헌정사에서 우리 조상의 날인도 받지 않은 채 프랑스의 금형으로 자기들 멋대로 휘그의 원칙이라는 동전을 찍어낸 자들의 첫 번째이자 가장 위대한 인물이 되기보다는 그 휘그 종족의 (분명히 그는 그 종족 가운데 최연소이기에) 마지막 인물이 되고자 했다고 말입니다.

「신 휘그가 구 휘그에 올리는 호소」가 발표된 지 불과 3개월 뒤인 1792년에 페인이 이 글을 재반박하는 『인권』 2부를 발간한다. 『인권』 1부와 마찬가지로 페인은 버크의 군주제-귀족제 주장과 민주주의에 대한 몰이해를 신랄하게 비판한다. 그 비판 내용은 논외로 한다 하더라도, 페인도 지적하는 바와 같이 버크가 「신 휘그가 구 휘그에 올리는 호소」에서 페인의 『인권』 1부의 여러 부분을 인용하며 비판하면서 그 출처를 밝히지 않은 것은 어떤 이유로도 납득할 수 없는 일이다.

### (2) 「궁핍에 관한 소견과 세부 고찰」: 버크의 보수주의 경제학

이 글은 에드먼드 버크가 쓴 글 가운데 경제학 논문에 가장 가까운 것으로 평가받는데, 경제학을 전면적으로 다루고자 한 것은 아니었고 당면 정책 문제에 관해 윌리엄 피트 수상에게 보내는 다소 긴 제안서였다. 버크가 자발적으로 쓴 것은 아니고 피트의 요청에 의해 쓴 글이었다. "피트는 극심한 기아와 같은 국내적 재앙에 처했을 때 정부가 취해야 할 바람직한 조치에 대해 버크의 조언을 구했었다."[43] 그리 길지 않은 이 제안서 역시 그러한 일시적 상황에 관해 발언하는 특별 목적 문서의 성격이 아주 강하지만 보수주의자 에드먼드 버크의 경제사상을 집약해서 보여준다.

프랑스혁명의 폭풍우가 채 그치지도 않았고 『프랑스혁명에 관한 고찰』과 「신 휘그가 구 휘그에 올리는 호소」의 문제의식이 여전히 자신의 사유를 지배하고 있었기 때문에 버크는 이 경

---

43  R. 니스벳·C. B. 맥퍼슨, 앞의 책, 114쪽.

제학 논문을 체계적이고 일관성 있게 쓰기 힘들었다. 바로 전해인 1794년에는 외아들이 세상을 떠나 극심한 실의에 빠져 있기도 했다. 이 글의 앞에 달린 두 엮은이의 서문에서 알 수 있듯이, 이 제안서는 쓰인 지 5년이나 지나서 그의 문서 관리자들인 프렌치 로렌스와 워커 킹에 의해 출간되었다. 두 사람이 이 서문에 썼듯이 이 글 속에는 이들이 찾아서 끼워 넣은 버크의 다른 글이 세 군데에 들어 있다.

버크가 이 글에서 말하고자 하는 바의 핵심은 이 글의 첫 부분 두 문장과 마지막 문장에 담겨 있다. 즉, "만사 가운데 식량 거래에 부주의하게 간섭하는 것이 가장 위험한데, 사람들이 그렇게 느끼기가 가장 쉬울 때, 다시 말해 궁핍의 시대에 그것은 항상 가장 나쁘다." "정부를 잘 사용하는 것은 자제하는 것과 같다." 그래서 "내 견해는 어떤 종류의 행정에 대해서건 과도한 행위에, 그리고 더욱 특히 권력이 개입하는 이 가장 중대한 행위, 즉 국민의 생계에 개입하는 행위에 반대하는 것이다." 애덤 스미스의 자유방임주의와 맥을 같이하는 생각이다.

이 글에 나타난 그의 경제사상을 테제 형식으로 요약, 정리해보면 다음과 같다.


- 부자와 빈자의 존재는 자연스러운 것이다.
- "노동하는 사람들은 가난할 수밖에 없는데, 그들은 다수이기 때

문"이고 "본성상 다수라는 것은 가난을 암시한다."

· 가난한 다수 노동자에게는 "인내, 노동, 냉철함, 검소, 그리고 종교"가 권장되어야 한다.

· 부자는 노동하는 사람들의 재산 관리인이고 그들의 저장고는 노동하는 이들의 은행이다.

· 농부와 (농업)노동자의 이해관계도 적대적이지 않다. 농부가 노동자의 노동 생산물에서 충분한 수익을 얻는 것이 노동자에게도 이익이다.

· 농부와 노동자의 이익 문제는 당국이 개입하지 말아야 하는 그들 상호 간의 계약과 관습의 문제이다.

· 노동은 하나의 상품이기 때문에 거래에 관한 법률과 원칙에 복종해야 하고 그 가치, 즉 임금은 시장에서의 수요-공급 법칙에 의해 (즉, 구매자의 수요에 따라) 매겨진다. 따라서 그 가치가 당국에 의해 결정되어서는 안 된다.

· 개인의 노동의 가치는 균등하지 않다.

· 농업과 마찬가지로 상업에서도 정부가 가격 형성에 개입해서는 안 된다.

· 상업의 법칙은 '자연의 법칙'이자 '신의 법칙'이다.

· 정부가 특정한 불변가격으로 소비자에게 공급하는 곡물을 확보하기 위해 중개인을 없애고 공공 곡물 창고를 설치해 운영하게 되면 전체 경제체제가 붕괴될 뿐만 아니라 정부마저 파산할 것이다.

- 한마디로 "정부가 시장에 나타나는 순간, 시장의 모든 원리가 전복된다."
- 따라서 "국가는 국가와 관련된 것 또는 국가의 산물, 다시 말해서 국가 종교의 외적 제도, 치안판사 업무, 세수입, 바다와 육지의 군사력, 국가에 복종해야 하는 법인들, 한마디로 말해서 진정으로 그리고 엄밀하게 공적인 모든 것으로, 공공의 평화로, 공공의 안전으로, 공공의 질서로, 공공의 번영으로 자기 업무를 국한해야 한다."
- 노동자 임금이 필수 생계비에 터무니없이 모자라고 기근으로 인한 재앙이 막심할 경우에는 상업의 규칙과 사법의 원칙 대신에 개인의 자발적 자비라는 기독교 정신에 호소하는 것이 옳다.
- (이 글을 쓴 바로 전해인) 1794년의 농산물 작황도 신문에서 떠드는 것처럼 그렇게 나쁘지 않다.
- "우리와 지역적으로 가장 가깝고, 모든 면에서 우리와 가까우며, 그 폐허가 우리의 머리 위에 떨어질 위협이 되고 있는, 한때 막강했던 (프랑스-옮긴이) 정부"가 정부 개입 정책의 오류를 보여주는 강력한 예이다.

자유방임주의뿐만 아니라 '낙수효과론'마저 연상케 하는 극히 자본주의적인 사고방식이다(그는 "자본의 독점은 (……) 아주 큰 혜택이고, 특히 가난한 사람들에게 혜택"이라고 명시한다). 경제를 논하

옮긴이 해제

면서도 '자연의 법칙'과 '신의 섭리'와 '관습'을 재강조하는 버크는 일반적으로 "항상 계급 종속의 전통적이고 세습된 사회질서의 옹호자"[44]로 비쳐지지만, 그가 "자연적이고 필연적이라 보았고, 효율적이고 공정한 것이라고 찬양했던 제도는 독립적인 소규모 생산자들, 즉 농민이나 수공업자가 자신의 생산물들을 상호 이익이 되는 조건하에서 교환하는 단순한 시장경제"가 아니라 사실은 "특별히 자본주의적인 경제였다."[45] 나아가 "버크가 중요시하였던 전통적 질서라는 것이 단순히 종류를 불문한 위계질서가 아니라 자본주의적 위계질서"[46]였다는 점을 주목해야 한다. 오늘날 구미의 보수주의 정치 세력이 버크를 자신들의 사상적 지주로 전유하고자 하는 것이 단순히 그가 제시한 보수주의의 정신적 가치 때문만은 전혀 아니라는 사실을 알 수 있다.

정부의 노동자 임금 개입 정책에 대한 18세기 말 버크의 강력한 반대는 2018년 한국의 최저임금 인상 반대론자들을 연상케 한다. 그러나 그가 이 글을 쓰던 시대는 아직 자본주의의 모순이, 특히 오늘날처럼 국가권력을 좌지우지할 정도로 극도로 심화된 독점자본주의의 문제점이 아직 싹조차 보이지 않던 때였다.

---

44  위의 책, 296쪽.

45  위의 책, 285쪽.

46  위의 책, 296쪽.

국민 복지를 위한 정부의 개입에 적극적으로 반대하고 자본(가)의 '선의'를 철저히 전제하고 신뢰하는 버크의 입장은 이런 역사적 한계로 이해하는 것이 맞지 않을까 싶다. 다시 말해, 오늘날 보수주의자들이 경제 문제에 관한 버크의 생각을 현재의 상황에 이용하는 것은 두말도 필요 없는 시대착오라는 것이다. 이 점은 오늘날 정부에서는 적극적인 복지 정책이 보편적으로 필요하고, 특히 한국 정부는 당분간 재정 적자를 무릅쓰고라도 복지 정책을 확대하고 적극적 보완책을 마련하여 최저임금 인상 정책도 계속 밀고 나가야 한다는, 버크의 나라 영국의 명문 캠브리지대학교의 경제학 교수 장하준의 설명과 주장[47]을 참고할 때 더 분명해진다.

이 글에서 강한 인상을 주는 것은 버크의 자본주의 지향성이 아니라 '농부 버크'의 해박한 농사 지식과 증류주 예찬이다. 이것은 아주 재미나는 아이러니인데, 오히려 이러한 면모가 '땅'을 중시하는 보수주의자 버크의 진면목이 아닐까 생각한다. 이 글을 보면 버크는 오랫동안 스스로 농사를 지어온 것으로 짐작될 만큼 농사의 다방면 지식이 매우 풍부하다. 버크는 술에 관한 적극적

---

47 "장하준 '앞으로 3~4년 적자 보더라도 복지지출 과감히 늘려야'", 〈한겨레〉, 2018.7.25, <http://www.hani.co.kr/arti/economy/economy_general/854729.html?_fr=mt2>, (2018.8.8).

옮긴이 해제

관심과 지식도 아주 많은 애주가로 보이는데, 특히 '독한 증류주'를 "마음에 투여하는 약"으로 표현할 정도로 그것이 육체와 정신에 주는 이익을 극찬한다. 특히 증류주의 이러한 효용성을 전체 경제 체계 가운데에서 증류주 산업이 갖는 중요성과 연관 지어 설명하는 방식이 아주 재미나면서도 효과적이다.

## 5. 에드먼드 버크의 보수주의론, 그리고 우리가 보수해야 할 전통의 문제

傳統은 아무리 더러운 傳統이라도 좋다

– 김수영, 「巨大한 뿌리」 중에서

근대 보수주의의 원조 에드먼드 버크가 그 사상의 핵심으로 삼는 전통이 우리에게는 과연 무엇일까?

보수주의의 원조 에드먼드 버크는 정작 보수 또는 보수주의라는 말을 쓰지 않았다(영국의 보수당도 버크 사후에 만들어진 당이다). 이것은 프랑스혁명의 파급으로 인해 위기에 처한, 보수해야 할 영국 정치의 전통을 그가 자명한 가치로 생각하고 의심하지 않았음을 의미하는 것일 수도 있다. 그러나 보수라는 개념이 자명하지 않은 것처럼, 유구한 세월을 거치며 아무런 역사의 우여곡절 없이 자명한 것으로 인정된 보수의 가치는 없다. 예컨대 버크는 영국 헌정 체제의 가장 중요한 요소로서 영국의 군주제를 역설하고, 그 군주제의 가치를 확인한 역사적 사건으로서, 왕족을 능멸한 프랑스혁명과 대조하며 자국의 명예혁명을 강조하지만, 사실은 프랑스혁명이 일어나기 약 140년 전, 영국은 청교도혁명의 와중인 1649년에 찰스 1세라는 자국 왕을 처형한 역사를 이미 가진 나라였다. "왕이 혁명 프로그램의 결과로 참수된 일은 세계 역사상 초유의 사건이었다."[48] 요컨대 버크는 프랑스혁명이 던진 충격에 대응하면서 보수해야 할 자국의 진정한 전통에 관해 깊이 사유하게 되었고, 이것이 근대 보수주의론의 시발점이 된 것이다.

우리의 경우에는 18세기 말 영국의 버크가 처했던 것과 유사한 역사적 계기가 없었을까? 버크와 동시대에 유라시아 대륙에서 영국의 정반대 편 동쪽 끝에 있는 나라, 조선에 살고 있었던 실사구시학파 선비들이 그와 유사한 위기의식을 갖고 있었다. 그러나 그들이 유교의 나라 조선의 전통을 더 나은 것으로 변화, 발전시키고자 한 시도는 완성되지 못한 채 끝났고 조선은 주권마저 잃고 말았다. 만화 같은 가정처럼 들릴 수 있지만, 만일 조선이 실사구시학파 선비들의 개혁 사상을 현실 정치에서 구현하고 식민

---

48 디트리히 슈바니츠, 『교양 : 사람이 알아야 할 모든 것』 인성기 외 옮김, 들녘, 2004, 189쪽.

지로 전락하지도 않았다면 오늘날의 한국 역시 영국과 같은 입헌군주국이 되어 있을 수도 있다. 우리 역사는 그렇게 흘러가지 않았다. 대한민국 임시정부의 최초 헌법인 '대한민국임시헌장'의 제8조가 '대한민국은 구황실을 우대한다'인 것은 "봉건적 잔영이라기보다 국가정통성을 연계한다는 차원의 고려"[49]였고, "입헌군주제를 생략한 채 전제군주제에서 민주공화제로 직행하는 과정에는 국망이라는 비극과 국권 회복을 꿈꾸던 독립운동이 자리하고 있었다"[50]는 것, 다시 말해 조선이 일제의 식민지로 전락한 1910년 8월 29일에 "군주가 주권을 포기한 것으로 간주"하여 이 날을 "군주권이 소멸하고 민권이 발생한 날이자 구한국 최후의 날이며 신한국 최초의 날"[51]로 보았기 때문에 대한'민국'이 탄생한 것이다. 우리 역사의 흐름을 보면서도 알 수 있듯이, 결국 전통의 문제는 위기에 빠진 공동체의 자기 성찰과 그 기존 질서에 대한 반성을 통해 바람직한 전통을 새롭게 찾아내는 문제이다.

에드먼드 버크가 보수주의론을 개진하면서 '자연의 법칙'과 '신의 섭리'를 엄숙히 운위하는 것을 보면서 우리가 배워야 할 것

---

49  이상훈, 「독립운동과 민주공화국의 이념」, 『시대와 철학』 61호, 한국철학사상연구회, 2012.12, 210쪽.

50  김정인, 「초기 독립운동과 민주공화주의의 태동」, 『인문과학연구』 24권, 덕성여대 인문과학연구소, 2017.2, 33쪽.

51  위의 책, 42쪽.

은 전통에 대한 진지한 사유다. 그런데 서양에서 "종교와 법률에서 전통이라는 단어의 어근인 'tradere'는 '성스러운 보관물'을 의미"[52]한 것처럼, 버크를 비롯한 당대 서구의 보수주의자들이 적어도 '의도'한 것은 오랜 세월 동안 전해져 내려온 그러한 '성스러운' 것을 지켜서 후대에 전해주는 것이었다. 예컨대 버크가 「신 휘그가 구 휘그에 올리는 호소」의 말미에서 인용하는 시를 지은 존 드라이든과 「궁핍에 관한 소견과 세부 고찰」에서 인용한 시의 작자인 알렉산더 포프는 모두 보수주의 시인들인데, 버크와 동시대를 산 사상의 동지인 포프가 주로 쓴 풍자시는 "풍자 대상에 대한 공격"과 더불어 "이상적 세계관 제시를 핵심으로 한다."[53] 그가 제시하는 그 '이상적 세계관' 속에 그가 생각하는 전통, 즉 '성스러운 보관물'을 담고자 했던 것이다.

자국의 전통에 대한 무한한 자부심을 일관되게 내비치는 에드먼드 버크의 보수주의론은 우리에게 전통의 문제를 깊이 생각해보지 않을 수 없게 한다는 점에서는 좋은 교사 노릇도 하지만, 사실 그 내용은 우리의 전통이야말로 정말 좋은 것이 있음을 발견하게 해주는 반면교사이기도 하다. 무엇보다도 전근대 우리의

---

52  R. 니스벳·C. B. 맥퍼슨, 앞의 책, 101쪽.

53  김옥수, 「해설」, 알렉산더 포프, 『포프 시선』, 김옥수 옮김, 지식을만드는지식, 2010, 10쪽.

보수주의자들, 즉 조선이라는 나라를 이끌어간 군주와 귀족(선비)의 사상 전통은 적어도 애초부터 백성을 나라의 뿌리로 본(民本) 사상이었다는 점만을 비교해서 보더라도 버크는 군주제와 귀족(제)의 미덕만을 강조할 뿐 그 토대가 되는 민중의 구체적 삶의 모습과 민중 고유의 삶의 전통에 관한 관심을 너무나 결여하고 있다. 버크와 역사적 논쟁을 벌인 페인이 "거의 예외 없이 자신이 직접 개입한 사건들에 관해" 글을 쓴 데 반해 "버크는 언제나 책상에서 작업했지 절대 사건 현장으로 달려가지 않았다는 점에 주목하라"[54]는 지적이 이러한 평가를 뒷받침하는 간접적이지만 유력한 증거다.

더 나아가 무질서와 유혈 참극과 대비하면서 자국의 명예혁명을 그야말로 명예롭게 자랑하는 버크의 발언을 듣고 있자면, 오늘날 우리는 우리의 민본주의 전통을 훨씬 더 발전된 형태로 현실화하고 있다는 사실을 뿌듯이 절감하게 된다.

영국을 비롯한 전 세계 국가들이 입을 모아 경탄한 우리의 '촛불혁명'을 말하는 것이다. 그런 의미에서 촛불혁명은 보수주의를 배경으로 한 것이 전혀 아님에도 우리의 진정한 전통의 가치를 보수한 역사적 사건이다(그런데 이 촛불혁명을 전후한 와중에 남녀노소, 가족, 친구, 연인들의 그 지극히 평화로운 시위대에 대한 발포 모의를

---

54  유벌 레빈, 앞의 책, 322쪽.

포함한 쿠데타 음모가 꾸며지고, 사법부의 최고 엘리트 집단에 의한 사법 농단이 자행되고 있었다는 사실이 적나라하게 드러나고 있다. 이 음모와 농단의 장본인들은 아마도 스스로를 '보수'라고 생각할 것이다. 그들을 실질적으로 비호하는 정치인 집단과 마찬가지로).

버크의 보수주의론을 볼 때 누구보다도 먼저 떠오르는 한국 작가가 한 사람 있다. 한국 현대문학에 아주 크고 뚜렷한 족적을 남긴 작가 이문구 선생이다. 그는 '보수'일까, '진보'일까? 6·25 발발 당시 그의 아버지는 충남 보령의 남로당 총책으로 경찰에 붙잡혀 처형되었고, 큰형은 일제의 강제 징용으로 이미 실종된 상태였으며, 둘째 형과 셋째 형도 아버지와 함께 죽임을 당하는데 특히 셋째 형은 10대의 나이에 대천 앞바다에서 산 채로 수장을 당했다. 이렇게 처참한 비극의 가족사를 지닌 그 역시 등단 이래로 줄곧 군사독재 정권과 맞서 싸우는 투쟁 대열의 맨 앞에 있었다. 그런데 1970년대 당시 근대화와 산업화 드라이브가 정신없이 휘몰아칠 때 그 근대화와 산업화 때문에 벌어지고 있는 전통 붕괴의 위기를 언급하는 글을 보면 이문구야말로 진짜 보수주의자의 면모를 지니고 있음을 알 수 있다.

걸핏하면 향토의 '발전 과정'이니 '개발 단계'니 또는 '근대화 촉진' 운운하며 떠들기를 즐기는 사람을 흔히 보지만, 그것이 실상은 제 고향을 스스로 앗기며 잃는 과정임을 깨우쳐 함부로 흰소리 칠 일이 아니란 것도 알아야 하리라고 생각한다. 대개 산천은 의구한데 인걸이 간 데 없다고 곧잘 비유하지만, 이제는 사람보다도 강산이 먼저 변하는 세상이 되었기 때문이다.[55]

　자신의 글에서 조선의 북학파 가운데 한 사람인 초정 박제가의『북학의』의 중요성을 반복해서 강조하는 이문구는 "오늘날 '요원의 불길' 같다는 새마을 사업의 내용도 일찍이 200여 년 전 선생이 주장했던 바의 되풀이에 불과"[56]하다고 단호히 폄하하는데, 이는 우리가 계승해야 할 전통에 관해 그가 분명한 관점을 가지고 있음을 증명한다. 그의 문학 스승인 김동리 선생이 한국 보수 문단의 거두이기도 했지만, 실천적 관심이라는 면에서는 오히려 김동리의 제자인 이문구가 훨씬 더 진짜 보수주의자였는지도 모른다. 이러한 이문구의 모습은 바람직한 인간 삶의 방침을 진정으로 모색하고 실천하고자 하는 사람은 '진보'와 '보수'의 본질 모두를 조화롭게 보유한다는 것을 보여준다.

　근대 보수주의의 원조 에드먼드 버크의 사상을 계승한 그의 오늘날 제자들이 보는 버크 보수주의의 현대적 의미를 보면, '진보'와 '보수'라는 개념조차 재고해야 한다는 생각마저 든다. 그들이

---

55　이문구,『이문구 전집 18 : 마음의 얼룩(산문집)』, 랜덤하우스중앙, 2005, 29-30쪽.
56　위의 책, 46쪽.

보기에 각자가 사는 작은 지역뿐만 아니라 지구 전체가 고향이지 않을 수 없는 현대인들이 오늘날 맞닥뜨리고 있는 삶의 위기, 즉 "사라지는 숲, 침식돼 스러져가는 토양, 낭비되는 석유와 무차별 채굴, 채무 이행이 불가능할 정도로 무책임하게 늘어나는 국가의 빚, 계속 개정되는 실정법",[57] 그리고 "핵에너지의 부산물에 대한 무분별한 경시"[58] 등등은 "신의 섭리를 존중하지 않는 시대가 자신과 후손에게 어떤 일을 하는지 보여주는 증거"[59]여서 "우리는 미래의 세대들에게 어떤 의무를 지고 있는가? 우리의 권리와 그들의 권리를 어떻게 저울질해야 하는가?"[60]라는 질문을 스스로에게 던지지 않을 수 없다. 그러나 과연 이 질문이 보수주의자의 전유물일 수 있을까?

2018년 여름, 온난화라는 말이 한가하게 들릴 만큼 온 지구가 정체불명의(!) 이상 열기로 몸살을 앓고 있는 지금, 에드먼드 버크와 그 현대 계승자들의 보수주의론을 보면서 오늘날 우리가 해야 할 바는, 보수주의를 퇴행적인 특정 정치 집단의 터무니없는 담론으로 치부하는 데 만족하는 것이기는커녕, 우리의 전통 가운

---

57  러셀 커크, 앞의 책, 121쪽.

58  R. 니스벳·C. B. 맥퍼슨, 앞의 책, 276쪽.

59  러셀 커크, 앞의 책, 121쪽.

60  R. 니스벳·C. B. 맥퍼슨, 앞의 책, 275쪽.

옮긴이 해제

데 무엇을 보수하지 않았기 때문에 우리가 이런 삶의 위기에 빠지게 되었는지를 먼저 생각해보는 것이다.

# 에드먼드 버크
# 보수의 품격 개정판

**1판1쇄** | 2018년 12월 31일
**2판1쇄** | 2021년  9월  3일

**지은이** 에드먼드 버크
**옮긴이** 정홍섭
**기획** 정호영
**펴낸이** 최종기
**펴낸곳** 좁쌀한알
**디자인** 제이알컴
**신고번호** 제2015-000058호
**주소** 경기도 고양시 일산동구 장항로 139-19
**전화** 070-7794-4872
**E-mail** dunamu1@gmail.com

**ISBN** 979-11-89459-13-0   03340

**판매·공급** | 푸른나무출판
**전화** | 031-927-9279
**팩스** | 02-2179-8103